:: 中華文化促進會主持編纂

:: 國家"十一五"重點圖書出版規劃項目

:: 中國社會科學院哲學社會科學創新工程學術出版資助項目

出品人 王石 段先念

今注本二十四史

隋書

唐 魏徵等 撰

馬俊民 張玉興 主持校注

中國社會科學出版社

八 志〔七〕

隋書　卷三一

志第二十六

地理下

彭城郡　魯郡　琅邪郡　東海郡　下邳郡　江都郡　鍾
離郡　淮南郡　弋陽郡　蘄春郡　廬江郡　同安郡　歷
陽郡　丹陽郡　宣城郡　毗陵郡　吳郡　會稽郡　餘杭
郡　新安郡　東陽郡　永嘉郡　建安郡　遂安郡　鄱陽
郡　臨川郡　廬陵郡　南康郡　宜春郡　豫章郡　南海
郡　龍川郡　義安郡　高涼郡　信安郡　永熙郡　蒼梧
郡　始安郡　永平郡　鬱林郡　合浦郡　珠崖郡　寧越
郡　交趾郡　九真郡　日南郡　比景郡　海陰郡　林邑
郡　南郡　夷陵郡　竟陵郡　沔陽郡　沅陵郡　武陵郡
清江郡　襄陽郡　春陵郡　漢東郡　安陸郡　永安郡
義陽郡　九江郡　江夏郡　澧陽郡　巴陵郡　長沙郡
衡山郡　桂陽郡　零陵郡　熙平郡

彭城郡[1]舊置徐州，後齊置東南道行臺，後周立總管府。開皇七年行臺廢，大業四年府廢。[2]統縣十一，户一十三萬二百三十二。

彭城[3]舊置郡，後周併沛及南陽平二郡入。開皇初郡廢，大業初復置郡。有吕梁山、徐山。蘄[4]梁置蘄郡。後齊置仁州，又析置龍亢郡。開皇初郡廢，大業初州廢。穀陽[5]後齊置穀陽郡，開皇初郡廢。又有巳吾、義城二縣，後齊併以爲臨淮縣，大業初併入焉。沛[6] 留[7]後齊廢，開皇十六年復。有微山、黄山。豐[8] 蕭[9]舊置沛郡，後齊廢爲承高縣。[10]開皇六年改爲龍城，十八年改爲臨沛，大業初改曰蕭。有相山。滕[11]舊曰蕃，置蕃郡。後齊廢。開皇十六年改曰滕縣。[12]蘭陵[13]舊曰承，置蘭陵郡。開皇初郡廢，十六年分承置鄫州及蘭陵縣。[14]大業初州廢，又併蘭陵、鄫城二縣入焉，尋改承爲蘭陵。有抱犢山。符離[15]後齊置睢南郡，開皇初郡廢，有竹邑縣，梁置睢州，開皇三年州廢，又廢竹邑入焉。有女山、定陶山。方與[16]後齊廢，開皇十六年復。

[1]彭城郡：大業三年（607）改徐州置。治所在今江蘇徐州市。

[2]大業四年府廢：本書卷三《煬帝紀上》云："（大業元年）廢諸州總管府。"則此應爲大業元年。

[3]彭城：縣名。楊守敬疑爲秦置。治所在今江蘇徐州市。

[4]蘄：縣名。秦置，後魏改爲蘄城，隋開皇三年（583）去"城"字。治所在今安徽宿州市南蘄縣鎮。

[5]穀陽：縣名。漢縣，晉廢。楊守敬《隋書地理志考證》云："志不言置縣始末。《一統志》'開皇初廢穀陽郡爲縣'，蓋以意説之。《地形志》穀陽郡治高昌縣，是改高昌爲穀陽，而蒙以郡名也。志失之過略。"治所在今安徽固鎮縣。

[6]沛：縣名。秦置。治所在今江蘇沛縣。

[7]留：縣名。漢置，後齊廢，開皇十六年復置。治所在今江蘇沛縣東南。

[8]豐：縣名。漢縣。治所在今江蘇豐縣。

[9]蕭：縣名。秦置，後齊改爲承高，開皇六年改爲龍城，十八年改爲臨沛，大業初復爲蕭縣。

[10]後齊廢爲承高縣：楊守敬《隋書地理志考證》云："《元和志》《輿地廣記》並云北齊改蕭縣爲承高。《寰宇記》：在天保七年。按志當云'舊置縣及沛郡，後齊廢郡，改縣曰承高'，方合。"

[11]滕：縣名。開皇十六年改蕃縣置。治所在今山東滕州市。

[12]開皇十六年改曰滕縣：縣，底本作"郡"，中華本據《元和郡縣圖志》改，今從改。

[13]蘭陵：縣名。大業初改承縣置。治所在今山東棗莊市南嶧城鎮。

[14]十六年分承置鄫州及蘭陵縣：楊守敬《隋書地理志考證》云："按當云'分承置鄫城，并置鄫州'。《寰宇記》'開皇十六年分承立鄫城縣'，是其證。"且本志下文也言"併蘭陵、鄫城二縣入焉"，楊守敬所言是。

[15]符離：縣名。秦縣，宋省，北齊天保七年（556）移斛城縣於古符離城，復置符離，大業二年又移於朝斛城。治所先在今安徽宿州市東北灰古集，大業二年後在今安徽宿州市東北解集。

[16]方與：縣名。漢縣，後齊天保七年廢，開皇十六年復置。治所在今山東魚臺縣。

魯郡[1]舊兗州，大業二年改爲魯郡。[2]統縣十，户十二萬四千一十九。

　瑕丘[3]舊廢，開皇十三年復，帶郡。任城[4]舊置高平郡，開皇初廢。鄒[5]有鄒山、承匡山。曲阜[6]舊曰魯郡，後齊改郡爲任城。開皇三年郡廢，四年改縣曰汶陽，十六年改名曲阜。泗水^[7]開皇十六年置。有陪尾山、尼丘山、防山。有洙、泗水。平陸^[8]後齊曰樂平，開皇十六年改焉。龔丘^[9]後齊曰平原縣，開皇十六年改焉。梁父^[10]有龜山。博城^[11]舊曰博，^[12]置泰山郡。後齊改郡曰東平，又併博平、牟入焉。^[13]開皇初郡廢，十六年改縣曰汶陽，尋改曰博城。有奉高縣，開皇六年改曰岱山，大業初州廢，又廢岱山縣入焉。有岱山、玉符山。嬴^[14]開皇十六年分置牟城縣，大業初併入焉。有艾山。有淄水。

[1]魯郡：大業三年改魯州置。治所在今山東兗州市。

[2]大業二年改爲魯郡：《元和郡縣圖志》云：“二年改爲魯州，三年改爲魯郡。”則本志有脱文。楊守敬言，此當云“大業二年改魯州，三年州廢，改魯郡”。

[3]瑕丘：縣名。漢縣，晉廢，開皇十三年復置。治所在今山東兗州市。

[4]任城：縣名。漢置，宋廢，北魏復置。治所在今山東濟寧市南。

[5]鄒：縣名。治所在今山東鄒城市。

[6]曲阜：縣名。漢置魯縣，開皇四年改爲汶陽縣，十六年改爲曲阜。治所在今山東曲阜市東北。

[7]泗水：縣名。治所在今山東泗水縣。

[8]平陸：縣名。本漢東平陸縣，宋改爲平陸，後齊改爲樂平，開皇十六年復爲平陸。治所在今山東汶上縣北。

[9]龔丘：縣名。治所在今山東寧陽縣。

[10]梁父：縣名。漢置。治所在今山東新泰市西。

[11]博城：縣名。漢置博縣，後魏改爲博平，開皇十六年改爲汶陽，尋改爲博城。治所在今山東泰安市東南舊縣鎮。

[12]舊曰博：博下應脱“平”字。楊守敬《隋書地理志考證》云：“《地形志》：博平，二漢、晉曰博，後改。然則‘博’下當有

'平'字。"

[13]博平：楊守敬《隋書地理志考證》云："上文之'博'即博平也。此又云'併博平入'，不可通矣。按《地形志》泰山郡有鉅平縣，在泰安西南，此'博平'當爲'鉅平'之誤。"

[14]嬴：縣名。治所在今山東萊蕪市西北。

琅邪郡[1]舊置北徐州，後周改曰沂州。統縣七，戶六萬三千四百二十三。

臨沂[2]舊曰即丘，帶郡。開皇初郡廢，十六年分置臨沂，大業初併即丘入焉。[3]有大祠山。費[4]　顓臾[5]舊曰南武陽，開皇十八年改名焉。又有南城縣，後齊廢。有開明山。新泰[6]後齊廢蒙陰縣入焉。沂水[7]舊置南青州及東安郡，[8]後周改州爲莒州。開皇初郡廢，改縣曰東安。十六年又改曰沂水。大業初州廢。東安[9]後齊廢，開皇十六年復。有松山。莒[10]舊置東莞郡。後齊廢，後置義唐郡。開皇初廢。

[1]琅邪郡：後魏莊帝永安二年（529）置北徐州，後周武帝改沂州，大業三年改爲琅邪郡。治所在今山東臨沂市。

[2]臨沂：縣名。漢舊縣，後齊廢，開皇十六年復置。治所在今山東臨沂市。

[3]大業初併即丘入焉：楊守敬《隋書地理志考證》言，"大業初"下當有"復置郡"三字。

[4]費：縣名。漢置。治所在今費縣東北。

[5]顓臾：縣名。漢置南武陽，宋改爲武陽，開皇十八年改爲顓臾。治所在今山東平邑縣。

[6]新泰：縣名。西晉武帝時置。治所在今山東新泰市。

[7]沂水：縣名。本漢東莞縣，後魏於此置新泰縣，開皇四年

改爲東安縣，十六年改爲沂水縣。治所在今山東沂水縣。

[8]舊置南青州及東安郡："舊"下應脱"曰新泰"三字。《元和郡縣圖志》云："本漢東莞縣……後魏孝文帝於此置新泰縣，隋開皇四年改爲東安縣，十六年又於古蓋城別置東安縣，而此改名沂水縣。"楊守敬言脱"曰東莞"三字，誤。（參見施和金《中國行政區劃通史·隋代卷》，復旦大學出版社 2009 年版，第 397 頁）

[9]東安：縣名。漢縣，後齊廢，開皇十六年復置。治所在今山東沂源縣東南。

[10]莒：縣名。漢縣。治所在今山東莒縣。

東海郡[1]梁置南、北二青州，東魏改爲海州。統縣五，户二萬七千八百五十八。

胸山[2]舊曰胸，置琅邪郡。後周改縣曰胸山，郡曰胸山。開皇初郡廢，大業初復，帶郡。[3]有胸山、羽山。東海[4]舊置廣饒縣及東海郡，後齊分廣饒置東海縣。[5]開皇初廢郡及東海縣，仁壽元年，改廣饒曰東海。有謝禄山、鬱林山。漣水[6]舊曰襄賁，置東海郡。東魏改曰海安。開皇初郡廢，縣又改焉。沭陽[7]梁置潼陽郡。東魏改曰沭陽郡，置縣曰懷文。後周改縣曰沭陽。開皇初郡廢。懷仁[8]梁置南、北二青州。東魏廢州，立義唐郡及懷仁縣。開皇初郡廢。

[1]東海郡：大業三年改海州置。治所在今江蘇連雲港市海州區。

[2]胸山：縣名。後周建德六年（577）改胸縣置。治所在今江蘇連雲港市西南海州鎮。

[3]帶郡：楊守敬《隋書地理志考證》云："志例當無此二字，當有'置東海郡'四字。"

　　［4］東海：縣名。後齊置東海縣，開皇初廢，仁壽元年（601）改廣饒爲東海。治所在今江蘇連雲港市北南城鎮。

　　［5］後齊分廣饒置東海縣：《元和郡縣圖志》《太平寰宇記》均記後周置。

　　［6］漣水：縣名。宋明帝置襄賁縣，開皇五年改爲漣水縣。治所在今江蘇漣水縣。

　　［7］沭陽：縣名。後周建德七年改懷文縣置。治所在今江蘇沭陽縣。

　　［8］懷仁：縣名。東魏武定七年（549）置。治所在今江蘇贛榆縣西北舊贛榆。

下邳郡[1]後魏置南徐州，[2]梁改爲東徐州，東魏又改曰東楚州，陳改爲安州，後周改爲泗州。統縣七，户五萬二千七十。

　　宿豫[3]舊置宿豫郡，開皇初郡廢。大業初置下邳郡。又梁置朝陽、臨沭二郡，後齊置晋寧郡，尋並廢。夏丘[4]後齊置，並置夏丘郡，尋立潼州。後周改州爲宋州，縣曰晋陵。開皇初郡廢，十八年州廢，縣復曰夏丘。又東魏置臨潼郡、睢陵縣，後齊改郡爲潼郡。又梁置潼州，後齊改曰睢州，[5]尋廢，亦入潼郡。[6]開皇初郡縣並廢。徐城[7]梁置高平郡。東魏又併梁東平、陽平、清河、歸義四郡爲高平縣，又併梁朱沛、循儀、安豐三郡置朱沛縣。又有安遠郡，後齊廢，後周又併朱沛入高平。開皇初郡廢，十八年更名徐城。淮陽[8]梁置淮陽郡。東魏併綏化、吕梁二郡置綏化縣。後周改縣爲淮陽。開皇初郡廢。又有梁臨清、天水、浮陽三郡，[9]東魏併爲甬城縣，後齊改曰文城縣，後周又改爲臨清，開皇三年省入焉。下邳[10]梁曰歸政，置武州、下邳郡。魏改縣爲下邳，置郡不改，改州曰東徐。後周改州爲邳州。開皇初郡廢，大業初州廢。有嶧山、磐石山。良城[11]梁置武安郡，[12]開皇初郡廢，十一年縣更名曰良城。[13]有徐山。郯[14]舊置郡，開皇初廢。

[1]下邳郡：大業三年改泗州置。治所在今江蘇宿遷市東南。

[2]後魏置南徐州：《魏書·地形志》無南徐州，而有東徐州，楊守敬以爲本志所記有誤。

[3]宿豫：縣名。治所在今江蘇宿遷市東南。

[4]夏丘：縣名。後齊置，後周改爲晉陵，開皇十八年復爲夏丘。治所在今安徽泗縣東。

[5]後齊改曰睢州：《魏書·地形志》言睢州，蕭衍置潼州，武定六年平，改置。楊守敬以“後齊”當作“東魏”。

[6]亦入潼郡：此“亦”字當爲衍文。

[7]徐城：縣名。開皇十八年改高平縣置。治所在今江蘇泗洪縣南。

[8]淮陽：縣名。東魏置綏化縣，後周改爲淮陽。治所在今江蘇淮陰市西古泗水西岸。

[9]又有梁臨清、天水、浮陽三郡：楊守敬言“郡”字誤，當爲“縣”字。

[10]下邳：縣名。秦置下邳縣，梁改爲歸政，魏復爲下邳。治所在今江蘇睢寧縣西北古邳鎮東。

[11]良城：縣名。漢置武原縣，宋廢，魏復置，開皇十一年改爲良城。治所在今江蘇邳州市西北伽口鄉。

[12]梁置武安郡：楊守敬《隋書地理志考證》云：“按當作‘魏置武原郡’。《地形志》：武原郡，武定八年分下邳置。而不言梁有武安郡。又《輿地廣記》作‘梁置武原郡’。”《北周地理志》亦作武原郡，故楊説是。

[13]十一年縣更名曰良城：楊守敬《元和郡縣圖志》：“《地形志》武原郡治武原縣，故知隋改武原爲良城也。志例當云‘舊曰武原，置武原郡’，方合。今脱此四字。”

[14]郯：縣名。漢縣，後齊省，後周大象元年（579）復置。治所在今山東郯城縣北。

《禹貢》："海、岱及淮惟徐州。"彭城、魯郡、琅邪、東海、下邳，得其地焉。在於天文，自奎五度至胃六度，[1]爲降婁，[2]於辰在戌。其在列國，則楚、宋及魯之交。考其舊俗，人頗勁悍輕剽，其士子則挾任節氣，[3]好尚賓游，此蓋楚之風焉。大抵徐、兗同俗，故其餘諸郡，皆得齊、魯之所尚。莫不賤商賈，務稼穡，尊儒慕學，得洙泗之俗焉。[4]

[1]奎：星宿名。二十八宿之一，爲西方白虎七宿的第一宿，有星十六顆。　胃：星宿名。二十八宿之一，爲西方白虎七宿的第三宿。

[2]星次名。十二星次之一，與十二辰相配爲戌，與二十八宿相配爲奎、婁兩宿。

[3]挾任：謂心懷誠信。

[4]洙泗：洙水與泗水的合稱。古時二水自今山東泗水縣北合流而下，至曲阜北又分爲二水，洙水在北，泗水在南。春秋時屬魯國地，也是孔子聚徒講學之地，故此言"尊儒慕學"。

江都郡[1]梁置南兗州，後齊改爲東廣州，陳復曰南兗，後周改爲吳州。開皇九年改爲揚州，置總管府，大業初府廢。統縣十六，户十一萬五千五百二十四。

江陽[2]舊曰廣陵，後齊置廣陵、江陽二郡。開皇初郡廢，十八年改縣爲邗江，大業初更名江陽。有江都宮、揚子宮。[3]有陵湖。江都[4]自梁及隋，或廢或置。海陵[5]梁置海陵郡。[6]開皇初郡廢，又併建陵縣入，尋析置江浦縣，大業初省入。寧海[7]開皇初併如皋縣入。高郵[8]梁析置竹塘、三歸二縣，及置廣業郡，尋以有嘉禾，爲神農郡。開皇初郡廢，又併竹塘、三歸、臨澤三縣入焉。安宜[9]梁置陽平郡及東莞郡。開皇初郡廢，又廢石鼈縣入焉。有白馬湖。山陽[10]舊置山陽郡，開皇初郡廢。十二年置楚州，大業初州廢。有後魏淮陰郡，東魏改爲淮州，[11]後齊併魯、富陵立懷恩縣，後周改曰壽張，又僑立東平郡。開皇元年改郡爲淮陰，并立楚州，尋廢郡，更改縣曰淮陰。大業初州廢，縣併入焉。盱眙[12]舊魏置盱眙郡。[13]陳置北譙州，尋省。開皇初郡廢，又併考城、直瀆、陽城三縣入。有都梁山。鹽城[14]後齊置射陽郡，[15]陳改曰鹽城，開皇初郡廢。清流[16]舊曰頓丘，置新昌郡及南譙州。開皇初改爲滁州，郡廢。又廢樂鉅、高塘二縣入頓丘，改曰新昌。十八年又改爲清流。大業初州廢。有白禪山、曲亭山。全椒[17]梁曰北譙，置北譙郡。後齊改郡爲臨滁，後周又曰北譙。[18]開皇初郡廢，改縣爲滁水。大業初改名焉。有銅官山、九鬭山。六合[19]舊曰尉氏，置秦郡。後齊置秦州。後周改州曰方州，改郡曰六合。開皇初郡廢，四年改尉氏曰六合，省堂邑、方山二縣入焉。大業初州廢。又後齊置瓦梁郡，陳廢。有瓜步山、六合山。永福[20]舊曰沛，梁置涇城、東陽二郡。[21]陳廢州，併二郡爲沛郡。後周改沛郡爲石梁郡，改沛縣曰石梁縣，省橫山縣入焉。開皇初郡廢。大業初改縣曰永福。有香山、永福山。句容[22]有茅山、浮山、四平山。延陵[23]舊置南徐州、南東海郡，梁改曰蘭陵郡，陳又改爲東海。開皇九年州郡並廢，又廢丹徒縣入焉。十五年置潤州，大業初州廢。有句驪山、黃鵠山、蒜山、長塘湖。曲阿[24]有武進縣，梁改爲蘭陵，開皇九年併入。

[1]江都郡：大業三年改揚州置。治所在今江蘇揚州市。

[2]江陽：縣名。本漢廣陵縣，開皇十八年改爲邗江，大業初改爲江陽。治所在今江蘇揚州市。

[3]江都宮：宮殿名。隋煬帝時建，在今江蘇揚州市西北蜀岡上。

[4]江都：縣名。《讀史方輿紀要》云："漢縣治此。三國時廢，晉太康六年復置。江左時廢時置。隋、唐爲附郭縣。今故城已圮於江。"治所在今江蘇揚州市。

[5]海陵：縣名。漢置。《宋書·州郡志》言三國時廢，晉太康元年（280）復置。但因《後漢書·郡國志》中無海陵，故楊守敬以此縣非三國時始廢。治所在今江蘇泰州市。

[6]梁置海陵郡：楊守敬《隋書地理志考證》云："《宋志》：海陵郡，晉安帝分廣陵立。齊亦有此郡，當云'舊置'。"

[7]寧海：縣名。晉安帝時置。治所在今江蘇如皋市西南。

[8]高郵：縣名。漢縣，三國時廢，晉太康元年復置。治所在今江蘇高郵市。

[9]安宜：縣名。本漢平安縣，後漢改爲安宜縣，晉省，齊復置。治所在今江蘇寶應縣西南。

[10]山陽：縣名。東晉義熙九年（413）置。治所在今江蘇淮安市。

[11]有後魏淮陰郡，東魏改爲淮州：楊守敬據《宋書·州郡志》《南齊書·州郡志》認爲東魏當是改北兗州爲淮州，"志言東魏改淮陰郡爲淮州，尤誤"。

[12]盱眙：縣名。漢置。治所在今江蘇盱眙縣東北。

[13]舊魏置盱眙郡：《宋書·州郡志》言晉安帝時分置盱眙郡，則此"魏"字恐爲衍文。

[14]鹽城：縣名。漢置鹽瀆縣，三國時廢，晉太康二年復置，晉安帝改名爲鹽城。治所在今江蘇鹽城市。

[15]後齊置射陽郡：《輿地紀勝》引本志言後齊置射州及射陽、新城、安樂三縣，則本志有脫誤。

[16]清流：縣名。開皇十八年改新昌縣置。治所在今安徽滁州市。

[17]全椒：縣名。大業初改滁水縣置。治所在今安徽全椒縣。

[18]後周又曰北譙：《陳書》卷五《宣帝紀》（太建七年五月）分北譙縣置北譙郡，領陽平所屬北譙、西譙二縣。楊守敬《隋書地理志考證》云：“據此，則陳復爲北譙郡。又有西譙縣，志亦失書。”

[19]六合：縣名。尉氏本漢縣，晋末僑置於此，開皇四年改爲六合。治所在今江蘇南京市六合區。

[20]永福：縣名。宋置沛縣，後周改爲石梁縣，大業初改爲永福。治所在今安徽天長市西石梁鎮。

[21]梁置涇城、東陽二郡：錢大昕《廿二史考異》云：“《通鑑》胡注引此云‘梁置涇州，領涇城、東陽二郡’，當從之。”

[22]句容：縣名。漢置。治所在今江蘇句容市。

[23]延陵：縣名。晋太康二年分曲阿之延陵鄉置。治所先在今江蘇丹陽市西南延陵鎮，開皇九年移治今江蘇鎮江市。

[24]曲阿：縣名。治所在今江蘇丹陽市。

鍾離郡[1]後齊曰西楚州，開皇二年改曰濠州。[2]統縣四，户三萬五千一十五。

鍾離[3]舊置郡，開皇初郡廢。大業中復置郡。定遠[4]舊曰東城。梁改曰定遠，[5]置臨濠郡。後齊改曰廣安。開皇初郡廢。又有舊九江郡，後齊廢爲曲陽縣，縣尋廢。又有梁置安州，侯景亂廢。化明[6]故曰睢陵，置濟陰郡。後齊改縣曰池南，陳復曰睢陵，後周改爲昭義。開皇初郡廢，大業初縣改名焉。塗山[7]舊曰當塗。後齊改曰馬頭，置郡曰荆山。開皇初改縣曰塗山，廢郡。有當塗山。

[1]鐘離郡：大業三年改濠州置。治所在今安徽鳳陽縣東北。

[2]開皇二年改曰濠州：《元和郡縣圖志》記爲開皇三年改濠州。濠，底本作“豪”，中華本校勘記云：“‘濠’原作‘豪’，據《元和志》九、《寰宇記》一二八改。”今從改。

[3]鍾離：縣名。漢縣。治所在今安徽鳳陽縣東北。

[4]定遠：縣名。梁天監三年（504）置，大業十一年縣廢。治所在今安徽定遠縣東南。

[5]舊曰東城。梁改曰定遠：漢置東城縣，宋廢。故此應作“梁改置定遠”。

[6]化明：縣名。大業元年改昭義縣置。治所在今安徽明光市東北女山湖鎮。

[7]塗山：縣名。開皇初改馬頭縣置。治所在今安徽懷遠縣東南。

淮南郡[1]舊曰豫州，後魏曰揚州，梁曰南豫州，東魏曰揚州，陳又曰豫州，後周曰揚州。開皇九年曰壽州，置總管府，大業元年府廢。統縣四，户三萬四千二百七十八。

壽春[2]舊有淮南、梁郡、北譙、汝陰等郡，開皇初並廢，并廢蒙縣入焉。大業初置淮南郡。有八公山、門溪。安豐[3]梁置陳留、安豐二郡，開皇初並廢。有芍陂。霍丘[4]梁置安豐郡，東魏廢。開皇十九年置縣，名焉。長平[5]梁置北陳郡，開皇初廢，又併西華縣入。

[1]淮南郡：大業三年改壽州置。治所在今安徽壽縣。

[2]壽春：縣名。漢縣。治所在今安徽壽縣。

[3]安豐：縣名。治所在今安徽壽縣南。

[4]霍丘：縣名。開皇十九年置。治所在今安徽霍邱縣。

[5]長平：縣名。治所在今河南西華縣南。

弋陽郡[1]梁置光州。統縣六，戶四萬一千四百三十三。

光山[2]舊置光城郡。開皇初郡廢，十八年置縣焉。大業初置光陽郡。[3]又有舊黃川郡，梁廢。樂安[4]梁置宋安郡，及宋安、光城二縣，又有豐安郡，開皇三年並廢入焉。有弋陽山、浮光山、金山、錫山。定城[5]後齊置南郢州，後廢入南、北二弋陽縣，後又省北弋陽入南弋陽，改爲定遠焉。[6]又後魏置弋陽郡，及有梁東新蔡縣。後周改爲淮南郡。又後齊置齊安、新蔡二郡，及廢舊義州，立東光城郡。至開皇初，五郡及郢州並廢。殷城[7]舊曰包信，開皇初改名焉。梁置義城郡及建州，并所領平高、新蔡、新城三郡，開皇初並廢。有大蘇山、南松山。[8]固始[9]梁曰蓼縣。後齊改名焉，置北建州，尋廢州，置新蔡郡。後周改置滻州。開皇初州郡並廢入，又改縣爲固始。[10]有安陽山。[11]期思[12]陳置邊城郡。開皇初郡廢，改縣名焉。有後齊光化郡，亦廢入焉。有大別山。

[1]弋陽郡：大業三年改光州置。治所在今河南光山縣。

[2]光山：縣名。宋大明中置光城縣，開皇三年廢入樂安縣，十八年復置。治所在今河南光山縣。

[3]大業初置光陽郡：楊守敬《隋書地理志考證》云：“光陽，弋陽通稱。”

[4]樂安：縣名。宋元嘉中置。治所在今河南光山縣西北。

[5]定城：縣名。治所在今河南潢川縣。

[6]改爲定遠焉：楊守敬《隋書地理志考證》云：“《寰宇記》引《輿地志》云：後齊天保元年改南弋陽縣爲定城。《輿地廣記》亦作‘定城’，則志‘定遠’實爲‘定城’之誤。”

[7]殷城：縣名。宋僑置包信縣，開皇四年改爲殷城。治所在

今河南商城縣西。

[8]大蘇山：大，底本作“太”，中華本校勘記云：“‘大’原作‘太’，據《水經》三二《決水注》、《寰宇記》一二七改。”

[9]固始：縣名。治所在今河南固始縣。

[10]又改縣爲固始：此句疑爲衍文，上文已言後齊縣改名，此又言。

[11]山：底本作“郡”，楊守敬據宋本改。今從改。

[12]期思：縣名。開皇初改邊城縣置。治所在今河南商城縣東北。

蘄春郡[1]後齊置雍州，[2]後周改曰蘄州。開皇初置總管府，九年府廢。統縣五，户三萬四千六百九十。

蘄春[3]舊曰蘄陽，梁改曰蘄水。後齊改曰齊昌，置齊昌郡。開皇十八年改爲蘄春。開皇初郡廢。[4]有安山。浠水[5]舊置永安郡，開皇初郡廢。有石鼓山。蘄水[6]舊曰蘄春，梁改名焉。[7]有鼓吹山。有蘄水。黃梅[8]舊曰永興，開皇初改曰新蔡，十八年改名焉。有黃梅山。羅田[9]梁置義州、義城郡，開皇初並廢。

[1]蘄春郡：大業三年改蘄州置。治所在今湖北蘄春縣西北羅州城。

[2]雍州：雍，底本作“羅”，中華本校勘記云：“‘雍’原作‘羅’，據《通典》一八一、《寰宇記》一二七、《輿地廣記》二一改。”今從改。

[3]蘄春：縣名。開皇十八年改齊昌縣置。治所在今湖北蘄春縣西北羅州城。

[4]開皇十八年改爲蘄春。開皇初郡廢：按志例，當依時間順序叙述沿革，此先言開皇十八年縣改名，又言開皇初郡廢，不合志

例，此當爲"開皇初郡廢，十八年改爲蘄春"，方合。

[5]浠水：縣名。治所在今湖北浠水縣東南。

[6]蘄水：縣名。治所在今湖北浠水縣東。

[7]舊曰蘄春，梁改名焉：楊守敬《隋書地理志考證》云："按漢蘄春縣已改於晋，以後並無置蘄春縣事，不應有一蘄春爲梁所改。且上云梁改蘄陽爲蘄水，此又云梁改蘄春爲蘄水，以今蘄州蘄水計之，相距秖百里，不應有兩蘄水縣。考《宋志》蘄水與希水同置，《南齊志》俱爲左縣，意梁時秖此蘄水，上改蘄陽爲蘄水五字爲衍文，此八字更爲駁文。"可備一說。

[8]黃梅：縣名。南齊置永興縣，開皇九年改爲新蔡，十八年改爲黃梅。治所在今湖北黃梅縣西北。

[9]羅田：縣名。梁置。治所在今湖北羅田縣東魁山之陽。

盧江郡[1]梁置南豫州，又改爲合州。開皇初改爲盧州。統縣七，户四萬一千六百三十二。

合肥[2]梁曰汝陰，置汝陰郡。後齊分置北陳郡。開皇初郡廢，縣改名焉。盧江[3]齊置盧江郡，梁置湘州，後齊州廢，開皇初郡廢。有冶甫山、上薄山、三公山、聖山、藍家山。襄安[4]梁曰蘄，開皇初改焉。有龜山、紫微山、亞父山、半陽山、白石山、四鼎山。慎[5]東魏置平梁郡，陳曰梁郡，開皇初郡廢。有浮闔山。霍山[6]梁置霍州及岳安郡、岳安縣。後齊州廢。開皇初郡廢，縣改名焉。淠水[7]梁置北沛郡及新蔡縣。開皇初郡廢，又廢新蔡入焉。有墜星山。開化[8]梁置。[9]有衡山、九公山、踢鼓山、天山、多智山。

[1]盧江郡：大業三年改盧州置。治所在今安徽合肥市。

[2]合肥：縣名。漢置合肥縣，梁改爲汝陰，開皇初復爲合肥。

治所在今安徽合肥市。

[3]廬江：縣名。梁武帝天監末置。治所在今安徽廬江縣西。

[4]襄安：縣名。開皇初改蘄縣置。治所在今安徽巢湖市。

[5]慎：縣名。宋僑置。治所在今安徽肥東縣東北梁園鎮。

[6]霍山：縣名。開皇初改岳安縣置。治所在今安徽霍山縣。

[7]淠水：縣名。《讀史方輿紀要》云：“梁置北沛郡，治新蔡縣，東魏因之。……隋開皇初郡廢，改置淠水縣，以新蔡縣并入。”治所在今安徽霍山縣東北。

[8]開化：縣名。治所在今安徽六安市西南。

[9]梁置：《宋書·州郡志》言開化縣置於元嘉二十五年（448）。

同安郡[1]梁置豫州，後改曰晋州，後齊改曰江州，陳又曰晋州，開皇初曰熙州。統縣五，户二萬一千七百六十六。

懷寧[2]舊置晋熙郡，開皇初郡廢。大業三年置同安郡。宿松[3]梁置高塘郡。開皇初郡廢，改縣曰高塘，[4]十八年又改名焉。有雷水。太湖[5]開皇初改爲晋熙，十八年復改名焉。望江[6]陳置大雷郡。開皇十一年改曰義鄉，十八年改名焉。同安[7]舊曰樅陽，并置樅陽郡。開皇初郡廢，十八年縣改名焉。有浮度山。

[1]同安郡：大業三年改熙州置。治所在今安徽潛山縣。

[2]懷寧：縣名。本漢皖縣，晋永嘉之亂後廢，晋安帝義熙中置懷寧縣。治所在今安徽潛山縣。

[3]宿松：縣名。開皇十八年改高塘縣置。治所在今安徽宿松縣。

[4]開皇初郡廢，改縣曰高塘：王仲犖《北周地理志》言高唐縣爲梁置。

[5]太湖：縣名。宋元嘉二十五年置，後省，泰始二年（466）

復置，開皇初改爲晉熙，十八年復爲太湖，大業十三年廢。治所在
今安徽太湖縣。

[6]望江：縣名。晉安帝置新冶縣，開皇十一年改爲義鄉縣，
十八年改爲望江縣。治所在今安徽望江縣。

[7]同安：縣名。開皇十八年改樅陽縣置。治所在今安徽桐
城縣。

歷陽郡[1]後齊立和州。統縣二，户八千二百五十四。

歷陽[2]舊置歷陽郡，開皇初郡廢。大業初復置郡。烏江[3]
梁置江都郡，後齊改爲齊江郡，陳又改爲臨江郡，周改爲同江郡。
開皇初郡廢。大業初置歷陽郡。[4]有六合山。

[1]歷陽郡：大業三年改和州置。治所在今安徽和縣。
[2]歷陽：縣名。漢縣。治所在今安徽和縣。
[3]烏江：縣名。晉太康六年置。治所在今安徽和縣東北烏
江鎮。
[4]大業初置歷陽郡：歷陽縣下已言置歷陽郡，則此句爲衍文。

丹陽郡[1]自東晉已後置郡曰揚州。平陳，詔並平蕩耕墾，更於石
頭城置蔣州。統縣三，户二萬四千一百二十五。

江寧[2]梁置丹陽郡及南丹陽郡，陳省南丹陽郡。平陳，又廢
丹陽郡，并以秣陵、建康、同夏三縣入焉。大業初置丹陽郡。有蔣
山。當塗[3]舊置淮南郡。平陳，廢郡，并襄垣、于湖、繁昌、西
鄉入焉。[4]有天門山、楚山。溧水[5]舊曰溧陽。開皇九年廢丹陽
郡入，[6]十八年改焉。[7]有赭山、盧山、楚山。

[1]丹陽郡：大業三年改蔣州置。治所在今江蘇南京市。

　　[2]江寧：縣名。《元和郡縣圖志》言晉太康二年改臨江縣置，《太平寰宇記》言晉永嘉中置。治所在今江蘇南京市。

　　[3]當塗：縣名。晉太康初分丹陽置于湖縣，成帝時於于湖僑置當塗縣。治所先在今安徽南陵縣東南，開皇九年移治今安徽當塗縣。

　　[4]繁昌：繁，底本作"樊"，錢大昕《廿二史考異》言當作"繁昌"，中華本據《宋書·州郡志一》《南齊書·州郡志上》改，今從改。

　　[5]溧水：縣名。治所在今江蘇溧水縣。

　　[6]開皇九年廢丹陽郡入："郡"當作"縣"，楊守敬《隋書地理志考證》云："志於江寧縣下云'平陳，廢丹陽郡'，故知此爲縣也。"

　　[7]十八年改焉：《元和郡縣圖志》云："隋開皇十一年宇文述割溧陽之西、丹陽之東置。"楊守敬云："則是十一年分溧陽置溧水縣，至十八年又廢溧陽入溧水。"

宣城郡[1]舊置南豫州。平陳，改爲宣州。統縣六，戶一萬九千九百七十九。

　　宣城[2]舊曰宛陵，[3]置宣城郡。平陳，郡廢，仍併懷安、寧國、當塗、浚遒四縣入焉。大業初置郡。有敬亭山。涇[4]平陳，省安吳、南陽二縣入焉。有蓋山、陵陽山。南陵[5]梁置，併置南陵郡，陳置北江州。平陳，州郡並廢，并所管石城、臨城、定陵、故治、南陵五縣入焉。秋浦[6]舊曰石城。平陳廢，開皇十九年置，改名焉。永世[7]平陳廢，開皇十二年又置。有靈光山。綏安[8]舊曰石封，平陳，改名焉。梁末立大梁郡，又改爲陳留。平陳，郡廢，省大德、故鄣、安吉、原鄉四縣入焉。

［1］宣城郡：梁置南豫州，隋平陳後改爲宣州，大業三年改爲宣城郡。治所在今安徽宣城市宣州區。

［2］宣城：縣名。治所在今安徽宣城市宣州區。

［3］舊曰宛陵：楊守敬《隋書地理志考證》云：“按《漢》《晋》《宋》《齊志》宛陵、宣城並立，此但云宛陵者，當是隋平陳併宛陵於宣城，又以宣城置宛陵。”

［4］涇：縣名。漢置。治所在今安徽涇縣。

［5］南陵：縣名。梁武帝普通六年（525）置。治所在今安徽繁昌縣西北。

［6］秋浦：縣名。開皇十九年於石城故城置。治所在今安徽池州市西。

［7］永世：縣名。吳分溧陽置永平縣，晋太康元年改爲永世，隋平陳廢，開皇十二年復置。治所在今江蘇溧陽市南古縣村。

［8］綏安：縣名。宋永初三年（422）置。治所在今江蘇宜興市西南。

毗陵郡^[1]平陳，置常州。統縣四，户一萬七千五百九十九。

晋陵^[2]舊置晋陵郡。平陳，郡廢。大業初置郡。有橫山。江陰^[3]梁置，及置江陰郡。平陳，廢郡及利城梁豐縣入焉。有毗陵山。無錫^[4]有九龍山。義興^[5]舊曰陽羨，置義興郡。平陳，郡廢，改縣名焉，又廢義鄉、國山、臨津三縣入焉。^[6]有計山、洞庭山。

［1］毗陵郡：大業三年改常州置。治所在今江蘇常州市。

［2］晋陵：縣名。漢毗陵縣，晋永嘉五年（311）改爲晋陵。治所在今江蘇常州市。

［3］江陰：縣名。梁敬帝分蘭陵縣置。治所在今江蘇江陰市。

[4]無錫：縣名。《太平寰宇記》云：“吳省，屬典農校尉。晋太康元年平吳，復爲縣，屬毗陵。元帝初改爲晋陵郡。隋開皇九年改晋陵郡爲常州，廢縣入晋陵；十三年復舊。大業三年改爲毗陵。”楊守敬言本志是據開皇十三年後之籍著之。治所在今江蘇無錫市。

[5]義興：縣名。開皇九年改陽羨縣置。治所在今江蘇宜興市。

[6]臨津：津，底本作“澤”，中華本校勘記云：“‘津’原作‘澤’，據《宋書・州郡志》一、《南齊書・州郡志》上改。”今從改。

吳郡[1]陳置吳州。平陳，改曰蘇州，大業初復曰吳州。統縣五，户一萬八千三百七十七。

吳[2]舊置吳郡。平陳，郡廢，大業初復置。有胥山、橫山、華山、黃山、姑蘇山、太湖。[3]昆山[4]梁置。平陳廢，開皇十八年復。常熟[5]舊曰南沙，[6]梁置信義郡。平陳廢，并所領海陽、前京、信義、海虞、興國、南沙入焉。有虞山。烏程[7]舊置吳興郡。平陳，郡廢，并東遷縣入焉。仁壽中置湖州，大業初州廢。有雉山。長城[8]平陳廢，仁壽二年復。有卞山。

[1]吳郡：大業三年改吳州置。治所在今江蘇蘇州市西南橫山東。

[2]吳：縣名。秦置。治所在今江蘇蘇州市西南橫山東。

[3]胥山：胥，底本作“首”，中華本校勘記云：“‘胥’原作‘首’。《寰宇記》九一：‘胥山在吳縣西南四十里。《吳録》云，吳王殺子胥，投之於江，吳人立祠於江上，因名胥山。’《水經》四〇《漸水注》所記胥山大致相同。今據改。”今從改。

[4]昆山：縣名。梁大同中分信義縣置，平陳廢，開皇十八年復置。治所在今上海市松江區。

[5]常熟：縣名。梁大同六年（540）置。治所在今江蘇常熟市西北。

[6]舊曰南沙：《讀史方輿紀要》云：“本吴縣地，晋太康四年分置海虞縣，屬吴郡。東晋又分置南沙縣，屬晋陵郡，宋、齊因之。梁天監六年增置信義郡，南沙屬焉。大同六年又分置常熟縣，亦屬信義郡。隋平陳，徙常熟縣治南沙，以海虞、南沙二縣并入，屬蘇州。”因隋徙縣南沙，故云舊曰南沙。

[7]烏程：縣名。秦置。治所在今浙江湖州市。

[8]長城：縣名。晋太康三年分烏程縣置，開皇九年廢，仁壽二年復。治所在今浙江長興縣東。

會稽郡[1]梁置東揚州。陳初省，尋復。平陳，改曰吴州，置總管府。大業初府廢，置越州。**統縣四，户二萬二百七十一。**

會稽[2]舊置會稽郡。平陳，郡廢，及廢山陰、永興、上虞、始寧四縣入，大業初置郡。有稷山、種山、會稽山。[3]**句章**[4]平陳，併餘姚、鄞、鄮三縣入。[5]有太白山、方山。**剡**[6]有桐柏山。**諸暨**[7]有泄溪、大農湖。

[1]會稽郡：大業三年改越州置。治所在今浙江紹興市。

[2]會稽：縣名。陳分山陰縣置，隋山陰縣廢入會稽縣。治所在今浙江紹興市。

[3]種山：種，底本作“重”，中華本校勘記云：“‘種’原作‘重’。《寰宇記》九六：‘種山在山陰縣北三里餘。《吴越春秋》云，大夫種所葬處。’《水經》四〇《浙水注》官本作‘重山’，趙一清校本改爲‘種山’。今據改。”今從改。　會稽山：原名茅山，又名苗山、防山。在今浙江紹興市南。

[4]句章：縣名。漢縣。治所在今浙江餘姚市東南。

[5]鄮：底本作“鄷”，中華本據《漢書·地理志上》《續漢

書·郡國志四》改。今從改。

　　[6]剡：縣名。漢置。治所在今浙江嵊州市。

　　[7]諸暨：縣名。秦舊縣。治所在今浙江諸暨市。

餘杭郡[1]平陳，置杭州。仁壽中置總管府，大業初府廢。統縣六，户一萬五千三百八十。

　　錢唐[2]舊置錢唐郡。平陳，廢郡，并所領新城縣入。大業三年置餘杭郡。有粟山、石甑山、臨平湖。富陽[3]有石頭山、鷄籠山。餘杭[4]有由拳山、金鵝山。於灊[5]有天目山、石鏡山。[6]有桐溪。鹽官[7]有蜀山。武康[8]平陳廢，仁壽二年復。有封嵎山、青山、白鵠山。

　　[1]餘杭郡：開皇九年割吳郡之鹽官，吳興之餘杭，合錢唐、綏安四縣置杭州，大業三年改爲餘杭郡。治所在今浙江杭州市。

　　[2]錢唐：縣名。楊守敬言隋以前地志俱作‘唐’，唐以後作“塘”。治所在今浙江杭州市。

　　[3]富陽：縣名。漢舊縣，名富春，晋孝武帝避鄭太后諱，改爲富陽。治所在今浙江富陽市。

　　[4]餘杭：縣名。秦置。治所在今浙江杭州市餘杭區。

　　[5]於灊：縣名。漢舊縣。治所在今浙江臨安市西於潛鎮。

　　[6]天目山：舊名浮玉山。在今浙江西北部，東北－西南走向，爲長江與錢塘江水系的分水嶺。

　　[7]鹽官：縣名。三國吳時置。治所在今浙江海寧市西南鹽官鎮。

　　[8]武康：縣名。三國吳置永安縣，晋太康元年改爲武康。治所在今浙江德清縣西。

新安郡[1]平陳，置歙州。統縣三，户六千一百六十四。

休寧[2]舊曰海寧，開皇十八年改名焉。[3]大業初置郡。
歙[4]平陳廢，十一年復。黟[5]平陳廢，十一年復。

[1]新安郡：開皇九年置歙州，大業三年改爲新安郡。治所在
今安徽休寧縣。

[2]休寧：縣名。三國吳置休陽縣，晋太康元年改爲海寧，開
皇十八年改爲休寧。治所在今安徽休寧縣。

[3]開皇十八年改名焉：《元和郡縣圖志》記開皇九年改爲休
寧縣，兩書所記不一。

[4]歙：縣名。秦置，開皇九年廢，十一年復置。治所在今安
徽歙縣。

[5]黟：縣名。秦置，開皇九年廢，十一年復置。治所在今安
徽黟縣。

東陽郡[1]平陳，置婺州。統縣四，户一萬九千八百五。

金華[2]舊曰長山，置金華郡。平陳，郡廢，又廢建德、太
末、豐安三縣入，改爲吳寧縣。十二年改曰東陽，十八年改名焉。
大業初置東陽郡。有長山、龍山、樓山、丘山。有赤松澗。永
康[3]　烏傷[4]有香山、歌山。信安[5]有江山、悲思嶺。有定
陽溪。

[1]東陽郡：大業三年改婺州置。治所在今浙江金華市。

[2]金華：縣名。後漢置長山縣，隋平陳改爲吳寧，十二年改
爲東陽，十八年改爲金華。治所在今浙江金華市。

[3]永康：縣名。三國吳分烏傷、上浦立。治所在今浙江永
康市。

[4]烏傷：縣名。秦縣。治所在今浙江義烏市。

［5］信安：縣名。晋太康元年改新安縣置。治所在今浙江衢州市。

永嘉郡^[1]開皇九年置處州，十二年改曰括州。**統縣四，戶一萬五百四十二。**

括倉^[2]平陳，置縣，大業初置永嘉郡。有縉雲山、括倉山。
永嘉^[3]舊曰永寧，置永嘉郡。平陳，郡廢，縣改名焉。有芙蓉山。
松陽^[4]　臨海^[5]舊曰章安，置臨海郡。平陳，郡廢，縣改名焉。^[6]有赤山、天台山。^[7]

［1］永嘉郡：大業三年改括州置。治所在今浙江麗水市東南。

［2］括倉：縣名。楊守敬言"倉"作"蒼"。治所在今浙江麗水市東南。

［3］永嘉：縣名。開皇九年改永寧縣置。治所在今浙江温州市。

［4］松陽：縣名。開皇九年廢，十二年復置。治所在今浙江松陽縣西北古市鎮。

［5］臨海：縣名。治所在今浙江臨海市。

［6］平陳，郡廢，縣改名焉：楊守敬《隋書地理志考證》云："按《宋志》：臨海，吳分章安立。《紀勝》：隋開皇九年徙縣於舊始豐縣置，十一年於大固山置臨海鎮，尋移縣於鎮所。據此，則知志所謂改名者，乃省章安入臨海也。"

［7］天台山：在今浙江中東部，主峰華頂山在今天台縣東北。建於隋的國清寺爲佛教天台宗的發源地。

建安郡^[1]陳置閩州，仍廢，後又置豐州。平陳，改曰泉州。大業初改曰閩州。**統縣四，戶一萬二千四百二十。**

閩^[2]舊曰東侯官，置晉安郡。平陳，郡廢，縣改曰原豐。^[3]

十二年改曰閩，大業初置建安郡。有岱山、飛山。建安^[4]舊置建安郡。平陳廢。南安^[5]舊曰晋安，置南安郡。平陳，郡廢，縣改名焉；又置莆田縣，尋廢入焉。龍溪^[6]梁置，開皇十二年併蘭水、綏安二縣入焉。

[1]建安郡：大業三年改閩州置。治所在今福建福州市。

[2]閩：縣名。開皇十二年改原豐縣置。治所在今福建福州市。

[3]縣改曰原豐：楊守敬《隋書地理志考證》云："《宋志》原豐，晋太康三年立。《齊志》有，然則併侯官入原豐也。"由此可知，侯官非改名爲原豐，而是併入。

[4]建安：縣名。孫策分東侯官立，宋廢，南齊又立。治所在今福建建甌市。

[5]南安：縣名。開皇九年改晋安置。治所在今福建南安市豐州鎮。

[6]龍溪：縣名。治所在今福建龍海市西北。

遂安郡^[1]仁壽三年置睦州。統縣三，户七千三百四十三。

雉山^[2]舊置新安郡。平陳，廢爲新安縣。^[3]大業初縣改名焉，置遂安郡。有仙壇山。遂安^[4]平陳廢，仁壽中復。桐廬^[5]平陳廢，仁壽中復。有白石山。

[1]遂安郡：大業三年改睦州置。治所在今浙江淳安縣西。

[2]雉山：縣名。大業三年改新安縣置。治所在今浙江淳安縣西。

[3]廢爲新安縣：楊守敬《隋書地理志考證》云："本吳始新縣，廢郡時，改始新縣爲新安縣也。"

[4]遂安：縣名。三國吳孫權分歙縣爲新定縣，晋武帝太康元

年改爲遂安，開皇九年廢，仁壽三年復置。治所在今浙江淳安縣
西南。

[5]桐廬：縣名。三國吳分富春置，開皇九年廢，仁壽三年復
置。治所在今浙江桐廬縣。

鄱陽郡[1]梁置吳州，[2]陳廢。平陳，置饒州。**統縣三，户一萬
一百二。**

　　鄱陽[3]舊置鄱陽郡。平陳廢，又有陳銀城縣廢入焉。大業初
復置郡。**餘干**[4]　　**弋陽**[5]舊曰葛陽，開皇十二年改。有弋水。

[1]鄱陽郡：大業三年改饒州置。治所在今江西鄱陽縣。
[2]梁置吳州：《元和郡縣圖志》記梁承聖二年（553）改爲吳
州，《太平寰宇記》記梁天監中置吳州，二書所記不一。
[3]鄱陽：縣名。漢置。治所在今江西鄱陽縣。
[4]餘干：縣名。開皇九年改餘汗縣置。治所在今江西餘干縣。
[5]弋陽：縣名。開皇十二年改葛陽縣置。治所在今江西弋
陽縣。

臨川郡[1]平陳，置撫州。**統縣四，户一萬九百。**

　　臨川[2]舊置臨川郡。平陳，郡廢，大業三年復置郡。有銅
山、黄山。有夢水。**南城**[3]有五章山。**崇仁**[4]梁置巴山郡，領
大豐、新安、巴山、新建、興平、豐城、西寧七縣。[5]平陳，郡縣
並廢，以置縣焉。**邵武**[6]開皇十二年置。

[1]臨川郡：大業三年改撫州置。治所在今江西撫州市臨川區。
[2]臨川：縣名。後漢和帝永元八年（96）析南城置臨汝，開
皇九年改爲臨川。治所在今江西撫州市臨川區。

［3］南城：縣名。漢縣。治所在今江西南城縣北。

［4］崇仁：縣名。開皇九年廢巴山郡置。治所在今江西崇仁縣。

［5］大豐：本作"廣豐"，隋避楊廣諱改爲大豐。

［6］邵武：縣名。晋武帝太康時改昭武縣置，開皇八年廢，十二年復置。治所在今福建邵武市。

廬陵郡[1]平陳，置吉州。統縣四，户二萬三千七百一十四。

　　廬陵[2]舊置廬陵郡。平陳廢，大業初復置。泰和[3]平陳置，曰西昌。十一年省東昌入，更名焉。[4]安復[5]舊置安成郡。平陳，郡廢，縣改曰安成。十八年又曰安復。有更生山、長嶺。新淦[6]有玉笥山。

［1］廬陵郡：大業三年改吉州置。治所在今江西吉水縣東北。

［2］廬陵：縣名。開皇十年改石陽縣置。治所在今江西吉水縣東北。

［3］泰和：縣名。開皇九年平陳後分廬陵縣置西昌縣，後改爲泰和。治所在今江西太和縣西。

［4］十一年省東昌入，更名焉：關於改西昌爲泰和的時間，各書所記有異。《元和郡縣圖志》言開皇十八年改，《太平寰宇記》西昌故城下言開皇十年廢西昌置太和。另《太平寰宇記》太和縣下又言隋平陳，改爲安豐，尋改爲太和縣。

［5］安復：縣名。治所在今江西安福縣西。

［6］新淦：縣名。漢置。治所在今江西新干縣。

南康郡[1]開皇九年置虔州。統縣四，户一萬一千一百六十八。

贛[2]舊曰南康，[3]置南康郡。平陳，郡廢。大業初縣改名焉，尋置郡。有儲山。有贛水。虔化[4]舊曰寧都，開皇十八年改名焉。有石鼓山。雩都[5]舊廢，平陳置。有金鷄山、君山。南康[6]舊曰贛，大業初改名焉。有廩山、上洛山、贛山。

[1]南康郡：大業三年改虔州置。治所在今江西贛州市。

[2]贛：縣名。治所在今江西贛州市。

[3]舊曰南康：楊守敬《隋書地理志考證》云：“此與下‘南康舊曰贛’并誤。按《寰宇記》引《晋太康地志》：贛縣，因水爲名。又引《虔州圖經》：章、貢二水合流爲贛，其間置邑，因爲贛縣，晋太康末徙居葛姥故城，宋昇明初移置贛水東三百步，梁承聖初又遷贛水南。考葛姥城在今縣北五里，然則晋以後雖屢有遷徙，皆不甚相遠，其不在今縣西八十里之南康審矣。按《水經·贛水注》：贛縣，即南康郡治。《元和志》：晋南康郡先理雩都，永和五年移理贛。《寰宇記》：晋永和五年，太守高珪置郡城於章、貢二水間。是南康郡治贛，非治南康也。《輿地廣記》則謂‘隋改贛縣爲南康，大業初復改爲贛’。然《廣記》於南康下云‘宋改南康曰贛縣，隋大業初復曰南康’，既云宋改南康爲贛縣，而此贛縣又至隋始改爲南康，是宋、齊、梁、陳俱有兩贛縣矣。蓋爲此志所眯，而强爲之説。”

[4]虔化：縣名。宋大明五年（461）置，隋初廢，開皇十八年改寧都縣復置。治所在今江西寧都縣西。

[5]雩都：縣名。治所在今江西于都縣。

[6]南康：縣名。治所在今江西南康縣。

宜春郡[1]平陳，置袁州。統縣三，户一萬一百一十六。

宜春[2]舊曰宜陽。開皇十一年廢吳平縣入，十八年改名

焉。[3]大業初置郡。有廬溪、渝水。萍鄉[4]有宜春江。新喻[5]

[1]宜春郡：大業三年改袁州置。治所在今江西宜春市。

[2]宜春：縣名。治所在今江西宜春市。

[3]十八年改名焉：《元和郡縣圖志》云：“隋開皇十一年，於縣置袁州，移縣於城東五里，復改爲宜春。”《太平寰宇記》云：“隋開皇十一年廢安成，併于宜陽縣，置袁州，移縣于州東五里；十七年改宜陽爲宜春。”諸書所記不一。

[4]萍鄉：縣名。三國吳寶鼎二年（267）分宜春縣置。治所在今江西萍鄉市東蘆溪鎮。

[5]新喻：縣名。三國吳置。治所在今江西新餘市南。

豫章郡[1]平陳，置洪州總管府。大業初府廢。統縣四，户一萬二千二十一。

豫章[2]舊置豫章郡。平陳，郡廢。[3]大業初復置郡。豐城[4]平陳廢。十二年置，曰廣豐。仁壽初改名焉。建昌[5]開皇九年省并、永修、豫章、新吳四縣入焉。[6]建城[7]有然石。

[1]豫章郡：大業三年改洪州置。治所在今江西南昌市。

[2]豫章：縣名。漢置南昌縣，開皇九年改爲豫章縣。治所在今江西南昌市。

[3]平陳，郡廢：《陳書》卷三《世祖紀》記元嘉六年九月罷豫章郡，與志所記有異。

[4]豐城：縣名。仁壽元年避太子諱改廣豐縣置。治所在今江西豐城市東。

[5]建昌：縣名。東漢永元十六年分海昏縣置。治所在今江西永修縣西北艾城。

[6]并：楊守敬云："當是'艾'字之誤，蓋合艾方有四縣也。"

[7]建城：縣名。漢置。治所在今江西高安市。

南海郡[1]舊置廣州，梁、陳並置都督府。平陳，置總管府。仁壽元年置番州，大業初府廢。統縣十五，户三萬七千四百八十二。

南海[2]舊置南海郡。平陳，郡廢；又分置番禺縣，尋廢入焉。[3]大業初置郡。曲江[4]舊置始興郡。平陳廢，十六年又廢湞陽縣入焉。[5]有玉山、銀山。始興[6]齊曰正階，[7]梁改名焉，又置安遠郡，置東衡州。平陳，改郡置大庾縣，又於此置廣州總管。開皇末移向南海，又十六年廢大庾入焉。翁源[8]梁置，陳又置清遠郡。平陳郡廢。增城[9]舊置東官郡，平陳廢。有羅浮山。寶安[10]　樂昌[11]梁置，曰梁化，又分置平石縣。開皇十二年省平石入，十八年改名焉。四會[12]舊置綏建郡，又有樂昌郡。平陳，二郡並廢。大業初又併始昌縣入焉。化蒙[13]大業初廢威城縣入焉。清遠[14]舊置清遠郡，又分置威正、廉平、恩洽、浮護等四縣。平陳並廢，以置清遠縣。[15]又齊置齊康郡，至是亦廢入焉。含洭[16]梁置衡州、陽山郡。平陳，州改曰洭州，廢郡。二十年州廢。有堯山。政賓[17]舊置東官郡。平陳，郡廢。懷集[18]　新會[19]舊置新會郡。平陳，郡廢，又併盆允、永昌、新建、熙潭、化召、懷集六縣入，爲封州。十一年改爲允州，後又改爲岡州。大業初州廢，并廢封樂縣入。有社山。義寧[20]開皇十年廢新夷、初賓二縣入；又有始康縣，廢入封平。大業初又廢封平入焉。有茂山。

[1]南海郡：大業三年改番州置。治所在今廣東廣州市。

[2]南海：縣名。治所在今廣東廣州市。

[3]又分置番禺縣，尋廢入焉：《元和郡縣圖志》云：“隋開皇十年分其地置南海縣，屬廣州。”楊守敬《隋書地理志考證》云：“按番禺爲舊縣，此當云‘分番禺置南海縣，尋廢番禺入焉’，方合。”

[4]曲江：縣名。漢置。治所在今廣東韶關市東南。

[5]滇陽縣：“滇”底本作“須”，中華本據《宋書·州郡志一》改，今從改。

[6]始興：縣名。治所在今廣東始興縣。

[7]齊曰正階，梁改名焉：楊守敬《隋書地理志考證》云：“按始興本吳置，在今始興縣西北。《梁書·邵陵王綸傳》‘子確，大同二年封正階侯’，蓋至大同後始廢正階，而移始興來治。”

[8]翁源：縣名。梁承聖末分滇陽縣置。治所在今廣東翁源縣西北。

[9]增城：縣名。後漢置。治所在今廣東增城市東北。

[10]寶安：縣名。晋咸和六年（331）置。治所在今廣東深圳市寶安區。

[11]樂昌：縣名。梁武帝分曲江縣置梁化縣，開皇十八年改爲樂昌。治所在今廣東樂昌市西南。

[12]四會：縣名。秦置。治所在今廣東四會市。

[13]化蒙：縣名。宋元嘉十三年分四會縣置。治所在今廣東廣寧縣東鄉鎮。

[14]清遠：縣名。梁析中宿縣置。治所在今廣東清遠市。

[15]以置清遠縣：施和金云：“按《隋志》例，郡縣同名即書郡不舉縣，此清苑郡當領有清遠縣。此云平陳廢四縣以置清遠縣，蓋四縣原從清遠分出，平陳後又併入而重置清遠縣。”（施和金：《中國行政區劃通史·隋代卷》，第462頁）

[16]含洭：縣名。漢置。治所在今廣東英德市西北浛洸鎮。

［17］政賓：縣名。治所在今廣東清新縣西北河洞堡。

［18］懷集：縣名。治所在今廣東懷集縣。

［19］新會：縣名。開皇十年置。治所在今廣東江門市新會區北。

［20］義寧：縣名。宋元嘉中置。治所在今廣東開平市西北天露山東。

龍川郡[1]平陳，置循州總管府。大業初府廢。**統縣五，户六千四百二十。**

歸善[2]帶郡。有歸化山、懷安山。河源[3]開皇十一年省龍川縣入焉。又有新豐縣，十八年改曰休吉，大業初省入焉。有龍山、亢山。有修江。博羅[4]　興寧[5]　海豐[6]有黑龍山。有漲海。

［1］龍川郡：大業三年改循州置。治所在今廣東惠州市惠陽區東北。

［2］歸善：縣名。開皇九年置。《元和郡縣圖志》《舊唐書·地理志》《太平寰宇記》均言宋置，《宋書·州郡志》《南齊書·州郡志》無此縣。《輿地紀勝》引《祥符圖經》言本晋欣樂縣地，陳禎明三年（即開皇九年）改爲歸善。治所在今廣東惠州市惠陽區東北。

［3］河源：縣名。齊置。治所在今廣東河源市源城區。

［4］博羅：縣名。治所在今廣東博羅縣。

［5］興寧：縣名。東晋置。治所在今廣東興寧市西北龍田鎮西。

［6］海豐：縣名。東晋置。治所在今廣東海豐縣。

義安郡[1]梁置東揚州，後改曰瀛州，[2]及陳州廢。平陳，置潮州。**統縣五，户二千六十六。**

海陽[3] 舊置義安郡。平陳，郡廢。大業初置郡。有鳳皇山。 程鄉[4]　潮陽[5]　海寧[6]有龍溪山。萬川[7]舊曰義招，[8]大業初改名焉。

[1]義安郡：大業三年改潮州置。治所在今廣東潮州市東北。

[2]瀛洲：瀛，底本作“贏”，中華本據《太平寰宇記》卷一五八改，今從改。

[3]海陽：縣名。晋置，開皇十年省，又立義安縣屬循州，十一年於義安立潮州，又改義安爲海陽。治所在今廣東潮州市東北。

[4]程鄉：縣名。齊置，開皇十年廢，十一年復置。治所在今廣東梅州市。

[5]潮陽：縣名。治所在今廣東潮陽市西北。

[6]海寧：縣名。治所在今廣東惠來縣西。

[7]萬川：縣名。大業初改義昭置。治所在今廣東大埔縣。

[8]義昭：底本作“昭義”，中華本據《宋書·州郡志一》《南齊書·州郡志上》改，今從改。

高涼郡[1]梁置高州。統縣九，户九千九百一十七。

高涼[2]舊置高涼郡。平陳廢，大業初復置。連江[3]梁置連江郡。平陳，郡廢。梁又置梁封縣，開皇十八年改爲義封。梁又置南巴郡。平陳，郡廢爲南巴縣。大業初二縣並廢入。電白[4]梁置電白郡。平陳，郡廢。又有海昌郡廢入焉。杜原[5]舊曰杜陵。梁置杜陵郡，又有永寧、宋康二郡。平陳，並廢爲縣。十八年改杜陵曰杜原，宋康曰義康。大業二年二縣並廢入杜原。海安[6]舊曰齊安，置齊安郡。平陳，郡廢。開皇十八年改縣名焉。陽春[7]梁置陽春郡。平陳，郡廢。石龍[8]舊置羅州、高興郡。平陳，郡廢。大業初州廢。吳川[9]　茂名[10]

[1]高凉郡：大業初改高州置。治所在今廣東陽江市西。

[2]高凉：縣名。漢置高凉縣，三國吳置安寧縣，宋省高凉入安寧，梁復改安寧爲高凉。治所在今廣東陽江市西。

[3]連江：縣名。梁置。治所在今廣東電白縣電城鎮東。

[4]電白：縣名。治所在今廣州高州市。

[5]杜原：縣名。梁置杜陵，開皇十八年改爲杜原。治所在今廣東陽江市西。

[6]海安：縣名。開皇十八年改齊安縣置。治所在今廣東恩平市北。

[7]陽春：縣名。陳置。治所在今廣東陽春市春城鎮。

[8]石龍：縣名。梁置。治所在今廣東化州市。

[9]吳川：縣名。隋置。治所在今廣東吳川市西南吳陽鎮。

[10]茂名：縣名。晉置，後廢，梁復置。治所在今廣東高州市。

信安郡[1]平陳，置端州。統縣七，户一萬七千七百八十七。

高要[2]舊置高要郡。平陳，郡廢。大業初置信安郡。有定山。端溪[3]舊置晋康郡。平陳，郡廢。有端水。樂城[4]開皇十二年廢文招、悦成二縣入。平興[5]舊置宋隆郡，領初寧、建寧、熙穆、崇德、召興、崇化、南安等縣。平陳，郡廢，并所領縣入焉。又梁置梁泰郡及縣。平陳，郡廢，縣改曰清泰。大業初廢入焉。新興[6]梁置新州、新寧郡。平陳，郡廢。大業初州廢，又廢索盧縣入焉。博林[7]大業初廢撫納縣入。銅陵[8]有流南縣，開皇十八年改曰南流。又有西城縣，大業初廢入。

[1]信安郡：大業三年改端州置。治所在今廣東肇慶市。

[2]高要：縣名。漢置。治所在今廣東肇慶市。

[3]端溪：縣名。漢置。治所在今廣東德慶縣。

[4]樂城：縣名。宋置。治所在今廣東德慶縣東悦城鎮。

[5]平興：縣名。宋元嘉二十年置。治所在今廣東高要市東南。

[6]新興：縣名。治所在今廣東新興縣。

[7]博林：縣名。晋末置。治所在今廣東高要市西南。

[8]銅陵：縣名。宋置龍潭縣，隋改爲銅陵。治所在今廣東陽春市北。

永熙郡[1]梁置瀧州。[2]統縣六，户一萬四千三百一十九。

瀧水[3]舊置開陽縣，置開陽、平原、羅陽等郡。平陳，郡並廢，以名縣。開皇十八年改平原曰瀧水，羅陽縣爲正義。大業初置永熙郡，開陽、正義俱廢入焉。懷德[4]舊曰梁德，置梁德郡。平陳，廢郡。十八年改名懷德。良德[5]陳置，曰務德，後改名焉。安遂[6]梁置建州、廣熙郡，尋廢。[7]州大業初廢。永業[8]梁置永業郡，尋改爲縣，[9]後省。開皇十六年又置。永熙[10]大業初併安南縣入。

[1]永熙郡：治所在今廣東羅定市南。

[2]梁置瀧州：《舊唐書·地理志》云："隋永熙郡之瀧水縣。武德四年，平蕭銑，置瀧州。"楊守敬云："然則梁自名雙州，唐武德始改爲瀧州。"

[3]瀧水：縣名。梁置平原縣，開皇十八年改爲瀧水。治所在今廣東羅定市南。

[4]懷德：縣名。梁置梁德縣，開皇十八年改爲懷德。治所在今廣東信宜市東北。

[5]良德：縣名。陳改務德縣置。治所在今廣東高州市東北。

　　［6］安遂：縣名。宋元嘉中置。治所在今廣東鬱南縣東南連灘鎮。

　　［7］尋廢：施和金以爲此二字有誤，因《讀史方輿紀要》言隋平陳後廢郡（參見施和金《中國行政區劃通史·隋代卷》，第479頁）。中華本校勘記云："'尋廢'下疑脱'郡'字。"

　　［8］永業：縣名。治所在今廣西岑溪市東。

　　［9］梁置永業郡，尋改爲縣：《輿地紀勝》引《元和郡縣圖志》言陳置永業郡，隋開皇十年罷郡爲永業縣。

　　［10］永熙：縣名。治所在今廣東羅定市西南羅定江東。

蒼梧郡^[1]梁置成州，開皇初改爲封州。統縣四，户四千五百七十八。

　　封川^[2]梁曰梁信，置梁信郡。平陳，郡廢。十八年改爲封川。大業初又廢封興縣入焉。都城^[3]開皇十二年省威城、晋化二縣入焉。蒼梧^[4]舊置蒼梧郡。平陳，郡廢。封陽^[5]

　　［1］蒼梧郡：梁普通四年分廣州置成州，開皇十年改爲封州，大業三年罷州爲蒼梧郡。治所在今廣東封開縣東南封川鎮。

　　［2］封川：縣名。開皇十八年改梁信縣置。治所在今廣東封開縣東南封川鎮。

　　［3］都城：縣名。宋分端溪縣置。治所在今廣東鬱南縣都城鎮。

　　［4］蒼梧：縣名。開皇十年改廣信縣置。治所在今廣西梧州市。

　　［5］封陽：縣名。漢置。治所在今廣西賀州市東南。

始安郡^[1]梁置桂州。平陳，置總管府。大業元年府廢。統縣十五，户五萬四千五百一十七。

　　始安^[2]舊置始安、梁化二郡。平陳，郡並廢。大業初廢興安

縣入焉。[3]平樂[4]有目山。[5]荔浦[6]　建陵[7]　陽朔[8]
象[9]　隋化[10]　義熙[11]舊曰齊熙，置齊熙、黃水二郡及東寧
州。平陳，郡並廢。十八年改州曰融州，[12]縣曰義熙。大業初州
廢，並廢臨牂、黃水二縣入焉。龍城[13]梁置。馬平[14]開皇十二
年置象州，大業初州廢。桂林[15]大業初併西寧縣入。陽壽[16]
有馬平、桂林、象、韶陽等四郡。平陳，並廢。又有淮陽縣，開皇
十八年改曰陽寧。大業初省入焉。富川[17]舊置臨賀、樂梁二郡。
平陳，並廢，置賀州。大業初州廢，又置臨賀、綏越、蕩山三縣入
焉。龍平[18]梁置靜州，梁壽、靜慰二郡。平陳，並廢，又置歸化
縣。大業初州廢，又廢歸化、安樂、博勞三縣入焉。豪靜[19]梁置
開江、武城二郡，陳置逍遙郡。平陳，郡並廢。又有猛陵、開江二
縣，大業初並廢入焉。

[1]始安郡：大業三年改桂州置。治所在今廣西桂林市。

[2]始安：縣名。漢置。治所在今廣西桂林市。

[3]大業初廢興安縣入焉：楊守敬《隋書地理志考證》云：
"《寰宇記》：隋仁壽初分始安縣置。志當云‘大業初廢梁化郡，又
廢興安縣入焉’。"

[4]平樂：縣名。三國吳置。治所在今廣西平樂縣東北。

[5]目山：目下脫"巖"字。《元和郡縣圖志》云："目巖山，
在縣北三十八里。"

[6]荔浦：縣名。漢置。治所在今廣西荔浦縣西南。

[7]建陵：縣名。三國吳置。治所在今廣西荔浦縣西南修仁鎮。

[8]陽朔：縣名。開皇十年置。治所在今廣西陽朔縣東北官廳。

[9]象：縣名。《元和郡縣圖志》言陳置象郡，開皇九年廢郡
爲縣，施和金言陳置郡時有象縣，開皇九年廢郡存縣（參見施和金
《中國行政區劃通史・隋代卷》，第482頁）。治所在今廣西鹿寨縣

西南雒容鎮。

[10]隋化：縣名。開皇十年分荔浦縣置。治所在今廣西蒙山縣。

[11]義熙：縣名。開皇十八年改齊熙縣置。治所在今廣西融水苗族自治縣。

[12]十八年改州曰融州：《元和郡縣圖志》作十一年。

[13]龍城：縣名。梁大同三年置。治所在今廣西柳城縣。

[14]馬平：縣名。梁置，隋平陳廢，開皇十一年復置。治所在今廣西柳州市。

[15]桂林：縣名。治所在今廣西象州縣東南。

[16]陽壽：縣名。《元和郡縣圖志》言本漢中溜縣地，開皇十一年廢中溜入桂林，又析桂林置陽壽。《讀史方輿紀要》言本漢中溜縣地，梁改置陽壽縣。施和金以爲或平陳後暫廢，十一年又復置（參見施和金《中國行政區劃通史·隋代卷》，第483頁）。治所在今廣西象州縣。

[17]富川：縣名。漢置。治所在今廣西鍾山縣。

[18]龍平：縣名。梁置。治所在今廣西昭平縣。

[19]豪静：縣名。梁置。治所在今廣西昭平縣南。

永平郡[1]平陳，置藤州。[2]統縣十一，户三萬四千四十九。

永平[3]舊置永平郡。平陳，郡廢。大業置郡。武林[4]有鷿石山。隋建[5]開皇十九年置。安基[6]梁置建陵郡。平陳，郡廢。隋安[7]開皇十九年置。普寧[8]舊曰陰石，梁置陰石郡。平陳，郡廢，改縣爲奉化。開皇十九年又改名焉。戎成[9]梁置，曰遂成。開皇十一年改名焉。有農山。寧人[10]開皇十五年置，曰安人。十八年改名焉。有壽原山。淳人[11]開皇十九年置。大賓[12]開皇十五年置。賀川[13]開皇十九年置，又陳置建陵、綏越、蒼梧、永建等四郡。平陳，並廢。

[1]永平郡：大業三年改藤州置。治所在今廣西藤縣東北、北流江東岸。

[2]平陳，置藤州：楊守敬《隋書地理志考證》云：“按《通鑑》：梁敬帝紹泰元年，陳霸先自表東討，留石州刺史杜稜宿衛臺省。注引《五代志》：永平郡，梁州置石州。然則志‘平陳’上原有‘梁置石州’四字，胡身之所見本尚不誤。”《五代志》（《五代史志》）即《隋書·地理志》，故“平陳”下確脱四字。

[3]永平：縣名。晋義熙中析安沂縣置夫寧縣，隋平陳後改爲永平縣。治所在今廣西藤縣東北、北流江東岸。

[4]武林：縣名。宋元嘉二年置。治所在今廣西平南縣東南武林鎮。

[5]隋建：縣名。開皇十九年分武林縣置。治所在今廣西平南縣東南大新鄉。

[6]安基：縣名。梁改安沂縣置。治所在今廣西岑溪市西北。

[7]隋安：縣名。治所在今廣西岑溪市西北。

[8]普寧：縣名。梁置陰石縣，隋平陳後改奉化，開皇十九年改爲普寧。治所在今廣西容縣。

[9]戎成：縣名。治所在今廣西蒼梧縣西南。

[10]寧人：縣名。治所在今廣西容縣東北。

[11]淳人：縣名。本名淳民鮮，唐避太宗諱改爲“人”。治所在今廣西藤縣西北。

[12]大賓：縣名。開皇十五年分桂平縣置。治所在今廣西桂平市東南。

[13]賀川：縣名。治所在今廣西岑溪市東北。

鬱林郡[1]梁置定州，後改爲南定州。平陳，改爲尹州。大業初改爲鬱州。統縣十二，户五萬九千二百。

鬱林^[2]舊置鬱林郡。平陳，郡廢。大業初又置郡，又廢武平、龍山、懷澤、布山四縣入。鬱平^[3] 領方^[4]梁置領方郡。平陳，郡廢。阿林^[5] 石南^[6]陳置石南郡。平陳，廢郡。桂平^[7]梁置桂平郡。平陳，郡廢。大業初又廢皇化縣入。馬度^[8]

安成^[9]梁置安成郡。平陳，郡廢。寧浦^[10]舊置寧浦郡，梁分立簡陽郡。平陳，郡廢，置簡州。十八年改爲緣州。大業二年州廢。^[11]樂山^[12]梁置樂陽郡。平陳，改爲樂陽縣。^[13]十八年改名焉。嶺山^[14]梁置嶺山郡。平陳，改爲嶺縣。十八年改爲嶺山。大業初併武緣縣入。有武緣山。宣化^[15]舊置晉興郡。平陳，廢爲縣。^[16]開皇十八年改名焉。

[1]鬱林郡：梁置南定州，開皇十年改爲尹州，大業二年改爲鬱州，大業三年罷州爲鬱林郡。治所在今廣西貴港市東南鬱江南岸。

[2]鬱林：縣名。《元和郡縣圖志》言開皇十年置，《讀史方輿紀要》言梁置。治所在今廣西貴港市東南鬱江南岸。

[3]鬱平：縣名。三國吴置陰平縣，晉武帝太康元年改爲鬱平縣。治所在今廣西貴港市。

[4]領方：縣名。漢縣，三國吴改爲臨浦縣，西晉復爲領方。治所在今廣西賓陽縣東南古城村。

[5]阿林：縣名。漢舊縣。治所在今廣西桂平市東南。

[6]石南：縣名。陳置。治所在今廣西玉林市西北石南鎮。

[7]桂平：縣名。梁置。治所在今廣西桂平市西。

[8]馬度：縣名。《元和郡縣圖志》言開皇十年置，《讀史方輿紀要》言梁置。治所在今廣西貴港市西北。

[9]安成：縣名。梁置。治所在今廣西賓陽縣東安城鎮。

[10]寧浦：縣名。晉太康元年置。治所在今廣西橫縣南。

[11]大業二年州廢：《元和郡縣圖志》言大業三年廢。

[12]樂山：縣名。晉置平山縣，隋平陳改爲樂陽縣，開皇十八年改爲樂山。治所在今廣西橫縣東北鬱江北岸。

[13]梁置樂陽郡。平陳，改爲樂陽縣：《讀史方輿紀要》云："晉置平山縣，屬寧浦郡。梁置樂陽郡治焉。隋平陳郡廢，改縣曰樂陽，屬簡州。開皇十八年又改樂山縣。"則本志有脫誤。

[14]嶺山：縣名。開皇十八年改嶺縣置。治所在今廣西橫縣西鬱江南岸。

[15]宣化：縣名。晉置晉興縣，開皇十八年改爲宣化。治所在今廣西南寧市邕江南岸。

[16]平陳，廢爲縣：《宋書·地理志》晉興郡治晉興縣，縣應爲晉置，此言廢爲縣，當是廢郡存縣之意。

合浦郡[1]舊置越州。大業初改爲禄州，尋改爲合州。統縣十一，户二萬八千六百九十。

合浦[2]舊置合浦郡。平陳，郡廢。大業初置郡。南昌[3]北流[4]大業初廢陸川縣入。封山[5]大業初廢廉昌縣入。定川[6]舊立定川郡。平陳，郡廢。龍蘇[7]舊置龍蘇郡。平陳，郡廢。大業初又併大廉縣入。海康[8]梁大通中，割番州合浦立高州，尋又分立合州。大同末，以合肥爲合州，此置南合州。平陳，以此爲合州，置海康縣。大業初州廢，又廢摸落、羅阿、雷川三縣入。抱成[9]舊曰抱，并置郡。平陳，郡廢。十八年改曰抱成。隋康[10]舊曰齊康，置齊康郡。平陳，郡廢，縣改名焉。扇沙[11]舊有椹縣，開皇十八年改爲椹川，大業初廢入。鐵杷[12]開皇十年置。

[1]合浦郡：大業三年改禄州置。治所在今廣西合浦縣東北。

[2]合浦：縣名。漢置。治所在今廣西合浦縣東北。

[3]南昌：縣名。梁置。治所在今廣西博白縣東南三灘鎮。

[4]北流：縣名。治所在今廣西北流市。

[5]封山：縣名。梁置。治所在今廣西靈山縣南。

[6]定川：縣名。隋平陳後改方度縣置。治所在今廣西玉林市西南成均鎮。

[7]龍蘇：縣名。齊置。治所在今廣西浦北縣北蘇村。

[8]海康：縣名。隋平陳置。治所在今廣東雷州市。

[9]抱成：縣名。開皇十八年改抱縣置。治所無考，當在廣東雷州市境。

[10]隋康：縣名。齊置齊康縣，隋平陳後改爲隋康。治所在今廣東徐聞縣南。

[11]扇沙：縣名。梁置。治所在今廣東遂溪縣西北。

[12]鐵杷：縣名。治所在今廣東湛江市西南。

珠崖郡[1]梁置崖州。統縣十，户一萬九千五百。

義倫[2]帶郡。感恩[3]　顏盧[4]　毗善[5]　昌化[6]有藤山。吉安[7]　延德[8]　寧遠[9]　澄邁[10]　武德[11]有扶山。

[1]珠崖郡：大業初改崖州置。治所在今海南海口市瓊山區東南。

[2]義倫：縣名。《太平寰宇記》言隋爲義倫縣，《讀史方輿紀要》言梁置。治所在今海南儋州市西北南灘。

[3]感恩：縣名。漢九龍縣，大業六年改爲感恩縣。治所在今海南東方市難感城鎮。

[4]顏盧：縣名。大業六年置。治所在今海南海口市瓊山區東。

［5］毗善：縣名。大業六年置。治所在今海南臨高縣西北。

［6］昌化：縣名。大業六年置。治所在今海南昌江黎族自治縣西北昌化鎮。

［7］吉安：縣名。大業六年置。治所在今海南昌江黎族自治縣昌化鎮北。

［8］延德：縣名。大業六年置。治所在今海南樂東黎族自治縣西南黄流、白沙間。

［9］寧遠：縣名。大業六年置。治所在今海南三亞市西北崖城鎮。

［10］澄邁：縣名。隋置。治所在今海南澄邁縣。

［11］武德：縣名。隋置。治所在今海南文昌市西北。

寧越郡[1]梁置安州，開皇十八年改曰欽州。統縣六，户一萬二千六百七十。

欽江[2]舊置宋壽郡。平陳，郡廢。開皇十八年改曰欽江，大業初置寧越郡。安京[3]舊置安京郡。平陳，郡廢。有羅浮山。有武郎江。内亭[4]舊置宋廣郡。平陳，郡廢。十七年改曰新化縣，十八年改名焉。南賓[5]開皇十八年置。遵化[6]開皇二十年置。海安[7]梁置，曰安平，置黄州及寧海郡。平陳，郡廢。十八年改州曰玉州。大業初州廢，其年又省海平、玉山二縣入。

［1］寧越郡：大業三年改欽州置。治所在今廣西欽州市東北。

［2］欽江：縣名。開皇十八年改宋壽縣置。治所在今廣西欽州市東北。

［3］安京：縣名。梁置。治所在今廣西欽州市西北小董西。

［4］内亭：縣名。開皇十七年改宋廣爲新化，十八年改爲内亭。治所在今廣西靈山縣西南陸屋鎮。

[5]南賓：縣名。治所在今廣西靈山縣西舊州鎮。

[6]遵化：縣名。治所在今廣西靈山縣西南。

[7]海安：縣名。梁置安平縣，隋改爲海安。治所在今廣西東興市東南。

交趾郡[1]舊曰交州。統縣九，户三萬五十六。

宋平[2]舊置宋平郡。平陳，郡廢。大業初置交趾郡。龍編[3]舊置交趾郡。平陳，郡廢。朱鳶[4]舊置武平郡。平陳，郡廢。隆平[5]舊曰武定，置武平郡。平陳，郡廢。開皇十八年縣改名焉。平道[6]舊曰國昌，開皇十二年改名焉。交趾[7]　嘉寧[8]舊置興州、新昌郡。平陳，郡廢。十八年改曰峯州，大業初州廢。新昌[9]安人[10]舊曰臨西，開皇十八年改名焉。

[1]交趾郡：大業初改交州置。治所在今越南河內市。

[2]宋平：縣名。宋置。治所在今越南河內市。

[3]龍編：縣名。漢置。治所在今越南仙游縣東。

[4]朱鳶：縣名。漢置。治所在今越南興安省快州附近。

[5]隆平：縣名。治所在今越南河西省山西市。

[6]平道：縣名。治所在今越南永福省安東南。

[7]交趾：縣名。隋置。治所在今越南河內市西北。

[8]嘉寧：縣名。三國吳置。治所在今越南富壽省越池南。

[9]新昌：縣名。治所在今越南永福省。

[10]安人：縣名。治所在今越南永福省錦溪附近。

九真郡[1]梁置愛州。統縣七，户一萬六千一百三十五。

九真[2]帶郡。有陽山、堯山。移風[3]舊置九真郡。平陳，郡廢。胥浦[4]　隆安[5]舊曰高安，開皇十八年改名焉。軍安^[6]　安順^[7]舊曰常樂，開皇十六年改名焉。日南^[8]

[1]九真郡：大業三年改愛州置。治所在今越南清化省清化縣。

[2]九真：縣名。開皇十七年分移風縣置。治所在今越南清化省清化縣。

[3]移風：縣名。本漢居風縣，吳改爲移風。治所在今越南清化省清化北馬江南岸。

[4]胥浦：縣名。漢置。治所在今越南清化省東山縣北。

[5]隆安：縣名。晉武帝置高安縣，開皇十八年改爲隆安。治所在今越南清化省清化縣東南。

[6]軍安：縣名。晉武帝分都龐縣置。治所在今越南清化省安定東馬江南岸。

[7]安順：縣名。吳置常樂縣，開皇十六年改。治所在今越南清化省清化縣東南。

[8]日南：縣名。治所在今越南清化省清化縣東北。

日南郡^[1]梁置德州，開皇十八年改曰驩州。統縣八，戶九千九百一十五。

九德^[2]帶郡。咸驩^[3]　浦陽^[4]　越常^[5]　金寧^[6]梁置利州。開皇十八年改爲智州，大業初州廢。交谷^[7]梁置明州，大業初州廢。安遠^[8]　光安^[9]舊曰西安，開皇十八年改名焉。

[1]日南郡：大業三年改驩州置。治所在今越南義安省榮市。

[2]九德：縣名。三國吳置。治所在今越南義安省榮市。

[3]咸驩：縣名。漢置。治所在今越南義安省演州西。

[4]浦陽：縣名。晉武帝置。治所在今越南義安省榮市東南。

[5]越常：縣名。三國吳置。治所在今越南河靜省西北甘祿

附近。

[6]金寧：縣名。梁置。治所在今越南河靜省河靜西南。

[7]交谷：縣名。梁置。治所在今越南河靜省河靜以南。

[8]安遠：縣名。梁置。治所在今越南河靜省河靜東南。

[9]光安：縣名。開皇十八年改西安縣置。治所在今越南河靜省香山附近。

比景郡[1]大業元年平林邑，置蕩州，尋改爲郡。統縣四，戶一千八百一十五。

　　　　比景[2]　　朱吾[3]　　壽泠[4]　　西捲[5]

[1]比景郡：大業三年改蕩州置。治所在今越南廣平省宋河下游。

[2]比景：縣名。漢置。治所在今越南廣平省宋河下游。

[3]朱吾：縣名。漢置。治所在今越南廣平省美麗附近。

[4]壽泠：縣名。晉武帝太康十年置。治所在今越南廣治省廣治市北廣治河東岸。

[5]西捲：縣名。漢置。治所在今越南廣治省廣治市廣治河與甘露河合流處。

海陰郡[1]大業元年平林邑，置農州，尋改爲郡。統縣四，戶一千一百。

　　　　新容[2]　　真龍[3]　　多農[4]　　安樂[5]

[1]海陰郡：大業三年改農州置。治所在今越南承天－順化省廣田縣東。

[2]新容：縣名。大業元年置。治所在今越南承天－順化省廣田縣東。

　　〔3〕真龍：縣名。大業元年置。治所在今越南承天－順化省境内。
　　〔4〕多農：縣名。大業元年置。治所在今越南承天－順化省農安附近。
　　〔5〕安樂：縣名。大業元年置。治所在今越南承天－順化省安居附近。

林邑郡[1]大業元年平林邑，置冲州，尋改爲郡。統縣四，户一千二百二十。

　　　象浦[2]　　金山[3]　　交江[4]　　南極[5]

　　〔1〕林邑郡：大業三年改冲州置。治所在今越南廣南省維川縣。
　　〔2〕象浦：縣名。大業元年置。治所在今越南廣南省維川縣。
　　〔3〕金山：縣名。大業元年置。治所在今越南廣南省桂山附近。
　　〔4〕交江：縣名。大業元年置。治所在今越南廣南省境内。
　　〔5〕南極：縣名。大業元年置。治所在今越南承天－順化省或廣南省一帶。

　　揚州於《禹貢》爲淮海之地。在天官，自斗十二度至須女七度，[1]爲星紀，[2]於辰在丑，吴、越得其分野。[3]江南之俗，火耕水耨，[4]食魚與稻，以漁獵爲業，雖無蓄積之資，然而亦無饑餒。其俗信鬼神，好淫祀，父子或異居，此大抵然也。江都、弋陽、淮南、鍾離、蘄春、同安、廬江、歷陽，人性並躁勁，風氣果決，包藏禍害，視死如歸，戰而貴詐，此則其舊風也。自平陳之後，其俗頗變，尚淳質，好儉約，喪紀婚姻，率漸於禮。其俗之敝者，稍愈於古焉。丹陽舊京所在，人物本盛，小人率多商販，君子資於官祿，市廛列肆，[5]埒於二京，人雜五方，故俗頗相類。京口東通吳、會，[6]南接江、湖，西連都邑，亦一都會也。其人本並習戰，號爲天下精兵。俗以五月五日爲鬭力之戲，各料強弱相敵，事類講武。宣城、毗陵、吳郡、會稽、餘杭、東陽，其俗亦同。然數郡川澤沃衍，有海陸之饒，珍異所聚，故商賈並湊。其人君子尚禮，庸庶敦厖，[7]故風俗澄清，而道教隆洽，[8]亦其風氣所尚也。豫章之俗，頗同吳中，其君子善居室，小人勤耕稼。衣冠之人，多有數婦，暴面市廛，競分銖以給其夫。[9]及舉孝廉，更要富者，前妻雖有積年之勤，子女盈室，猶見放逐，以避後人。俗少爭訟，而尚歌舞。一年蠶四五熟，勤於紡績，亦有夜浣紗而旦成布者，俗呼爲雞鳴布。新安、永嘉、建安、遂安、鄱陽、九江、臨川、廬陵、南康、宜春，其俗又頗同豫章，而廬陵人厖淳，率多壽考。[10]然此數郡，往往畜蠱，而宜春偏甚。其法以五月五日聚百種蟲，大者至蛇，小者至蝨，合置器中，令自相唼，餘一種存者留之，蛇則曰蛇蠱，蝨則曰蝨蠱，行以殺人。因食入人腹內，食其五藏，死則其產移入蠱主之家，三年不殺他人，則畜者自鍾其弊。累世子孫相傳不絕，亦有隨女子嫁焉。干寶謂之爲鬼，[11]其實非也。自侯景亂後，蠱家多絕，既無主人，故飛游道路之中則殞焉。

[1]斗：星宿名。二十八宿之一，北方玄武七宿第一宿，又稱南斗，有星六顆。　須女：星宿名。二十八宿之一，北方玄武七宿的第三宿。有星四顆，位於織女星之南。

　　[2]星紀：星次名。十二次之一。與十二辰之丑相對應，二十八宿之斗、牛二宿屬之。

　　[3]分野：與星次相對應的地域。古以十二星次的位置劃分地名上州、國的位置與之相對應。就天文説，稱作分星；就地面説，稱作分野。如星紀對應吳越，鶉首對應秦，鶉尾對應楚等。

　　[4]火耕水耨：古代一種耕種方法。燒去雜草，灌水種稻。

　　[5]市廛（chán）：市中店鋪；也指店鋪集中的市區。　列肆：開設商鋪；或成列的商鋪。

　　[6]京口：地名。即今江蘇鎮江市。

　　[7]敦厖（máng）：敦厚，亦有豐厚、富足之意。

　　[8]隆洽：謂隆盛周遍。

　　[9]分銖：形容極少。

　　[10]壽考：年高、長壽。

　　[11]干寶：人名。東晉史學家、文學家，著有《晉紀》，已佚。另編有志怪小説集《搜神記》。傳見《晉書》卷八二。

　　自嶺已南二十餘郡，大率土地下濕，皆多瘴厲，人尤夭折。南海、交趾，各一都會也，並所處近海，多犀象瑇瑁珠璣，[1]奇異珍瑋，故商賈至者，多取富焉。其人性並輕悍，易興逆節，椎結踑踞，[2]乃其舊風。其俚人則質直尚信，諸蠻則勇敢自立，皆重賄輕死，唯富爲雄。巢居崖處，盡力農事。刻木以爲符契，言誓則至死不改。父子別業，父貧，乃有質身於子。諸獠皆然。並鑄銅爲大鼓，初成，懸於庭中，置酒以招同類。來者有豪富子女，則以金銀爲大釵，執以叩鼓，竟乃留遺主人，名爲銅鼓釵。俗好相殺，多搆讎怨，欲相攻則鳴此鼓，到者如雲。有鼓者號爲“都老”，群情推服。本之舊事，尉陀於漢，自稱“蠻夷大酋長、老夫臣”，故俚人猶呼其所尊爲“倒老”也。言訛，故又稱“都老”云。

[1]瑇瑁：即爲玳瑁。指玳瑁的甲殼，亦指用其甲殼製成的裝飾品。

[2]蹎踞：箕踞。坐時兩腿張開，形似簸箕。亦指輕慢。

南郡[1]舊置荆州。西魏以封梁爲蕃國，又置江陵總管府。開皇初府廢。七年併梁，又置江陵總管，二十年改爲荆州總管。大業初廢。**統縣一十，户五萬八千八百三十六。**

江陵[2]帶南郡。開皇初郡廢，大業初復置郡。長楊[3]開皇八年置，并立睦州，十七年州廢。有宜陽山。宜昌[4]開皇九年置松州，又省歸化、受陵二縣入。十一年州廢，又省宜都縣入。有丹山、黄牛山。枝江[5]　當陽[6]後周置平州，領漳川、安遠二郡，屬梁蕃。開皇七年改爲玉州，九年州郡並廢。梁又置安居縣，開皇十八年改曰昭丘，大業初改曰荆臺，尋廢入。有清溪山。松滋[7]江左舊置河東郡。平陳，郡廢。有涔水。長林[8]舊曰長寧縣。開皇十一年省長林縣入，十八年改曰長林。公安[9]陳置荆州。開皇九年省孱陵、永安二縣入。有黄山。有靈溪水。安興[10]舊置廣牧縣，開皇十一年省安興縣入，仁壽初改曰安興。又有定襄縣，大業初廢入。紫陵[11]西魏置華陵縣，後周改名焉。其城南面，梁置都州，又置雲澤縣。大業初州縣俱廢入焉。有硤石山。

[1]南郡：大業初改荆州置。治所在今湖北荆州市荆州區江陵縣。

[2]江陵：縣名。秦置。治所在今湖北荆州市荆州區江陵縣。

　　〔3〕長楊：縣名。漢很山縣，開皇八年改爲長楊縣。治所在今湖北長陽土家族自治縣西。

　　〔4〕宜昌：縣名。楊守敬以此宜昌及長楊並隸夷陵，而誤係之南郡。《讀史方輿紀要》云：“漢夷道縣，屬南郡，後漢因之。……建安十五年先主置宜都郡治此。吳亦爲宜都郡治，晋仍舊。太和中桓温以父嫌名改曰西道，尋復舊。宋、齊因之。梁末置宜州。陳州廢，改縣曰宜昌。”治所在今湖北宜都市。

　　〔5〕枝江：縣名。漢置。治所在今湖北枝江市北。

　　〔6〕當陽：縣名。漢置。治所在今湖北當陽市。

　　〔7〕松滋：縣名。東晋咸康三年（337）僑置。治所在今湖北松滋市老城西。

　　〔8〕長林：縣名。東晋隆安五年（401）置長寧縣，開皇十八年改爲長林縣。治所在今湖北荆門市西北。

　　〔9〕公安：縣名。《太平寰宇記》引《荆州記》云：“先主敗于襄陽，奔荆州。吳大帝推先主爲左將軍、荆州牧，鎮油口，即居此城。時號先主爲左公，故名其城爲公安也。”楊守敬《隋書地理志考證》云：“然第名其城爲公安，如松滋之上明城，江夏置夏口城之類，實未置縣。晋、宋、齊三地志皆無公安，至《水經注》‘江水又東合油水，東逕公安縣北’，‘油水自屠陵縣之東北逕公安縣西’，始兩見縣治。……細核諸書，當以梁置公安縣爲近之。”治所在今湖北公安縣。

　　〔10〕安興：縣名。治所在今湖北荆州市荆州區江陵縣東北。

　　〔11〕紫陵：縣名。後周改華陵縣置。治所在今湖北荆州市荆州區江陵縣故城東。

夷陵郡[1]梁置宜州，西魏改曰拓州，後周改曰硤州。統縣三，户五千一百七十九。

　　夷陵[2]帶郡。有馬穴。夷道[3]舊置宜都郡，開皇七年廢。[4]有女觀山。 **遠安**[5]舊曰高安，置汶陽郡。又周改縣曰安遠。[6]開皇七年郡廢。

[1]夷陵郡：大業三年改硤州置。治所在今湖北宜昌市西北。

[2]夷陵：縣名。秦置，吳改爲西陵，晋太康元年復爲夷陵。治所在今湖北宜昌市西北。

[3]夷道：縣名。梁置。治所在今湖北宜都市西。

[4]開皇七年廢：楊守敬《隋書地理志考證》云："此當云'又省宜都縣入焉'。"

[5]遠安：縣名。北周武成元年（559）改高安縣置。治所在今湖北遠安縣西北舊縣鎮。

[6]又周改縣曰安遠：楊守敬《隋書地理志考證》云："'又'字當作'後'，'安遠'當互倒。"

竟陵郡[1]舊置郢州。統縣八，户五萬三千三百八十五。

長壽[2]後周置石城郡，開皇初郡廢，大業初置竟陵郡。又梁置北新州及梁寧等八郡，[3]後周保定中，州及八郡總管廢入焉。有敖山。 **藍水**[4]宋僑立馮翊郡、蓮勺縣。西魏改郡爲漢東，縣爲藍水。又宋置高陸縣，西魏改曰潄水。開皇初郡廢，大業初省潄水入焉。有唐水。 **淯川**[5]後周置，及置潄川郡。又置清縣，[6]西魏改曰潄陂。開皇初郡廢，大業初省潄陂入焉。 **漢東**[7]齊置，曰上蔡，及置齊興郡。後周郡廢。開皇十八年縣改名焉。有東温山。 **清騰**[8]梁置，曰梁安，又立崇義郡。後周廢郡。後周又有遂安郡，開皇初廢，七年改名焉。有清騰山。 **樂鄉**[9]舊置武寧郡，西魏置鄀州。又梁置旍陽縣，後改名惠懷，西魏又改曰武山。開皇七年郡廢，大業初州廢，又廢武山入焉。有武陵山。 **豐鄉**[10]西魏置，又置基州及章山郡。開皇七年郡廢，大業初州廢。 **章山**[11]西魏置，曰禄麻，及立上黄郡。開皇七年郡廢，大業初縣改名焉。

[1] 竟陵郡：大業三年改郢州置。治所在今湖北鍾祥市。

[2] 長壽：縣名。《宋書·州郡志》《南齊書·州郡志》作“萇壽”。治所在今湖北鍾祥市。

[3] 梁置北新州：楊守敬《隋書地理志考證》云：“按梁之北新州實置於此，以元樹曾以新陽置新州，故此加‘北’也。志於江夏郡云‘梁置北新州’，誤。”

[4] 藍水：縣名。西魏改蓮勺縣置。治所在今湖北鍾祥市西北。

[5] 汾川：縣名。治所在今湖北鍾祥市東北。

[6] 又置清縣：楊守敬《隋書地理志考證》云：“當是梁置。志脱‘梁’字，文遂不順。”

[7] 漢東：縣名。開皇十八年改上蔡縣置。治所在今湖北鍾祥市北。

[8] 清騰：縣名。開皇七年改梁安縣置。治所在今湖北隨州市西南。

[9] 樂鄉：縣名。晋安帝隆安五年置。治所在今湖北鍾祥市西北樂鄉關。

[10] 豐鄉：縣名。治所在今湖北荆門市東南馬良鎮。

[11] 章山：縣名。治所在今湖北荆門市東南。

沔陽郡[1] 後周置復州，大業初改曰沔州。統縣五，户四萬一千七百一十四。

沔陽[2] 梁置沔陽、營陽、州城三郡。西魏省州陵、惠懷二縣，置縣曰建興。後周置復州，後又省營陽、州城二郡入建興。開皇初州移郡廢，仁壽三年復置州。大業初改建興曰沔陽，州廢，復置沔陽郡焉。 監利[3]　竟陵[4] 舊曰霄城，置竟陵郡。後周改縣曰竟陵。[5] 開皇初置復州，仁壽三年州復徙建興。又有京山縣，齊置建安郡，西魏改曰光川，後周郡廢。大業初京山縣又廢入焉。
甑山[6]梁置梁安郡。西魏改曰魏安郡，置江州，尋改郡曰汶川。
後周置甑山縣，建德二年州廢。開皇初郡廢。有陽臺山。漢陽[7]
開皇十七年置，曰漢津，大業初改焉。有沌水。

[1]沔陽郡：大業初改沔州置。治所在今湖北仙桃市西南沔城
回族鎮。

[2]沔陽：縣名。大業三年改建興縣置。治所在今湖北仙桃市
西南沔城回族鎮。

[3]監利：縣名。三國吳置，後廢，晋太康中復置。治所在今
湖北監利縣東北。

[4]竟陵：縣名。後周改霄城縣置。治所在今湖北天門市。

[5]後周改縣曰竟陵：漢本有竟陵縣，西魏時廢入霄城，後周
又改霄城爲竟陵。

[6]甑山：縣名。後周置。治所在今湖北漢川市東南甑山鎮。

[7]漢陽：縣名。大業二年改漢津縣置。治所在今湖北武漢市
蔡甸區東臨嶂山下。

沅陵郡[1]開皇九年置辰州。統縣五，户四千一百四十。

沅陵[2]舊置沅陵郡。平陳，郡廢，大業初復。大鄉[3]梁
置。鹽泉[4]梁置。龍標[5]梁置。有武山。辰溪[6]舊曰辰陽。
平陳，改名；并廢故夜郎郡，置静人縣，尋廢。又梁置南陽郡、建
昌縣，陳廢縣。開皇初廢郡，置壽州，十八年改爲充州，大業初州
廢。有郎溪。

[1]沅陵郡：大業初改辰州置。治所在今湖南沅陵縣。

[2]沅陵：縣名。漢置。治所在今湖南沅陵縣。

[3]大鄉：縣名。治所在今湖南永順縣東南。

　　[4]鹽泉：縣名。治所未詳。

　　[5]龍標：縣名。治所在今湖南洪江市黔城鎮；一説在今湖南芷江侗族自治縣東北。

　　[6]辰溪：縣名。隋平陳後改辰陽縣置。治所在今湖南辰溪縣晨陽鎮。

武陵郡[1]梁置武州，後改曰沅州。[2]平陳，爲朗州。**統縣二，户三千四百一十六。**

　　武陵[3]舊置武陵郡。平陳，郡廢，并臨沅、沅南、漢壽三縣置武陵縣。大業初復置武陵郡。有望夷山、龍山。**龍陽**[4]有白查湖。

　　[1]武陵郡：大業三年改朗州置。治所在今湖南常德市。

　　[2]後改曰沅州：楊守敬《隋書地理志考證》云：“《陳書·宣帝紀》：太建七年三月，改梁武州爲沅州。與志合。然考《陳書·世祖紀》：天嘉元年三年，分荆州之天門、義陽、南平、郢州之武陵四郡，置武州。其刺史督沅州，領武陵太守，治武陵郡。其都尉所部六縣爲沅州。別置通寧郡，以刺史領太守，治都尉城。據此，則陳之沅州不始於太建，沅州之置當在沅陵，與武州非一地。通寧郡之名，志亦未見，《水經注》‘沅水又東逕沅陵縣故治北都尉府’，蓋即陳通寧郡也。且《陳書·侯瑱傳》‘天嘉元年授使持節、都督湘桂郢巴武沅六州諸軍事’，《徐度傳》‘太尉侯瑱薨，以度代瑱，爲都督湘沅武巴郢桂六州諸軍事’，又《吳明徹傳》‘世祖即位，授都督武沅二州諸軍事’，《章昭達傳》‘天嘉二年，除使持節、都督郢巴武沅四州諸軍事、郢州刺史’，則武、沅二州不得混而爲一明矣。又考《陳書》紀傳自太建以後不見沅州之名，而《岳陽王叔慎傳》‘禎明元年出爲使持節、都督湘衡桂武四州諸軍事、湘州刺史’，則陳尚有武州。《叔慎傳》並云‘禎明三年隋師

略地至湘州，武州刺史鄔居業來赴難'，是武州至隋滅陳廢。然則《陳書》太建七年當時并沅州入武州，而誤爲改武州爲沅州，《隋志》承其誤也。"《太平寰宇記》云："隋文帝開皇九年改武州爲辰州，又改爲嵩州，十六年改嵩州爲朗州。"《舊唐書・地理志》云："隋平陳，復爲嵩州，尋又改爲朗州。"則本志脱置嵩州事。

　　[3]武陵：縣名。開皇九年置。治所在今湖南常德市。

　　[4]龍陽：縣名。三國吴置。治所在今湖南漢壽縣。

清江郡[1]後周置亭州，大業初改爲庸州。統縣五，户二千六百五十八。

　　鹽水[2]後周置縣，并置資田郡。開皇初郡廢，大業初置清江郡。巴山[3]梁置宜都郡、宜昌縣，後周置江州。開皇初置清江縣，十八年改江州爲津州，大業初廢州，省清江入焉。清江[4]後周置施州及清江郡。開皇初郡廢，五年置清江縣，大業初州廢。有陽瞿水。開夷[5]後周置，曰烏飛，開皇初改焉。建始[6]後周置業州及軍屯郡。開皇初郡廢，五年置縣，[7]大業初州廢。

　　[1]清江郡：大業三年改雍州置。治所在今湖北長陽土家族自治縣西。

　　[2]鹽水：縣名。治所在今湖北長陽土家族自治縣西。

　　[3]巴山：縣名。此縣置於何時，各書所記不一。施和金綜合各書所記認爲開皇五年前應爲宜昌縣，開皇五年改爲巴山縣。治所在今湖北長陽土家族自治縣西巴山村。

　　[4]清江：縣名。開皇五年改沙渠縣置。治所在今湖北恩施市。

　　[5]開夷：縣名。治所在今湖北恩施市北。

　　[6]建始：縣名。治所在今湖北建始縣東。

　　[7]五年置縣：《元和郡縣圖志》言周建德三年置，《舊唐書・地理志》言周分巫縣置。楊守敬云："按《宋志》'建始縣，晋初

立，《永初郡國》尚有建始縣’，則建始乃省於宋初之後，謂周以前無縣邑，誤也。《舊唐志》‘周分巫縣置建始縣’，與《元和志》合，當是（周）復置縣爲州郡治也。志并不及周置縣，亦誤。”

襄陽郡[1]江左並僑置雍州。西魏改曰襄州，置總管府。[2]大業初府廢。統縣十一，户九萬九千五百七十七。

　　襄陽[3]帶襄陽郡。開皇初郡廢，大業初復置。有鍾山、峴山、鳳林山。安養[4]西魏置河南郡，後周廢樊城、山都二縣入，開皇初郡廢焉。穀城[5]舊曰義城，置義城郡。後周廢郡，開皇十八年改縣名焉。又梁有筑陽，開皇初廢。又梁有興國、義城二郡，並西魏廢。有穀城山、闞林山。上洪[6]宋僑立略陽縣，梁又立德廣郡。西魏改縣曰上洪。開皇初郡廢。又梁置新野郡，西魏改曰威寧，後周廢。有亞山。率道[7]梁置。漢南[8]宋曰華山，置華山郡。西魏改縣爲漢南，屬宜城郡。後周廢武建郡及惠懷、石梁、歸仁、鄢等四縣入，後省宜城郡入武泉。又梁置秦南郡，後周并武泉縣俱廢。有石梁山。陰城[9]西魏置鄎城郡，後周廢。又梁置南陽郡，西魏改爲山都郡，後周省。義清[10]梁置，曰穰縣。西魏改爲義清，屬歸義郡。後周廢郡及左安、開南、歸仁三縣入焉。又有武泉郡，開皇初廢。有祖山、靈山。[11]有檀溪水、襄水。南漳[12]西魏併新安、武昌、武平、安武、建平五縣置，[13]初曰重陽，又立南襄陽郡。後周置沮州，尋廢，復改重陽縣曰思安。開皇初郡廢，十八年改縣曰南漳。有荆山。常平[14]西魏置，曰義安，置長湖郡，後改縣曰常平。開皇初郡廢。又後魏置旱停縣，大業初廢。郡[15]

　　[1]襄陽郡：大業三年改襄州置。治所在今湖北襄樊市漢水南襄陽區。

　　[2]置總管府：楊守敬《隋書地理志考證》云：“按當曰‘後

周置總管府'。"襄州總管應置於保定二年。

　　[3]襄陽：縣名。漢置。治所在今湖北襄樊市漢水南襄陽區。

　　[4]安養：縣名。西魏置。治所在今湖北襄樊市北。

　　[5]穀城：縣名。開皇十八年改義城縣置。治所在今湖北穀
城縣。

　　[6]上洪：縣名。西魏改略陽縣置。治所在今湖北宜城市東。

　　[7]率道：縣名。治所在今湖北宜城市北。

　　[8]漢南：縣名。西魏改華山縣置。治所在今湖北宜城市。

　　[9]陰城：縣名。西魏改陰縣置。治所在今湖北老河口市西北。

　　[10]義清：縣名。西魏改穰縣置。治所在今湖北漳縣東北。

　　[11]粗山：粗，底本作"祖"，中華本據《太平寰宇記》卷一
四五改，今從改。

　　[12]南漳：縣名。開皇十八年改思安縣置。治所在今湖北南
漳縣。

　　[13]西魏併新安、武昌、武平、安武、建平五縣置："武平"
底本作"平武"，"建平"原脫"平"字，中華本據《南齊書·州
郡志下》改。楊守敬《隋書地理志考證》云："按《齊志》南襄郡
領新安、武昌、建武、武平四縣。《紀要》'周主邕封李穆爲安武
公，即此城也'，則本有安武，疑此志'平武'當作'武平'，
'建'下又脫'武'字。"今從改。

　　[14]常平：縣名。後周改義安縣置。治所在今湖北襄樊市襄
陽區。

　　[15]鄀：縣名。秦置。治所在今湖北宜城市東南。

春陵郡[1]後魏置南荊州，西魏改曰昌州。統縣六，戶四萬二
千八百四十七。

　　棗陽[2]舊曰廣昌，并置廣昌郡。開皇初郡廢，仁壽元年縣改
名焉。大業初置春陵郡。又西魏置東荊州，尋廢。有霸山。有溠

水。**春陵**^[3]舊置安昌郡，開皇初郡廢。又後魏置豐良縣，大業初廢。有石鼓山。有四望水。**清潭**^[4]有大洪山。有清水。**湖陽**^[5]後魏置西淮安郡及南襄州，後郡廢，州改爲南平州。西魏改曰昇州，後又改曰湖州。^[6]後周改置昇平郡。開皇初郡廢。仁壽初改曰昇州，大業初州廢。又後魏置順陽郡，西魏改爲柘林郡。後周省郡，改縣曰柘林。大業初縣廢入焉。有蓼山。**上馬**^[7]後魏置，曰石馬，後訛爲上馬，因改焉。有鍾離縣，置洞州、洞川郡。後周州廢，開皇初郡廢。十八年改鍾離曰洞川縣，大業初廢入焉。**蔡陽**^[8]梁置蔡陽郡，^[9]後魏置南雍州。西魏改曰蔡州，分置南陽縣，後改曰雙泉；又置千金郡、瀼源縣。開皇初郡並廢，大業初州廢，雙泉、瀼源二縣並廢入焉。有唐子山、大鼓山。有瀼水。

[1]春陵郡：大業三年改昌州置。治所在今湖北棗陽市。

[2]棗陽：縣名。後漢分蔡陽置襄鄉，後周改爲廣昌，仁壽元年避太子楊廣諱改爲棗陽。治所在今湖北棗陽市。

[3]春陵：縣名。《讀史方輿紀要》言漢縣，東漢建武六年（30）改爲章陵，魏黃初二年（221）改爲安昌縣，西魏以安昌置安昌郡，並置春陵縣爲郡治。楊守敬《隋書地理志考證》云："漢置春陵縣，晋廢。《水經注》謂光武改春陵爲章陵，魏黃初改爲安昌，誤也。詳趙一清《水經注釋》。《一統志》：周復置春陵縣。"各書所記不一。治所在今湖北棗陽市南。

[4]清潭：縣名。西魏置。治所在今湖北棗陽市南清潭鎮。

[5]湖陽：縣名。漢縣，晋廢入棘陽，後魏復置。治所在今河南唐河縣南湖陽鎮。

[6]西魏改爲昇州，後又改曰湖州：錢大昕《廿二史考異》云："《本紀》（《周書》卷二《文帝紀下》）魏廢帝三年，改南襄爲湖州，南平爲昇州，是南襄與南平明是兩州，《隋志》似混而爲一。"

[7]上馬：縣名。後魏置。治所在今河南唐河縣。

[8]蔡陽：縣名。漢置，宋大明中廢，齊復置東蔡陽、西蔡陽，後併爲一縣。治所在今湖北棗陽市西南。

[9]梁置蔡陽郡：楊守敬《隋書地理志考證》云：“按《齊志》寧蠻府有蔡陽郡，此當云‘齊置’。”

漢東郡[1]西魏置并州，後改曰隋州。**統縣八，户四萬七千一百九十三。**

隋[2]舊置隨郡，西魏又析置溠西郡及溠西縣。梁又置曲陵郡。開皇初郡並廢。大業初廢溠西縣，尋置漢東郡。**土山**[3]梁曰龍巢，置土州、東西二永寧、真陽三郡，及置石武縣。後周廢三郡爲齊郡，改龍巢曰左陽；又有阜陵縣，改爲漳川縣。開皇初郡廢。十八年改左陽爲真陽，石武爲宜人。大業初又改真陽爲土山，州及宜人、漳川並廢入焉。**唐城**[4]後魏曰溠西，置義陽郡。西魏改溠西爲下溠，又立肆州，尋曰唐州。後周省均、款、湞、歸四州入，改曰唐州。又有東魏南豫州，至是改爲溠川郡，又置清嘉縣。開皇初郡並廢。十六年改下溠曰唐城，大業初州及諸縣並廢入焉。有清臺山。有溠水。**安貴**[5]梁置，曰定陽，又置北郢州。西魏改定陽曰安貴，改北郢州爲欵州，又尋廢爲湞水郡，別置戟城郡及戟城縣。後廢戟城郡，改戟城縣曰横山。開皇初湞水郡廢，大業初又廢横山縣入焉。**順義**[6]梁置北隨郡。西魏改爲南陽，析置淮南郡；以屬城、順義二縣立冀州，尋改爲順州；又置安化縣。開皇初郡並廢，十八年改安化曰寧化。大業初州廢，改屬城爲順義，其舊順義及寧化，並廢入焉。有浮山。**平林**[7]梁置上明郡，開皇初廢。有溧水。**上明**[8]西魏置，曰洛平縣，開皇十八年改名焉。有鸚鵡山。**光化**[9]舊曰安化，西魏改爲新化，後周又改焉。

[1]漢東郡：大業三年改隋州置。治所在今湖北隨州市。

[2]隋：縣名。漢置。治所在今湖北隨州市。

[3]土山：縣名。大業初改真陽縣置。治所在今湖北隨州市東北。

[4]唐城：縣名。後魏置溠西縣，西魏改爲下溠，開皇十六年改爲唐城。治所在今湖北隨州市西北唐縣鎮。

[5]安貴：縣名。西魏改定陽縣置。治所在今湖北隨州市西北安居鎮。

[6]順義：縣名。西魏置厲城、順義，大業三年改厲城爲順義，並廢原順義縣入。治所在今湖北隨州市北。

[7]平林：縣名。晋置。治所在今湖北隨州市東北。

[8]上明：縣名。治所在今湖北隨州市東北。

[9]光化：縣名。治所在今湖北隨州市東南光化鋪鄉。

安陸郡[1]梁置南司州，尋罷。西魏置安州總管府，[2]開皇十四年府廢。統縣八，户六萬八千四十二。

安陸[3]舊置安陸郡。開皇初郡廢，大業初復置郡。有舊永陽縣，西魏改曰吉陽，至是廢入。孝昌[4]西魏置岳州及岳山郡，後周州郡並廢。又有濘岳郡，開皇初廢。有鳳皇岡。吉陽[5]梁置，曰平陽，及立汝南郡。西魏改郡爲董城，[6]改縣曰京池。後周置濘州，尋州郡並廢。大業初改縣曰吉陽。又梁置義陽郡，西魏改爲南司州，尋廢。應陽[7]西魏置，曰應城，[8]又置城陽郡。開皇初郡廢，大業初縣改名焉。有潼水、温水。雲夢[9]西魏置。京山[10]舊曰新陽，梁置新州、梁寧郡。西魏改州爲温州，改縣爲角陵，又置盤陂縣。開皇初郡廢，大業初州廢；改角陵曰京山，廢盤陂入焉。有角陵山、京山。富水[11]舊曰南新市。西魏改爲富水，又置富水郡。[12]開皇初郡廢。應山[13]梁置，曰永陽，仍置應州，又有平靖郡。西魏又置平靖縣。開皇初郡廢，大業初州廢，又省平靖縣入焉。有大龜山、安居山。

[1]安陸郡：大業三年改安州置。治所在今湖北安陸市。

[2]西魏置安州總管府：安州置於西魏大統十六年（550），而安州總管府則置於後周保定二年。《周書》卷五《武帝紀》記周武帝保定二年（562）六月置安州總管府。

[3]安陸：縣名。漢置。治所在今湖北安陸市。

[4]孝昌：縣名。宋分安陸縣置。治所在今湖北孝昌縣北。

[5]吉陽：縣名。大業二年原吉陽廢入安陸縣又改京池縣爲吉陽。治所在今湖北孝感市北。

[6]董城：底本原作“重城”，中華本據《梁書》卷四《簡文帝紀》、《輿地紀勝》卷七七改，今從改。

[7]應陽：縣名。大業二年改應城縣置。治所在今湖北應城市。

[8]西魏置，曰應城：《元和郡縣圖志》《舊唐書·地理志》《太平寰宇記》均言宋置應城縣，楊守敬《隋書地理志考證》云：“應城置於宋無疑，而《宋志》無之，或偶漏歟？此言西魏置，誤。”

[9]雲夢：縣名。西魏大統十六年於雲夢故城置。治所在今湖北雲夢縣。

[10]京山：縣名。大業初改角陵縣置。治所在今湖北京山縣。

[11]富水：縣名。治所在今湖北京山縣東北。

[12]富水郡：水，底本作“人”，今據宋本改。

[13]應山：縣名。開皇十八年改永陽縣置。治所在今湖北廣水市。

永安郡[1]後齊置衡州，陳廢，後周又置，開皇五年改曰黃州。統縣四，户二萬八千三百九十八。

黃岡[2]齊曰南安，又置齊安郡。開皇初郡廢，十八年改縣曰黃岡。又後齊置巴州，陳廢。後周置，曰弋州，[3]統西陽、弋陽、邊城三郡。開皇初州郡並廢，大業初置永安郡。黃陂[4]後齊置南司州。後周改曰黃州，置總管府，又有安昌郡。開皇初府廢。又後齊置溹州，陳廢之。[5]木蘭[6]梁曰梁安，置梁安郡，又有永安、義陽二郡。後齊置湘州，後改爲北江州。[7]開皇初別置廉城縣，[8]尋及州、二郡相次並廢。十八年改縣曰木蘭。麻城[9]梁置信安，又有北西陽縣。陳廢北西陽，[10]置定州。後周改州曰亭州，[11]又有建寧、陰平、定城三郡。開皇初州郡並廢，十八年縣改名焉。有陰山。

[1]永安郡：大業三年改黃州置。治所在今湖北黃岡市黃州區北。

[2]黃岡：縣名。治所在今湖北黃岡市黃州區北。

[3]“又後齊置巴州”至“曰弋州”：楊守敬、王仲犖均認爲陳未廢巴州，後周亦未改爲弋州，本志有誤。王仲犖《北周地理志》云：“《陳書·周炅傳》：太建五年，隨吳明徹北討，進攻巴州，克之。《周書·靜帝紀》：大象二年六月己巳，詔南定、北光、衡、巴四州民爲宇文亮抑爲奴婢者，並免爲民，復其本業。按周大象二年六月之明年，即隋開皇元年，是迄周末無改巴州爲弋州事。隋初任巴州刺史者見《隋書·周法尚傳》：法尚歸周，宣帝拜順州刺史。高祖受禪，拜巴州刺史，從柱國王誼擊走陳寇。按隋初尚曰巴州，則北周更無改巴州爲弋州之事矣。”（王仲犖：《北周地理志》，中華書局1980年版，第523頁）

[4]黃陂：縣名。後周大象元年置。治所在今湖北武漢市黃陂區北郊。

[5]又後齊置溹州，陳廢之：溹，底本作“産”，《陳書》卷五《宣帝紀》言太建五年十月，改溹、漴爲漢陽郡，屬司州，可知此

當作"漼"。今據改。

　　[6]木蘭：縣名。治所在今湖北武漢市黃陂區北木蘭山附近。

　　[7]後齊置湘州，後改爲北江州：《魏書·地形志》言：湘州，蕭衍置，魏因之。治大活關城。北江州，蕭衍置，魏因之。治鹿城關。楊守敬《隋書地理志考證》云："湘州、北江州明係兩地，此志既誤梁爲後齊，又合二州爲一。"

　　[8]廉城縣：上條注釋中已提到，北江州治鹿城關，故楊守敬疑"廉城"是"鹿城"之誤。

　　[9]麻城：縣名。治所在今湖北麻城市東。

　　[10]陳廢北西陽：楊守敬以此"陳"應爲"尋"字之誤。

　　[11]置定州。後周改州曰亭州：王仲犖據前文注釋中提到的"周靜帝大象二年詔南定、北光、衡、巴四州民爲宇文亮抑爲奴婢者，並免爲民"，推斷周末尚爲南定州，未改亭州。施和金又言後周已置亭州於資田郡鹽水縣，此不當再置亭州。所言是。

義陽郡[1]齊置司州。梁曰北司州，後復曰司州。後魏改曰郢州，後周改曰申州，大業二年爲義州。統縣五，戶四萬五千九百三十。

　　義陽[2]舊曰平陽，置宋安郡。開皇初郡廢，縣改名焉。大業初置義陽郡。有大龜山、金山。鍾山[3]舊曰鄳。後齊改曰齊安，仍置郡。[4]開皇初郡廢，縣改曰鍾山。有鍾山。羅山[5]後齊置，曰高安。開皇初廢，十六年置，曰羅山。禮山[6]舊曰東隨，開皇九年改焉。有關官。有禮山。淮源[7]後齊置，曰慕化，置淮安郡。開皇初郡廢，大業初縣改名焉。有油水。

　　[1]義陽郡：大業三年改義州置。治所在今河南信陽市南。

　　[2]義陽：縣名。開皇三年改平陽縣置。治所在今河南信陽

市南。

　　[3]鍾山：縣名。開皇三年改齊安縣置。治所在今河南信陽市東北。

　　[4]後齊改曰齊安，仍置郡：錢大昕《廿二史考異》云："《魏志》南司州齊安郡、齊安縣俱正始元年置，是齊安置名不始於後齊也。"

　　[5]羅山：縣名。開皇十六年析鍾山縣置。治所在今河南羅山縣西南。

　　[6]禮山：縣名。開皇九年改東隨縣置。治所在今湖北廣水市東北。

　　[7]淮源：縣名。治所在今河北信陽市西北。

九江郡[1]舊置江州。[2]統縣二，户七千六百一十七。

　　溢城[3]舊曰柴桑，置尋陽郡。梁又立汝南縣。平陳，郡廢，又廢汝南、柴桑二縣，立尋陽縣，十八年改曰彭蠡。大業初置郡，縣改名焉。有巢湖、彭蠡湖。[4]有廬山、望夫山。[5]彭澤[6]梁置太原郡，領彭澤、晉陽、和城、天水。平陳，郡縣並廢，置龍城縣。開皇十八年改名焉。有釣磯。

　　[1]九江郡：大業三年改江州置。治所在今江西九江市。

　　[2]舊置江州：《宋書・州郡志》言晉惠帝元康元年置。《水經注》言惠帝永平中置。《元和郡縣圖志》言晉武帝太康十年置。諸書所記不一。

　　[3]溢城：縣名。漢置柴桑縣，隋平陳後廢，又置尋陽縣，開皇十八年改爲彭蠡，大業二年改爲溢城縣。治所在今江西九江市。

　　[4]巢湖：湖名。即指今安徽中部巢湖。　彭蠡湖：湖名。即指今江西鄱陽湖。古彭蠡應在長江北岸，西漢後逐漸萎縮，彭蠡之名被南移至江南，逐漸擴展成今鄱陽北湖。兩晉後彭蠡已包括鄱陽

湖大部。

　　[5]廬山：又名南障山。即今江西九江市南廬山。

　　[6]彭澤：縣名。漢置，隋平陳後廢爲龍城縣，開皇十八年改龍城爲彭澤。治所在今江西彭澤縣西。

江夏郡[1] 舊置郢州。梁分置北新州，尋又分北新立土、富、洄、泉、豪五州。[2] 平陳，改置鄂州。[3] 統縣四，户一萬三千七百七十一。

　　江夏[4] 舊置江夏郡。平陳，郡廢，大業初復置。有烽火山、塗水。武昌[5] 舊置武昌郡。平陳，郡廢，又廢西陵、鄂二縣入焉。[6] 有樊山、白紵山。永興[7] 陳曰陽新。[8] 平陳，改曰富川。開皇十一年廢永興縣入，十八年改名焉。有五龍山。蒲圻[9] 梁置上儁郡，又有沙陽縣，置沙州，州尋廢。平陳，郡廢。有石頭山、魚嶽山、鮑山。

　　[1]江夏郡：大業三年改鄂州置。治所在今湖北武漢市江夏區。

　　[2]梁分置北新州，尋又分北新立土、富、洄、泉、豪五州：楊守敬《隋書地理志考證》云：“梁之北新州在竟陵，此志長壽縣下有‘梁置北新州’，是也。蓋梁之新州在京山，則江夏郡在南，安得有北新之名：考之史傳地志，並不在此。”則本志有誤。另參見竟陵郡長壽縣下注釋。

　　[3]平陳，改置鄂州：《元和郡縣圖志》云：“宋孝武帝以方鎮太重，分荆、湘、江三州之八郡爲郢州，以分上流之勢。隋平陳，改郢州爲鄂州。”

　　[4]江夏：縣名。《元和郡縣圖志》言東晉僑置汝南郡，後改爲汝南縣，開皇九年改爲江夏縣。《太平寰宇記》：“隋平陳後，置鄂州治於此，以江夏郡爲縣，居舊汝南縣界……隋開皇十年，使人

韋焜就州東南焦度樓下置。大業十三年，州賊董道冲陷没，其縣遂廢。"各書所記不一。

[5]武昌：縣名。漢置鄂縣，三國魏黄初二年改爲武昌。治所在今湖北鄂州市。

[6]鄂：漢之鄂縣已於三國時改爲武昌縣，此鄂縣爲晉武帝太康元年所置。

[7]永興：縣名。開皇十八年改富川縣復永興縣名。治所在今湖北陽新縣。

[8]陳曰陽新：《元和郡縣圖志》言吴大帝分鄂縣置陽新縣。《晋書·地理志》《宋書·州郡志》《南齊書·州郡志》均有此縣，則陽新不應置於陳。

[9]蒲圻：縣名。三國吴置。治所先在今湖北嘉魚縣，開皇十二年移治今湖北赤壁市。

澧陽郡[1]平陳，置松州，尋改爲澧州。統縣六，户八千九百六。

澧陽[2]平陳，置縣，[3]大業初置郡。有藥山。有油水。石門[4]舊置天門郡。[5]平陳，郡廢。孱陵[6]舊曰作唐，[7]置南平郡。平陳，郡廢，縣改名焉。安鄉[8]舊置義陽郡。[9]平陳，郡廢。有皇山。崇義[10]後周置衡州。[11]開皇中置縣，名焉。十八年改州曰崇州，大業初州廢。有澧水。慈利[12]開皇中置，曰零陵，十八年改名焉。有始零山。

[1]澧陽郡：開皇九年置松州，因於宜昌亦置松州，尋改此爲澧州，大業三年改爲澧陽郡。治所在今湖南澧縣東南。

[2]澧陽：縣名。治所在今湖南澧縣東南。

[3]平陳，置縣：《宋書·州郡志》言澧陽置於晉太康四年，

楊守敬《隋書地理志考證》云："按澧陽縣本晋置，在今石門縣，隋徙置於此。"則本志記平陳置縣，當是遷縣治於新地。

［4］石門：縣名。隋平陳後廢天門郡爲石門縣。治所在今湖南石門縣。

［5］舊置天門郡：天門，底本作"石門"，今據《宋書·州郡志三》《太平寰宇記》卷一一八改。

［6］孱陵：縣名。隋平陳後改作唐縣置。治所在今湖南安鄉縣北。

［7］舊曰作唐：唐，底本作"塘"，中華本據《宋書·州郡志三》改，楊守敬亦言"塘"當作"唐"，今從改。

［8］安鄉：縣名。《元和郡縣圖志》言隋置，《讀史方輿紀要》言梁置，楊守敬以《名勝志》所記陳熙作唐縣置爲是。諸書所記不一。治所在今湖南安鄉縣西南。

［9］舊置義陽郡：錢大昕《廿二史考異》云："《宋志》荊州有南義陽郡，晋末以義陽流民僑立，領厥西、平氏二縣，其地在漢東郡唐城縣，《志》稱'唐城後魏曰厥西，置義陽郡'者是也。此安鄉之義陽郡，《宋》《齊》二志俱無之，未詳何代所置。"楊守敬以晋之義陽當在唐城，而此南義陽爲晋末僑置。

［10］崇義：縣名。各書均言開皇中置，施和金以爲當是開皇九年置。治所在今湖南桑植縣。

［11］後周置衡州：《北周地理志》無此衡州，另有一衡州在永安郡内。《北周地理志》又有北周、後梁曾略取之江南州郡，中有治於崇義之衡州，即此衡州。但北周、後梁所取之州郡，至天嘉二年（561）已全被陳所收復，而陳未在此再設衡州。故隋平陳前此地並無衡州，當爲隋平陳後又復置衡州，開皇十八年又改爲崇州。（參見施和金《中國行政區劃通史·隋代卷》，第550頁）

［12］慈利：縣名。開皇九年置零陵縣，十八年改爲慈利。治所在今湖南慈利縣。

巴陵郡[1]梁置巴州。平陳，改曰岳州，大業初改曰羅州。統縣五，戶六千九百三十四。

巴陵[2]舊置巴陵郡。平陳，郡廢，大業初復置郡。華容[3]舊曰安南，[4]梁置南安湘郡，[5]尋廢。開皇十八年縣改名焉。沅江[6]梁置，曰藥山，[7]仍爲郡。平陳，郡廢，縣改曰安樂，十八年改曰沅江。湘陰[8]梁置岳陽郡及羅州，陳廢州。平陳，廢郡及湘陰入岳陽縣，置玉州。尋改岳陽爲湘陰，廢玉山縣入焉。十二年廢玉州。羅[9]開皇九年廢吳昌、湘濱二縣入。有灃水、汨水。[10]

[1]巴陵郡：梁元帝置巴州，開皇九年改爲岳州，大業元年改爲羅州，三年改爲巴陵郡。治所在今湖南岳陽市。

[2]巴陵：縣名。《元和郡縣圖志》《舊唐書·地理志》均言三國吳置，《宋書·州郡志》《水經注》均言晋太康元年置。治所在今湖南岳陽市。

[3]華容：縣名。開皇十八年改安南縣置。治所在今湖南華容縣東。

[4]舊曰安南：《宋書·州郡志》言晋武帝置，《元和郡縣圖志》言三國吳置，《讀史方輿紀要》言晋初置，各書所記不一。

[5]梁置南安湘郡：楊守敬《隋書地理志考證》云："《紀要》引劉昫曰：'梁置南安郡'。按《舊唐志》無此説，然'湘'恐是衍文。"

[6]沅江：縣名。開皇十八年改安樂縣置。治所在今湖南沅江市。

[7]梁置，曰藥山：《元和郡縣圖志》云："梁元帝分置重華縣，隋平陳改爲安樂縣，開皇末又改爲沅江縣。"《通典》云："梁置重華縣，隋廢之。"楊守敬以當是梁時並置藥山、重華兩縣，至隋併爲一縣，改名爲安樂。

［8］湘陰：縣名。宋元徽二年（474）分益陽、羅、湘西三縣置，隋平陳後廢入岳陽縣，尋改岳陽爲湘陰。治所在今湖南湘陰縣南。

［9］羅：縣名。秦置。治所在今湖南汨羅市西北。

［10］潙水：“潙”底本作“渭”，中華本據《水經》卷三八《湘水注》改，今從改。

長沙郡[1]舊置湘州，平陳置潭州總管府，大業初府廢。統縣四，户一萬四千二百七十五。

長沙[2]舊曰臨湘，置長沙郡。平陳，郡廢，縣改名焉。有銅山、錫山。衡山[3]舊置衡陽郡。平陳，郡廢，併衡山、湘鄉、湘西三縣入焉。益陽[4]平陳，併新康縣入焉。有浮梁山。邵陽[5]舊置邵陵郡。平陳，郡廢，併扶夷、都梁二縣入焉。[6]

［1］長沙郡：晋懷帝置湘州，後多有廢置，開皇九年平陳後改爲潭州，大業三年罷州爲長沙郡。治所在今湖南長沙市。

［2］長沙：縣名。漢置臨湘縣，開皇九年改爲長沙縣。治所在今湖南長沙市。

［3］衡山：縣名。三國吳置湘西縣，隋改爲衡山。本志下文又言平陳，併衡山、湘鄉、湘西三縣入焉。《宋書·州郡志》言吳置衡陽，晋改爲衡山。楊守敬《隋書地理志考證》云：“其併入之衡山即晋以來之衡山縣也。此志之衡山，則本晋宋之湘西縣也。”即本志所記衡山縣爲隋平陳後改爲湘西爲衡山，又併原衡山縣入新衡山縣。治所在今湖南株洲縣南。

［4］益陽：縣名。西漢置。治所在今湖南益陽市東。

［5］邵陽：縣名。漢置邵陵縣，隋平陳後廢舊邵陽縣入邵陵縣，又改邵陵爲邵陽。治所在今湖南邵陽市。

［6］併扶夷、都梁二縣入：扶夷，《宋書·州郡志》《南齊書·

州郡志》均作"扶縣"，楊守敬言疑是避桓溫父諱而去"夷"字。
此云扶夷，或爲後齊復改。另《讀史方輿紀要》言晋置武岡縣，隋
省入邵陽縣。《元和郡縣圖志》言武岡，梁天監元年，因避太子諱，
改爲武强。故楊守敬《隋書地理志考證》云："志當云'併扶夷、
都梁、武强三縣入焉'。"

衡山郡[1]平陳，置衡州。統縣四，户五千六十八。

　　衡陽[2]舊置湘東郡。平陳，郡廢，并省臨烝、新城、重安三
縣入焉。有衡山、武水、連水。沫陰[3]舊曰沫陽。平陳，改名
焉。有肥水、酈水。湘潭[4]平陳，廢茶陵、攸水、陰山、建寧四
縣入焉。有武陽山。有歷水。新寧[5]有宜溪水、春江。[6]

　　[1]衡山郡：大業三年改衡州置。治所在今湖南衡陽市。
　　[2]衡陽：縣名。底本作"衡山"，今據中華本及楊守敬《隋
書地理志考證》改。三國吳置臨烝縣，隋改爲衡陽。治所在今湖南
衡陽市。
　　[3]沫陰：縣名。也作"耒陰"。秦置沫陽縣，隋平陳後改爲
沫陰。治所在今湖南耒陽市東北。
　　[4]湘潭：縣名。梁天監中分陰山縣置。治所在今湖南衡山
縣東。
　　[5]新寧：縣名。三國吳置。治所在今湖南常寧市南。
　　[6]春江：春，底本作"春"，中華本據《水經》卷三八《湘
水注》改，今從改。

桂陽郡[1]平陳，置郴州。統縣三，户四千六百六十六。
　　郴[2]舊置桂陽郡。平陳，郡廢，大業初復置。有萬歲山。有
溱水。臨武[3]有華陰山。盧陽[4]陳置盧陽郡。平陳，郡廢。有

渌水。

[1]桂陽郡：漢置，開皇九年改爲郴州，大業三年罷州爲桂陽郡。治所在今湖南郴州市。

[2]郴：縣名。漢舊縣。治所在今湖南郴州市。

[3]臨武：縣名。漢置。治所在今湖南臨武縣東古城村。

[4]盧陽：縣名。東晋分郴縣置汝城縣，後改爲盧陽縣。因《太平寰宇記》引《輿地志》言陳盧陽郡領盧陽一縣，則陳時已改爲盧陽縣。治所在今湖南汝城縣南。

零陵郡[1]平陳初，置永州總管府，尋廢府。統縣五，户六千八百四十五。

零陵[2]舊曰泉陵，[3]置零陵郡。平陳，郡廢，又廢應陽、永昌、祁陽三縣入焉。[4]大業初復置郡。湘源[5]平陳，廢洮陽、灌陽、零陵三縣置縣。有黄華山。有觀水、湘水、洮水。永陽[6]舊曰營陽，梁置永陽郡。平陳，郡廢，[7]併營浦、謝沐二縣入焉。[8]營道[9]平陳，併泠道、舂陵二縣入。有九疑山、營山。馮乘[10]有馮水。

[1]零陵郡：開皇九年置永州，大業三年改爲零陵郡。治所在今湖南永州市。

[2]零陵：縣名。漢置泉陵縣，開皇九年改爲零陵。治所在今湖南永州市。

[3]泉陵：底本作“泉陽”，今據中華本及楊守敬《隋書地理志考證》改。

[4]祁陽：底本作“初陽”，今據中華本及楊守敬《隋書地理志考證》改。

　　[5]湘源：縣名。隋平陳後置。治所在今廣西全州縣西。

　　[6]永陽：縣名。漢營浦縣，隋平陳後改爲永陽。治所在今湖南道縣西。

　　[7]"舊曰營陽"至"郡廢"：《元和郡縣圖志》言吳分零陵置營陽郡，《太平寰宇記》云："吳寶鼎元年分零陵北部爲營陽郡，理營浦，今郡是也。……梁天監十四年改爲永陽郡。至隋平陳，郡廢，併其地置永州。"楊守敬《隋書地理志考證》據此云："是郡改二縣未改也。又《元和志》《寰宇記》：漢營浦縣，隋改爲永陽。是梁、陳尚爲營浦縣，隋始爲永陽也。然則志當作'舊曰營浦，置營陽郡，梁改郡曰永陽，平陳，郡廢，縣改名焉。'"

　　[8]併營浦、謝沐二縣入焉：據上文注釋此當云："併謝沐縣入焉。"

　　[9]營道：縣名。本漢縣，隋平陳後廢泠道縣入，又徙營道至泠道故城。治所在今湖南寧遠縣東南。

　　[10]馮乘：縣名。漢置。治所在今湖南江華瑤族自治縣西南。

熙平郡[1]平陳，置連州。統縣九，户一萬二百六十五。

　　桂陽[2]梁置陽山郡。平陳，郡廢。大業初置熙平郡。有貞女山、方山。有盧水、洭水。[3]陽山[4]有斟水。連山[5]梁置，曰廣德，隋改曰廣澤，仁壽元年改名焉。有黃連山。宣樂[6]梁置，曰梁樂，并置梁樂郡，平陳，郡廢，十八年改爲宣樂。游安[7]熙平[8]舊置齊樂郡，平陳，郡廢。武化[9]梁置。桂嶺[10]舊曰興安，開皇十八年改名焉。開建[11]梁置南靜郡，平陳，郡廢。

　　[1]熙平郡：開皇十年置連州，大業三年改爲熙平郡。治所在今廣東連州市。

　　[2]桂陽：縣名。漢置。治所在今廣東連州市。

[3]洭水：洭，底本作"淮"，中華本據《水經》卷三九《洭水注》改，今從改。

[4]陽山：縣名。漢置。治所在今廣東陽山縣青蓮鎮東南連江北。

[5]連山：縣名。梁武帝置廣德縣，開皇十年改爲廣澤，仁壽元年避太子諱改爲連山。治所在今廣東連山壯族瑤族自治縣西北。

[6]宣樂：縣名。治所在今廣東陽山縣南。

[7]游安：縣名。《元和郡縣圖志》《太平寰宇記》言蕭齊置，《讀史方輿紀要》言梁陳間置，各書所記不一，未知孰是。治所在今廣東懷集縣西北。

[8]熙平：縣名。三國吳置尚安縣，晉武帝改爲熙平。治所在今廣西陽朔縣東北興坪鎮。

[9]武化：縣名。治所在今廣西連山瑤族壯族自治縣。

[10]桂嶺：縣名。三國吳置建興縣，晉武帝改爲興安，開皇十八年改爲桂嶺。治所在今廣西賀州市東北桂嶺鎮。

[11]開建：縣名。《宋書·州郡志》言宋文帝分封陽縣置，《太平寰宇記》言晉永嘉三年析置，未知孰是。大業十一年廢。治所在今廣東封開縣東北南豐鎮。

　　《尚書》："荊及衡陽惟荊州。"上當天文，自張十七度至軫十一度，[1]爲鶉首，[2]於辰在巳，楚之分野。其風俗物產，頗同揚州。其人率多勁悍決烈，蓋亦天性然也。南郡、夷陵、竟陵、沔陽、沅陵、清江、襄陽、春陵、漢東、安陸、永安、義陽、九江、江夏諸郡，多雜蠻左，其與夏人雜居者，則與諸華不別。其僻處山谷者，則言語不通，嗜好居處全異，頗與巴、渝同俗。諸蠻本其所出，承盤瓠之後，[3]故服章多以班布爲飾。[4]其相呼以蠻，則爲深忌。自晉氏南遷之後，南郡、襄陽，皆爲重鎮，四方湊會，故益多衣冠之緒，稍尚禮義經籍焉。九江襟帶所在，[5] 江夏、竟陵、安陸，各置名州，爲藩鎮重寄，人物乃與諸郡不同。大抵荊州率敬鬼，尤重祠祀之事，昔屈原爲制《九歌》，蓋由此也。屈原以五月望日赴汨羅，土人追至洞庭不見，湖大船小，莫得濟者，乃歌曰：“何由得渡湖！”因爾鼓櫂爭歸，競會亭上，習以相傳，爲競渡之戲。其迅楫齊馳，[6] 櫂歌亂響，喧振水陸，觀者如雲，諸郡率然，而南郡、襄陽尤甚。二郡又有牽鈎之戲，云從講武所出，楚將伐吳，以爲教戰，流遷不改，習以相傳。鈎初發動，皆有鼓節，群譟歌謠，振驚遠近，俗云以此厭勝，[7] 用致豐穰。其事亦傳于他郡。梁簡文之臨雍部，發教禁之，由是頗息。其死喪之紀，雖無被髮袒踊，亦知號叫哭泣。始死，即出屍於中庭，不留室內。斂畢，送至山中，以十三年爲限。先擇吉日，改入小棺，謂之拾骨。拾骨必須女壻，蠻重女壻，故以委之。拾骨者，除肉取骨，棄小取大。當葬之夕，女壻或三數十人，集會於宗長之宅，著芒心接籬，[8] 名曰茅綏。各執竹竿，長一丈許，上三四尺許，猶帶枝葉。其行伍前却，皆有節奏，歌吟叫呼，亦有章曲。傳云盤瓠初死，置之於樹，乃以竹木刺而下之，故相承至今，以爲風俗。隱諱其事，謂之刺北斗。既葬設祭，則親疏咸哭，哭畢，家人既至，但歡飲而歸，無復祭哭也。其左人則又不同，無衰服，不復魄。始死，置屍館舍，隣里少年，各持弓箭，遶屍而歌，以箭扣弓爲節。其歌詞說平生樂事，以至終卒，大抵亦猶今之挽歌。歌數十闋，乃衣衾棺斂，送往山林，別為廬舍，安置棺柩。亦有於村側瘞之，[9]待二三十喪，總葬石窟。長沙郡又雜有夷蜒，名曰莫徭，自云其先祖有功，常免徭役，故以為名。其男子但著白布褌衫，更無巾袴；其女子青布衫、班布裙，通無鞋屬。婚嫁用鐵鈷鉾為聘財。武陵、巴陵、零陵、桂陽、澧陽、衡山、熙平皆同焉。其喪葬之節，頗同於諸左云。

[1]張：星宿名。二十八宿之一。朱雀七宿的第五宿，有星六顆。　軫：星宿名。二十八宿之一，南方朱雀七宿的最末一宿，有星四顆。

[2]鶉首：此當為鶉尾之誤，因鶉首指朱鳥七宿中的宿、鬼二宿，為秦之分野，而本段所述為朱雀張、軫二宿，楚之分野，則言鶉首誤也。鶉尾，星次名。指翼、軫二宿，為楚之分野。

[3]盤瓠：古代傳說為帝高辛氏所畜犬，其毛五彩。時犬戎侵暴，帝募能得犬戎吳將軍頭者，妻以少女，後盤瓠銜其頭來，帝即以女配之。其所繁衍之後，即為今畲族、瑤族、苗族等南方少數民族。所以盤瓠也被尊奉為畲族、瑤族等民族的始祖。事見《後漢書》卷八六《南蠻傳》。

[4]班布：一種染以雜色的木棉布。

[5]襟帶：謂山川屏障環繞，如襟似帶。比喻險要的地理形勢。

[6]迅楫：加快划槳。引申為舟行疾速。

[7]厭勝：古代一種巫術，謂能以詛咒制勝，壓服人或物。

[8]芒心接籬：此指插了芒草芯的帽子。接籬，古代的一種頭巾、帽子。

[9]瘞：埋葬。

隋書　卷三二

志第二十七

經籍一經

　　夫經籍也者，機神之妙旨，[1]聖哲之能事，所以經天地，緯陰陽，[2]正紀綱，弘道德，顯仁足以利物，[3]藏用足以獨善，[4]學之者將殖焉，[5]不學者將落焉。大業崇之，則成欽明之德，[6]匹夫克念，[7]則有王公之重。其王者之所以樹風聲，流顯號，美教化，移風俗，何莫由乎斯道？故曰：“其爲人也，溫柔敦厚，《詩》教也；疏通知遠，《書》教也；廣博易良，《樂》教也；潔静精微，《易》教也；恭儉莊敬，《禮》教也；屬辭比事，[8]《春秋》教也。”遭時制宜，質文迭用，[9]應之以通變，通變之以中庸。[10]中庸則可久，通變則可大，其教有適，其用無窮，實仁義之陶鈞，[11]誠道德之橐籥也。[12]其爲用大矣，隨時之義深矣，言無得而稱焉。[13]故曰：“不疾而速，[14]不行而至。”今之所以知古，後之所以知今，其斯之謂也。是以大道方行，俯龜象而設卦，[15]後聖有作，仰鳥跡以成文。[16]書契已傳，[17]繩木棄而不用，史官既立，經籍於是興焉。

［1］機神：機，事物樞要、關鍵；神，神奇。

［2］陰陽：古代解釋宇宙萬物化生的理念，凡天地、日月、男女等皆屬陰陽。

［3］顯仁足以利物：與下句源於《易・繫辭上》"顯諸仁，藏諸用，鼓萬物而不與聖人同憂"。利物，濟世利民。

［4］藏用：隱藏於陰陽之道的生育萬物的作用中。

［5］殖：樹立。

［6］欽明：敬仰、顯著。

［7］克念：克，能；念，考慮。

［8］屬辭比事：《春秋》聚合、會同之辭，是屬辭；比次褒貶之事，是比事。此段見《禮記・經解》"孔子曰"。

［9］質文：質樸、文采。

［10］中庸：此爲孔子最高道德標準。中，無過、無不及，居中。庸，平常、平凡。中庸亦可理解爲適度。

［11］陶鈞：製陶器的轉輪。用此比喻對事物的控制和調節。

［12］橐（tuó）籥（yuè）：古代冶煉時所用鼓風的設備。橐，是外置的箱子；籥，是内置的送風管。用以比喻動力、源泉。

［13］言無得而稱焉：沒有什麼語言的表達能與經籍的功用相稱。

［14］不疾而速：與下句見於《易・繫辭上》。

［15］龜象：指龜背上的紋理，龜是占卜的用具，依其紋理變化論吉凶。設卦，卦是古代紀事的符號，後成爲占卜的符號，有八卦，傳説是伏羲所作。

［16］鳥跡：本指鳥的爪印，後以其比喻書法。以上兩句即龜文鳥迹之意，指古代文字。

［17］書契：書者，文字；契者，刻木而書其側。即文字。

夫經籍也者，先聖據龍圖，[1]握鳳紀，[2]南面以君天下者，咸有史官，以紀言行。言則左史書之，動則右史書之。故曰"君舉必書"，[3]懲勸斯在。考之前載，則《三墳》《五典》《八索》《九丘》之類是也。[4]下逮殷、周，[5]史官尤備，紀言書事，靡有闕遺，則《周禮》所稱：太史掌建邦之六典、八法、八則，[6]以詔王治；[7]小史掌邦國之志，[8]定世繫，[9]辨昭穆；[10]內史掌王之八柄，[11]策命而貳之；[12]外史掌王之外令及四方之志、[13]三皇、五帝之書；[14]御史掌邦國都鄙萬民之治令，[15]以贊冢宰。[16]此則天子之史，凡有五焉。諸侯亦各有國史，分掌其職。則《春秋傳》，晉趙穿弒靈公，[17]太史董狐書曰"趙盾殺其君"，以示於朝。宣子曰："不然。"對曰："子為正卿，亡不越境，反不討賊，非子而誰？"齊崔杼弒莊公，[18]太史書曰"崔杼弒其君"，崔子殺之。其弟嗣書，死者二人。其弟又書，乃舍之。南史聞太史盡死，執簡以往，聞既書矣，乃還。楚靈王與右尹子革語，[19]左史倚相趨而過。[20]王曰："此良史也，能讀《三墳》《五典》《八索》《九丘》。"然則諸侯史官，亦非一人而已，皆以記言書事，太史總而裁之，以成國家之典。不虛美，不隱惡，故得有所懲勸，遺文可觀，則《左傳》稱周志，《國語》有鄭書之類是也。

[1]龍圖：即河圖，傳說其由龍馬從黃河負出，故稱龍圖。《竹書紀年》上《黃帝軒轅氏》"鳳鳥至，帝祭于洛水"。沈約注"龍圖出河，龜書出洛，赤文篆字，以授軒轅"。借指神授君權。

[2]鳳紀：猶鳳曆。《左傳》昭公十七年"鳳鳥適至，故紀於

鳥，爲鳥師而鳥名。鳳鳥氏，曆正也"。後以鳳曆稱歲曆，有歷數正朔之意。

　　[3]君舉必書：見《左傳》莊公二十三年曹劌語。

　　[4]三墳五典八索九丘：相傳爲古代書名。三墳，三皇時書；五典，五帝之常典；八索，八王之法；九丘，九州之國誡。見《周禮注疏》卷二六。

　　[5]殷：朝代名，三代之一。殷契佐禹治水有功，封於商，至湯滅夏，建立商朝。傳至盤庚遷至殷，以後或殷、商並舉，或殷、商並稱。見《史記·殷本紀》。周，朝代名，三代之一。周后稷之後人周武王滅商，建立周朝。見《史記·周本紀》。

　　[6]太史：亦作大史，在六官之春官屬下，爲史官之長。典、法、則，皆法也。六典、八法、八則，由天官冢宰所建，以治百官。

　　[7]以詔王治：大史掌六典、八法、八則，以爲王迎受其治也。

　　[8]邦國：即指諸侯。志，記也。小史掌諸侯國內所有記錄之事。

　　[9]定世繫：奠定帝世系、世本類事。

　　[10]昭穆：古代宗法制度，用以分別宗族內部的長幼、親疏和遠近。

　　[11]八柄：即爵、祿、廢、置、殺、生、予、奪。

　　[12]策命：以策書封官授爵。貳，協助。

　　[13]外令：畿外之令。四方之志，諸侯國之記，若《魯春秋》《晋乘》《楚檮杌》等。

　　[14]三皇五帝之書：或指三墳五典。三皇五帝，傳説中的古代帝王，具體所指，説法不一，首見於《周禮·春官外史》。

　　[15]邦國都鄙萬民之治令：即指六典、八則，前者治諸侯國，後者治京都及邊邑萬民。

　　[16]贊：贊佐。冢宰，天子之大宰。

　　[17]晋趙穿弑靈公：事見《左傳》宣公二年。趙穿，趙盾堂

兄弟之子，於桃園殺晉靈公。趙盾，晉襄公、靈公時任國政。謐宣孟，故稱宣子。

[18]齊崔杼弒莊公：事見《左傳》襄公二十五年。崔杼迎齊靈公太子光爲莊公，後又殺之。

[19]楚靈王與右尹子革語：事見《左傳》昭公十二年。楚靈王，名圍。右尹，楚官，在令尹屬下。

[20]倚相：楚史名。

暨夫周室道衰，紀綱散亂，國異政，家殊俗，褒貶失實，隳紊舊章。[1]孔丘以大聖之才，當傾頹之運，[2]歎鳳鳥之不至，惜將墜於斯文，乃述《易》道而刪《詩》《書》，[3]修《春秋》而正《雅》《頌》。[4]壞禮崩樂，咸得其所。自哲人萎而微言絕，[5]七十子散而大義乖，[6]戰國縱橫，[7]真僞莫辨，諸子之言，紛然淆亂。[8]聖人之至德喪矣，先王之要道亡矣，陵夷蹐駮，[9]以至於秦。秦政奮豺狼之心，[10]剗先代之跡，[11]焚《詩》《書》，坑儒士，以刀筆吏爲師，[12]制挾書之令。[13]學者逃難，竄伏山林，或失本經，口以傳說。

[1]隳（huī）紊：毀壞、紊亂。舊章，原有的法規。

[2]傾頹：倒塌、墜落。

[3]述易道：孔子喜《易》，撰《十翼》。刪詩書，古詩三千餘篇，孔子去其重，定三百五篇；序《書傳》，上紀唐虞之際，下至秦穆。見《史記》卷四七。

[4]修春秋：孔子因史記作《春秋》，上自隱公，下迄哀公十四年，紀十二公。正雅頌，孔子曰"吾自衛反魯，然後樂正，《雅》《頌》各得其所"。見《史記》卷四七。

［5］哲人：明達而有才智的人。微言，精微不顯之言。

［6］七十子散而大義乖：七十子，謂孔子弟子七十二子，此爲約數。大義，孔子思想之要旨。

［7］縱橫：或指戰國時期的形勢恣肆橫行，無所忌憚。或是合縱連橫的縮語，蘇秦主張合縱，合山東六國抗秦；張儀主張連橫，説六國以奉秦。於此，前説爲是。

［8］淆亂：雜亂。

［9］陵夷：衰落。蹢（chǔn）駁：雜亂。

［10］秦政：即秦始皇，嬴姓，名政。秦昭王四十八年生於邯鄲，十三歲代立爲秦王，先後滅六國，建立統一王朝秦。事見《史記》卷六。

［11］剗（chǎn）：通鏟，剷除。

［12］刀筆吏：刀、筆原爲書寫工具，後引申爲書寫成的文字。刀筆吏則是主辦文案的官吏。

［13］制挾書之令：秦始皇采納李斯言，下令除秦記、醫藥、卜筮、種樹書外，焚毀民間收藏的《詩》《書》、百家語，敢偶語《詩》《書》者處死，以古非今者族。事見《史記》卷六。

　　漢氏誅除秦、項，[1]未及下車，[2]先命叔孫通草緜蕝之儀，[3]救擊柱之弊。[4]其後張蒼治律曆，[5]陸賈撰《新語》，[6]曹參薦蓋公言黃老，[7]惠帝除挾書之律，[8]儒者始以其業行於民間。猶以去聖既遠，經籍散逸，簡札錯亂，傳説紕繆，遂使《書》分爲二，[9]《詩》分爲三，[10]《論語》有齊、魯之殊，《春秋》有數家之傳。[11]其餘互有蹢駁，不可勝言。此其所以博而寡要，[12]勞而少功者也。武帝置太史公，[13]命天下計書，[14]先上太史，副上丞相，[15]開獻書之路，置寫書之官，外有太常、[16]太史、博士之藏，内有延閣、廣内、祕室之府。[17]司馬談父子，[18]世居太史，探采前代，[19]斷自軒皇，[20]逮于孝武，作《史記》一百三十篇。詳其體制，蓋史官之舊也。至於孝成，[21]祕藏之書，頗有亡散，乃使謁者陳農，[22]求遺書於天下。命光禄大夫劉向校經傳諸子詩賦，[23]步兵校尉任宏校兵書，太史令尹咸校數術，[24]太醫監李柱國校方技。[25]每一書就，向輒撰爲一録，論其指歸，辨其訛謬，叙而奏之。向卒後，哀帝使其子歆嗣父之業。[26]乃徙温室中書於天禄閣上。[27]歆遂總括群篇，撮其指要，著爲《七略》：一曰《集略》，[28]二曰《六藝略》，三曰《諸子略》，四曰《詩賦略》，五曰《兵書略》，六曰《術數略》，七曰《方技略》。大凡三萬三千九十卷。王莽之末，[29]又被焚燒。光武中興，[30]篤好文雅，明、章繼軌，[31]尤重經術。四方鴻生鉅儒，負衮自遠而至者，[32]不可勝算。石室、蘭臺，[33]彌以充積。又於東觀及仁壽閣集新書，[34]校書郎班固、傅毅等典掌焉。[35]並依《七略》而爲書部，固又編之，以爲《漢書藝文志》。董卓之亂，[36]獻帝西遷，[37]圖書縑帛，[38]軍人皆取爲帷囊。所收而西，猶七十餘載。兩京大亂，[39]掃地皆盡。

[1]項：即項籍，字羽，下相（今江蘇宿遷市）人。秦末起兵反秦，後自立西楚霸王，與劉邦爭天下，兵敗垓下，逃至烏江，自刎。《史記》卷七、《漢書》卷三一有傳。

[2]下車：原指爲送葬明器而製作的粗陋的車，後引申爲即位或到任。

［3］叔孫通：薛（今山東滕縣東南）人。秦時爲待詔博士，後佐漢高祖，任奉常、太子太傅等職，參與制定漢諸儀法。《史記》卷九九、《漢書》卷四三有傳。緜（mián）蕝（jué），亦作緜蕞（zuì），引繩爲緜，束茅以表位爲蕝，後謂制定整頓朝儀典章爲緜蕞。事見《史記》卷九九。

［4］擊柱：刺柱。《史記・叔孫通傳》“群臣飲酒争功，醉或妄呼，拔劍擊柱，高帝患之”。後指臣下争功無禮。

［5］張蒼：陽武（今河南原陽縣）人。秦時曾爲御史，後事漢高祖，出任諸王之相，封北平侯。善用算律曆，明習天下圖書計籍。《史記》卷九六、《漢書》卷四二有傳。

［6］陸賈：楚（今江蘇徐州市周邊）人，以客從漢高祖定天下，著《新語》言儒學。後在誅諸吕、立文帝中頗有功。《史記》卷九七、《漢書》卷四三有傳。

［7］曹參：沛（今江蘇徐州市）人。漢高祖起事即追隨左右，後任相國，卒，謚懿侯。《史記》卷五四、《漢書》卷三九有傳。蓋公，膠西（今山東膠縣附近）人，善治道家之言。曹參任齊國丞相用蓋公，齊國安集。事見《史記》卷五四。黄老，黄帝與老子，道家以黄、老爲祖，故謂道家爲黄老。

［8］惠帝：劉盈，高祖與吕后之子，在位七年，史稱“寬仁之主”。《史記》卷九、《漢書》卷二有紀。

［9］書分爲二：指《尚書》分爲《今文尚書》《古文尚書》。

［10］詩分爲三：指《詩》分爲《齊詩》《魯詩》《韓詩》。

［11］春秋有數家之傳：《春秋》於漢有公羊、穀梁、鄒氏、夾氏、左氏數家。王莽亂，鄒氏、夾氏亡。

［12］博而寡要：學識廣博，却少得要領。

［13］武帝：劉徹，漢景帝之子，七歲立爲皇太子。十六歲即皇帝位，在位五十四年，其間開拓疆土、獨尊儒術、開始使用年號等，漢處於興盛時期。謚曰孝武皇帝。《史記》卷一二（此紀乃褚少孫所補）、《漢書》卷六有紀。

［14］計書：計算典籍並造册。

［15］副：貳、次。丞相，漢官，掌丞天子助理萬機。

［16］太常：漢官，掌宗廟禮儀。太史爲其屬官。博士亦屬其下，掌通古今。

［17］延閣廣內祕室：三者皆爲漢宮廷藏書之所。

［18］司馬談父子：司馬談，漢左馮翊夏陽（今陝西韓城市）人，武帝建元、元封年間任太史公，有修史的計劃，並論六家要旨。其子司馬遷，字子長，元封三年繼任太史令，爲完成其父的遺願，忍受宮刑的巨大恥辱，撰成中國第一部紀傳體通史《史記》。其事迹見《史記》卷一三○及《漢書》卷六二本傳。

［19］探采：探求采集。

［20］軒皇：即黃帝軒轅氏。

［21］孝成：劉驁，字太孫，漢元帝之子，在位二十六年。《漢書》卷一○有紀。

［22］謁者：官名。漢代屬光禄勳，其職掌賓讚授事。

［23］劉向：字子政，本名更生，高祖同父弟楚元王劉交後裔，居列大夫官前後三十餘年，任光禄大夫期間領銜整理宮廷典籍，撰就《七略別録》。《漢書》卷三六有傳。

［24］數術：亦作術數，古代關於天文、曆法、占卜的學問。

［25］方技：指古代醫卜、星相之術。

［26］哀帝：劉欣，元帝庶孫，定陶恭王劉康子，在位六年。《漢書》卷一一有紀。劉歆，字子駿，與父劉向領校秘書，完成其父未竟事業，撰成《七略》。新莽時，被尊爲國師。《漢書》卷三六有傳，其事迹於卷九九《王莽傳》亦多有記載。

［27］温室：殿名，以冬暖夏凉而得名。天禄閣，漢殿名，以藏秘室、處賢才也。

［28］集略：亦作輯略。

［29］王莽：字巨君，元城（今河北大名縣東）人，漢元帝王皇后之侄，受寵專權。漢平帝崩，立孺子嬰，自稱攝皇帝，三年後

即改國號爲新，地皇四年被農民軍殺。《漢書》卷九九有傳。

[30]光武：劉秀，字文叔，南陽蔡陽（今湖北棗陽市）人，漢高祖九世孫。新莽地皇三年起兵，更始三年（25）即帝位，定都洛陽，是爲東漢。《後漢書》卷一有紀。

[31]明：漢明帝劉莊，光武帝子，在位十八年。《後漢書》卷二有傳。章，漢章帝劉炟（dá），明帝子，在位十四年。《後漢書》卷三有紀。繼軌，接繼前人事業。

[32]袠（zhì）：同帙，書函、書套。

[33]石室：國家藏書之所。蘭臺，漢代宮廷藏書處，設御史中丞掌管，後置蘭臺令史掌書奏。

[34]東觀：位於洛陽南宮，是聚藏圖書之處。仁壽閣，漢殿閣，亦爲藏書之所。

[35]班固：字孟堅，班彪子，扶風安陵（今陝西咸陽市東北）人，明帝時詔爲蘭臺令史，後爲校書郎，典校秘書，獲准撰《漢書》，這是第一部紀傳體斷代史，然表、志尚未完成，就因謀殺竇憲事發，死於獄中。《漢書》卷一〇〇上、《後漢書》卷四〇下有傳。傅毅，字武仲，扶風茂陵（今陝西興平市東北）人。章帝時爲蘭臺令史，拜郎中，與班固、賈逵共典校書，有詩賦、誄頌等傳世。《後漢書》卷八〇上有傳。

[36]董卓：字仲穎，臨洮（今甘肅岷縣）人。東漢末年掌帝王廢立權，挾獻帝至長安，自爲太師。不久被王允設計殺死。《後漢書》卷七二、《三國志》卷六有傳。

[37]獻帝：劉協，靈帝子、少帝弟。靈帝中平六年即帝位，延康元年遜位，曹丕稱帝。魏青龍二年崩。《後漢書》卷九有傳。

[38]縑（jiān）帛：供作書寫用的絹類絲織物，此指絲質的圖書。

[39]兩京：西京長安和東京洛陽。

　　魏氏代漢，[1]采掇遺亡，藏在秘書中、外三閣。魏秘書郎鄭默，[2]始制《中經》，秘書監荀勖，[3]又因《中經》，更著《新簿》，分爲四部，總括群書。一曰甲部，紀六藝及小學等書；二曰乙部，有古諸子家、近世子家、兵書、兵家、術數；三曰丙部，有史記、舊事、皇覽簿、[4]雜事；四曰丁部，有詩賦、圖讚、汲冢書，[5]大凡四部合二萬九千九百四十五卷。但錄題及言，[6]盛以縹囊，[7]書用緗素。[8]至於作者之意，無所論辯。惠、懷之亂，[9]京華蕩覆，渠閣文籍，靡有孑遺。[10]

　　[1]魏（220—265）：三國之一。漢獻帝建安二十五年，曹丕廢漢稱帝，國號魏，都洛陽。魏主曹奐咸熙二年，司馬炎廢魏稱帝，魏亡。

　　[2]鄭默：字思元（《三國志》卷一六裴注引《晋陽秋》稱字思玄），滎陽開封（今河南開封市南）人。起家秘書郎，作《中經簿》，後任大司農、光祿勳等。太康元年卒，謚曰成。《晋書》卷四四有傳。

　　[3]荀勖：字公曽，潁川潁陰（今河南許昌市附近）人。早年仕魏，晋時拜中書監，又領秘書監，與中書令張華依劉向《別錄》整理典籍。受詔撰次汲冢中古文竹書。因《中經簿》作《中經新簿》，首以甲乙丙丁四部部次典籍。《晋書》卷三九有傳。本志史、集部有其著述三部。

　　[4]皇覽簿：類似《皇覽》的典籍。

　　[5]汲冢書：晋太康二年，汲郡人不准盜發魏襄王（或言魏安釐王）墓，得竹書十車，有《紀年》《穆天子傳》等多種典籍，總稱汲冢書。

　　[6]但：衹。

［7］縹（piǎo）囊：用淡青色絲帛製成的書囊。

［8］縑素：書寫用的淺黄色縑帛。

［9］惠：晋惠帝司馬衷，字正度。昏瞶不堪政事，在位期間發生八王之亂。光熙元年中毒身亡。《晋書》卷四有傳。懷，晋懷帝司馬熾，字豐度。專玩史籍，即位後雖勤於政務，但已無回天之力，永嘉七年遇弒。《晋書》卷五有傳。

［10］孑遺：殘存、剩餘。

東晋之初，[1]漸更鳩聚。[2]著作郎李充，[3]以勘舊簿校之，[4]其見存者，但有三千一十四卷。充遂總没衆篇之名，但以甲乙爲次。自爾因循，無所變革。其後中朝遺書，稍流江左。宋元嘉八年，[5]秘書監謝靈運造《四部目録》，[6]大凡六萬四千五百八十二卷。元徽元年，[7]秘書丞王儉又造《目録》，[8]大凡一萬五千七百四卷。儉又别撰《七志》：一曰《經典志》，紀六藝、小學、史記、雜傳；二曰《諸子志》，紀今古諸子；三曰《文翰志》，紀詩賦；四曰《軍書志》，紀兵書；五曰《陰陽志》，紀陰陽圖緯；六曰《術藝志》，紀方技；七曰《圖譜志》，紀地域及圖書。其道、佛附見。[9]合九條。然亦不述作者之意，但於書名之下，每立一傳，而又作九篇條例，編乎首卷之中。文義淺近，未爲典則。齊永明中，[10]秘書丞王亮、監謝朏，[11]又造《四部書目》，[12]大凡一萬八千一十卷。齊末兵火，延燒祕閣，經籍遺散。梁初，秘書監任昉，[13]躬加部集，[14]又於文德殿内列藏衆書，華林園中總集釋典，[15]大凡二萬三千一百六卷，而釋氏不豫焉。[16]梁有秘書監任昉、殷鈞《四部目録》，[17]又《文德殿目録》。[18]其術數之書，更爲一部，使奉朝請祖暅撰其名。[19]故梁有《五部目録》。普通中，[20]有處士阮孝緒，[21]沉静寡慾，篤好墳史，博采宋、齊已來，王公之家凡有書記，參校官簿，更爲《七録》：一曰《經典録》，紀六藝；二曰《記傳録》，紀史傳；三曰《子兵録》，紀子書、兵書；四曰《文集録》，紀詩賦；五曰《技術録》，紀數術；六曰《佛録》；七曰《道録》。其分部題目，頗有次序，割析辭義，淺薄不經。[22]梁武敦悦詩書，[23]下化其上，[24]四境之内，家有文史。元帝克平侯景，[25]收文德之書及公私經籍，歸于江陵，大凡七萬餘卷。周師入郢，[26]咸自焚之。陳天嘉中，[27]又更鳩集，考其篇目，遺闕尚多。

[1]東晋（317—420）：匈奴劉聰軍攻占長安，西晋亡。司馬睿在建康（今江蘇南京市）稱帝，偏安江南，史稱東晋，共歷十一帝。

[2]鳩聚：聚集。

[3]李充：字弘度，江夏（今湖北安陸市）人，早年辟丞相王導掾，任大著作郎時，删除典籍煩重，以類相從，分爲四部，甚有條貫，祕閣以爲永制。《晋書》卷九二有傳。

[4]勖：即荀勖。

[5]宋（420—479）：南朝之一。東晋末年劉裕代晋稱帝，國號宋，都建康，亦稱劉宋，共歷八帝。元嘉，宋文帝年號（424—453）。

[6]謝靈運：祖籍陽夏（今河南太康縣），謝玄孫，襲封康樂公。文帝時徵爲秘書監，使整祕閣遺闕，又令撰晋書，書竟不就。頗有文才，以山水詩聞名，有詩文集傳世。後以謀反罪被殺。《宋

書》卷六七、《南史》卷一九有傳。本志史、集部有其著述九部。四部目錄，當爲謝靈運任秘書監時所撰，此目錄《隋志》已無載，亡佚。

[7]元徽：南朝宋廢帝劉昱年號（473—477）。

[8]王儉：字仲寶，琅邪臨沂（今山東臨沂市）人。宋明帝時，超遷秘書丞，依《七略》撰《七志》，元徽年間又撰《四部書目錄》。入齊，累遷侍中、中書令、太子太傅、國子祭酒、開府儀同三司。永明七年卒，追贈太尉，諡文憲。《南齊書》卷二三、《南史》卷二二有傳。本志經、史、集部著錄王儉九部著述。目錄，即《元徽元年四部書目錄》四卷，《隋志》有著錄。

[9]道：指道家典籍；佛，指佛家典籍，或稱釋氏典籍。

[10]齊（479—502）：蕭道成廢宋順帝自稱帝，國號齊，都建康，共歷七帝。永明，齊武帝蕭頤年號（483—493）。

[11]王亮：字奉叔，琅邪臨沂（今山東臨沂市）人。於宋，任秘書丞。入齊任吏部尚書，入梁，任太常卿、中書監等職。《梁書》卷一六、《南史》卷二三有傳。謝朏（fěi），字敬沖，祖籍陽夏（今河南太康縣）。仕宋齊梁三朝，歷任秘書監、侍中、尚書令等職。《梁書》卷一五、《南史》卷二〇有傳。本志史、集部著錄其著述三部。

[12]四部書目：此以四部分類的書目，《隋志》已無著錄，亡佚。

[13]任昉（fǎng）：字彥升，博昌（今山東博興縣）人。仕齊，位不過列校。入梁，爲御史、秘書監，手自讎校祕閣四部，編定目錄。《梁書》卷一四、《南史》五九有傳。

[14]躬加部集：親自加以部類聚集。

[15]華林園：處於今江蘇南京雞鳴山南古臺城內，三國時吳始建，南朝時又有擴建。

[16]豫：參與。

[17]殷鈞：字季和，陳郡長平（今河南項城市東北）人，好

學，善隸書。梁初，起家秘書郎，任秘書丞期間，啓校定祕閣四部書，更爲目録。又受詔料檢法書古迹，别爲品目。卒，諡貞。《梁書》卷二七、《南史》六〇有傳。四部目録，當爲本志史部所著録之《梁天監六年四部書目録》四卷。

[18]文德殿目録：似爲本志史部所著録之署名劉孝標撰《梁文德殿四部目録》四卷。

[19]祖晅（xuǎn）：《南史》作祖晅之，字景爍，范陽遒（今河北淶水縣）人，祖沖之之子。少傳家業，究極精微，亦有巧思，善算曆、機巧，故撰術數類典籍目録。《南史》卷七二有傳。

[20]普通：梁武帝蕭衍年號（520—527）。

[21]處士：未仕或不仕的人。阮孝緒，字士宗，陳留尉氏（今河南開封市）人。十三歲徧通五經，一生不仕，撰《七録》等書二百五十卷。大通二年卒，諡文貞處士。《梁書》卷五一、《南史》卷七六有傳。本志經、史部著録其著述四部。

[22]不經：不合常規，無依據。

[23]梁武：梁武帝蕭衍，字叔達，南蘭陵中都里（今江蘇常州市）人。仕齊，廢東昏侯，立和帝。次年，弑君自稱帝，國號梁。太清二年接納侯景，不久侯景叛梁，武帝被幽死。武帝有文才，多有著述。佞佛，三次捨身於佛寺。《梁書》卷一、二、三，《南史》卷六，《魏書》卷九八有傳。本志經、史、子、集著録其二十部著述。

[24]下化其上："上"疑爲"土"之誤。

[25]元帝：蕭繹，字世誠，武帝子。簡文帝大寶三年破侯景，於江陵即帝位。承聖三年，江陵被魏軍攻占，元帝遇害，在位僅三年。元帝聰悟嗜書，並多有著述。《梁書》卷五、《南史》卷八有傳。本志史、子、集著録其著述十六部。侯景：字萬景，朔方（今內蒙古鄂爾多斯地區）或曰雁門（今山西代縣西北）人。初爲魏爾朱榮將，後歸高歡，又投梁，不久即叛，幽死梁武帝，縱兵燒殺劫掠，史稱侯景之亂。最終敗於王僧辯，被部下殺死。《梁書》卷

五六、《南史》卷八〇有傳。

[26]周師入郢（yǐng）：周（557—581），鮮卑人宇文覺廢西魏主自立，建國號爲周，都長安，史稱北周、後周，共歷五帝。據《梁書》《南史》記載，破郢之軍乃魏師。郢，在今湖北江陵縣附近。

[27]陳（557—589）：陳霸先廢梁，建國號爲陳，都建康，共歷五帝。天嘉，陳文帝陳蒨年號（560—566）。

其中原則戰爭相尋，[1]干戈是務，文教之盛，苻、姚而已。[2]宋武入關，[3]收其圖籍，府藏所有，纔四千卷。赤軸青紙，文字古拙。後魏始都燕、代，[4]南略中原，粗收經史，未能全具。孝文徙都洛邑，[5]借書於齊，祕府之中，稍以充實。暨於尒朱之亂，[6]散落人間。後齊遷鄴，[7]頗更搜聚，迄於天統、武平，[8]校寫不輟。後周始基關右，外逼强鄰，戎馬生郊，[9]日不暇給。保定之始，[10]書止八千，後稍加增，方盈萬卷。周武平齊，[11]先封書府，所加舊本，纔至五千。

[1]相尋：相繼、連續不斷。

[2]苻：指東晉十六國之一的前秦（350—394），氐族苻氏據關中，國號秦，史稱前秦。國盛時，南至邛僰，東抵淮泗，西極西域，北盡大磧。晉太元八年，苻堅攻晉，兵敗淝水，元氣大傷，後爲姚萇所殺。事見《晉書》卷一一二至一一五。姚，指東晉十六國之一的後秦（384—417），羌族人姚萇殺苻堅，後稱帝於長安。東晉義熙十三年被劉裕所滅。

[3]宋武：南朝宋武帝劉裕，字德輿，彭城縣（今江蘇徐州市）人。仕東晉，爲北府兵將領，先後攻打孫恩、桓玄，進擊四川

割據勢力，統一江南，兩次北伐，滅南燕、後秦。元熙二年廢晉恭帝，建立宋王朝。《宋書》卷一、《魏書》卷九七、《南史》卷一有傳。關，指陝西潼關。

[4]後魏：鮮卑拓跋部的拓跋珪，先自立爲代王，後稱帝，都平城。明元帝進攻劉宋，奪得黃河以南大片土地。太武帝先後滅北燕、北涼，統一北方。後分裂爲東魏、西魏。見《魏書》本紀。燕，今北京以及以北地區。代，今内蒙、山西、河北境内長城以北地區。

[5]孝文：魏孝文帝拓跋宏，即位後興文治，太和十八年（494）遷都洛陽，不久又改姓元，大力推行漢化。《魏書》卷七、《北史》卷三、《南齊書》卷五七有傳。

[6]介（ěr）朱之亂：介朱，此指介朱榮，字天寶，秀容（今山西朔州市西北）人，世爲部落酋帥。魏明帝時，進封爲博陵郡公，兵威漸盛，朝廷難以控制。胡太后毒殺明帝，介朱榮起兵進洛陽，立莊帝，遥專朝政，掌廢立大權。永安三年，被莊帝設計殺死於朝中。事見《魏書》卷七四、《北史》卷四八。

[7]後齊（550—577）：北朝之一。534年北魏分裂爲東魏、西魏，東魏的實權落在大將高歡手中。550年高歡之子高洋自立爲帝，以北齊取代東魏，遷都於鄴，凡六帝，後爲北周所滅。

[8]天統武平：是北齊後主高緯的兩個年號，前者爲565—569，後者爲570—576年。

[9]戎馬生郊：出於《老子》，牝馬在戰地郊野產駒犢，意謂國家不安定，連懷犢的母馬也得參戰。

[10]保定：北周武帝宇文邕年號（561—565）。

[11]周武：北周武帝宇文邕，字禰羅突，代郡武川（今内蒙古武川縣）人，宇文泰第四子。建德五年率軍東伐，次年攻占鄴城，滅北齊。《周書》卷五、六，《北史》卷一〇有紀。

隋開皇三年，秘書監牛弘，[1]表請分遣使人，搜訪異本。每書一卷，賞絹一匹，校寫既定，本即歸主。於是民間異書，往往間出。及平陳已後，經籍漸備。檢其所得，多太建時書，[2]紙墨不精，書亦拙惡。於是總集編次，存爲古本。召天下工書之士，京兆韋霈、南陽杜頵等，[3]於秘書內補續殘缺，爲正副二本藏於宮中，其餘以實秘書內、外之閣，凡三萬餘卷。煬帝即位，[4]祕閣之書，限寫五十副本，分爲三品：上品紅瑠璃軸，[5]中品紺瑠璃軸，[6]下品漆軸。於東都觀文殿東西廂構屋以貯之，東屋藏甲乙，西屋藏丙丁。又聚魏已來古跡名畫，[7]於殿後起二臺，東曰妙楷臺，藏古跡；西曰寶蹟臺，藏古畫。又於內道場集道、佛經，[8]別撰目録。

[1]牛弘：字里仁，本姓尞氏，魏時賜姓牛，安定鶉觚（今甘肅靈臺縣）人。仕周，官至大將軍、儀同三司。隋初爲秘書監，上表請開獻書之路，使典籍稍備。頗具文才，有文集問世。《周書》卷三、《隋書》卷四九、《北史》卷七二有傳。本志史、集著録其三部著述。

[2]太建：南朝陳宣帝陳頊年號（569—582）。

[3]京兆：今陝西西安周邊。韋霈，生平事迹不詳。南陽，今河南南陽市。杜頵（yūn）：生平事迹不詳。

[4]煬帝：楊廣，一名英，文帝次子。在位十四年，對外大肆用兵，於內大興土木，賦重役繁，民不聊生。義寧二年，被宇文化及等縊殺於宮中。《隋書》卷三、四有傳。

[5]紅瑠璃軸：一種紅色寶石做的用來捲書卷的軸。

[6]紺（gàn）：天青色。

[7]古跡：古人的法書和墨迹。

[8]内道場：隋煬帝大業中改天下寺爲道場，故此指宮内寺廟。

大唐武德五年，[1]克平僞鄭，[2]盡收其圖書及古跡焉。命司農少卿宋遵貴載之以船，泝河西上，[3]將致京師。行經底柱，[4]多被漂没，其所存者，十不一二。其《目録》亦爲所漸濡，[5]時有殘缺。今考見存，分爲四部，合條爲一萬四千四百六十六部，有八萬九千六百六十六卷。其舊録所取，文義淺俗、無益教理者，並删去之。其舊録所遺，辭義可采，有所弘益者，咸附入之。遠覽馬史、班書，近觀王、阮志、録，挹其風流體制，[6]削其浮雜鄙俚，[7]離其疏遠，合其近密，[8]約文緒義，凡五十五篇，各列本條之下，以備《經籍志》。雖未能研幾探賾，[9]窮極幽隱，庶乎弘道設教，[10]可以無遺闕焉。夫仁義禮智，所以治國也，方技數術，所以治身也；諸子爲經籍之鼓吹，文章乃政化之黼黻，[11]皆爲治之具也。故列之於此志云。

[1]武德：唐高祖李淵年號（618—626）。

[2]僞鄭：隋末王世充（因避唐太宗李世民諱，又稱王充）所建政權，武德四年唐太宗率師大破之，投降，鄭亡。

[3]泝（sù）河西上：泝，逆水而上。河，黄河。

[4]底柱：又作砥柱，亦名三門山。三門，南曰鬼門，中曰神門，北曰人門。原在今河南三門峽市東北黄河中，修三門峽水庫後，此山已不見。河水至此分流，繞山而過。南門險急，舟筏入者，往往舟覆人亡。因山在水中若柱，故稱砥柱。

[5]目録：此指《隋大業正御書目録》九卷，本志有著録。漸濡，浸漬、濕潤。

　　[6]挹（yì）其風流體制：挹，抑制。風流，有才而不拘禮法的氣派。

　　[7]鄙俚：粗俗。

　　[8]離其疏遠合其近密：此乃本志部類典籍的原則。

　　[9]研幾：窮究精微之理。探賾（zé），探尋精微、深奧之事理。

　　[10]庶乎：希望於、但願於。

　　[11]黼（fǔ）黻（fú）：原指古代禮服上繪繡的花紋，此言文章是政治化俗的華美修飾和襯托。

《歸藏》十三卷。晋太尉參軍薛貞注。

　　薛貞：生平事迹不詳。《歸藏》，三《易》之一。後漢桓譚《新論》言《歸藏》四千三百言，藏於太卜。《周禮注疏》卷二四，賈公彦曰"此《歸藏易》以純坤爲首，坤爲地，故萬物莫不歸而藏於中，故名爲《歸藏》也"。《七略》《漢志》無著録。《舊唐志》著録《歸藏》十三卷，司馬膺注。《新唐志》著録《歸藏》十三卷，不署注者名。宋《崇文總目》著録《歸藏》三卷，晋太尉參軍薛正（即薛貞）注。又稱"文多闕亂，不可詳解"。明《文淵閣書目》無著録，亡佚。清王謨、王朝璩、嚴可均、洪頤煊、朱彝尊、觀頰道人皆輯有《歸藏》。1993 年，湖北江陵王家臺出土秦簡《歸藏》，據有關人士研究，此簡本是故楚國地區流傳的本子，與保存下來的《歸藏》佚文有所不同。

《周易》二卷。魏文侯師卜子夏傳，殘缺。梁六卷。

　　魏文侯：名都或斯，六國之君中最爲好古，受經於子夏。《史記》卷四四有傳。卜子夏：名商，字子夏，春秋衛（今河南温縣）人，孔子弟子。善文學，序《詩》傳《易》，教於河西，爲魏文侯師。《史記》卷六七有傳。此書梁時尚存六卷，《唐會要》引阮孝緒《七錄》“《子夏易》六卷，或云韓嬰作，或云丁寬作”。兩《唐志》著錄爲二卷。《宋志》著錄《易傳》十卷，題卜子夏傳。《郡齋讀書志》則稱“今此書約王弼注爲之者，止《雜卦》”。《四庫全書總目》卷一著錄《子夏易傳》十一卷，提要指出此爲僞書。清有孫堂、孫馮翼、張惠言、張澍、黃奭、吳騫所輯《子夏易傳》。

《周易》十卷。漢魏郡太守京房章句。

京房：顏師古曰有兩京房，一爲楊叔元弟子、梁丘賀師。此京房字君明，東郡頓丘（今河南濮陽市）人。本姓李，推律自定爲京氏。受《易》於孟喜之徒梁人焦延壽。元帝時任魏郡太守，後被石顯等譖殺。《漢書》卷七五、卷八八有傳。本志經部、子部尚有署京房名之典籍十九部。《漢志》著錄《孟氏京房》十一篇，《經典釋文叙錄》載《京氏章句》十二卷。兩《唐志》著錄十卷，《宋志》無載，亡佚。清孫堂、張惠言、黃奭、馬國翰、王仁俊、王保訓、胡薇元輯《周易京房章句》。

《周易》八卷。漢曲臺長孟喜章句，殘缺。梁十卷。又有漢單父長費直注《周易》四卷，亡。

孟喜：字長卿，東海蘭陵（今山東棗莊市東南）人。從田何再傳弟子田王孫受《易》，爲《易章句》。舉孝廉爲郎，曲臺長。《漢書》卷八八有傳。《漢志》言“漢興，田何傳之，訖于宣、元，有施、孟、梁丘、京氏列於學官。而民間有費、高二家説”。此書本志著錄八卷，並稱梁有十卷，而兩《唐志》則亦著錄十卷。《宋志》無載，亡佚。清朱彝尊、王謨、孫堂、張惠言、黃奭、馬國翰、胡薇元輯有孟喜《周易章句》。費直：字長翁，東萊（今山東萊州市）人。治《易》爲郎，至單父令。《漢書》卷八八有傳。獨傳古文《易》，而不列於學官。東漢多人傳《費氏易》，至魏，費氏大興。本志子部著錄費直一部撰著。本志言此書已亡佚，然兩

《唐志》著録此書四卷，《宋志》無載，亡佚。清馬國翰、胡薇元有輯本。

《周易》九卷。後漢大司農鄭玄注。梁又有漢南郡太守馬融注《周易》一卷，亡。

鄭玄：字康成，北海高密（今山東高密市）人。曾從師馬融，頗得其讚賞。爲《易》《詩》《尚書》《禮》等儒家經典作注，又多有著述。《後漢書》卷三五有傳。本志經、子部尚有署鄭玄名的典籍二十三部。《舊唐志》著録此書爲九卷，《新唐志》則著録十卷。《宋志》有鄭玄《周易文言注義》一卷，不似此書。此書亡佚。宋王應麟輯《周易鄭康成注》一卷附《易贊易論》一卷，清惠棟、丁杰對其有所補定。另，清朱彝尊、黃奭、袁鈞、孔廣林有此書輯本。馬融：字季長，扶風茂陵（今陝西咸陽市西）人。永初四年拜爲校書郎，詣東觀典校秘書。馬融才高博洽，爲世通儒。注《孝經》《論語》《詩》《易》《尚書》等經典，又撰有賦、頌、表記等二十一篇。《後漢書》卷六〇上有傳。本志經部尚有馬融著述五部。本志稱此書梁已亡，然兩《唐志》皆著録馬融《周易章句》十卷。《宋志》無載，亡佚。清朱彝尊、孫堂、張惠言、黃奭、馬國翰、胡薇元輯有馬融《周易傳》，另有臧庸輯《馬王易義》一卷。

《周易》五卷。漢荆州牧劉表章句。梁有漢荆州五業從事宋忠注《周易》十卷，亡。

劉表：字景升，山陽高平（今山東魚臺縣東北）人。少知名，受學於同郡王暢。獻帝初爲荆州牧，封成武侯。後南受零、桂，北據漢川，雄霸一方。《後漢書》卷七四下、《三國志》卷六有傳。兩《唐志》有著録，《宋志》無載，亡佚。清孫堂、張惠言、黃奭、馬國翰、胡薇元輯劉表《周易章句》。宋忠：又作宋衷，字仲子，南陽章陵（今湖北棗陽市南）人。後漢荆州五業從事。後因數與魏諷謀反，被曹操所殺。見《三國志》卷五七、《經典釋文叙錄》。本志史、子部尚有宋衷著述四部。所注《周易》，兩《唐志》著錄十卷，《經典釋文叙錄》記載九卷，《宋志》無載，亡佚。清孫堂、張惠言、黃奭、馬國翰、胡薇元有輯本。

《周易》十一卷。漢司空荀爽注。

　　荀爽：又名諝，字慈明，潁川潁陽（今河南許昌市）人。先拜郎，後遭黨錮，隱於海上。獻帝朝，進拜司空。著《易傳》《詩傳》《尚書正經》等，凡百餘篇。《後漢書》卷六二有傳。本志經部尚有荀爽一部著述。兩《唐志》、《經典釋文叙錄》皆載十卷，《宋志》無載，亡佚。清孫堂、黃奭、馬國翰、胡薇元有輯本。

《周易》十卷。魏衛將軍王肅注。

　　王肅：字子雍，東海郯（今山東郯城縣）人。正始初，爲侍中，遷太常。甘露元年卒，追贈衛將軍，謚景侯。善賈逵、馬融之學。爲《尚書》《詩》《論語》等作解。《三國志》卷一三有傳。本志經、子部尚有王肅十九部著述。兩《唐志》有著錄，《宋志》著錄王肅《周易傳》十一卷，《崇文總目》言此非王肅本書，是後人纂《經典釋文叙錄》所取者附益之。此書亡佚。清朱彝尊、孫堂、張惠言、黃奭、馬國翰有輯本。

《周易》十卷。魏尚書郎王弼注《六十四卦》六卷，韓康伯注《繫辭》以下三卷，王弼又撰《易略例》一卷。梁有魏大司農卿董遇注《周易》十卷，魏散騎常侍荀煇注《周易》十卷，亡。

　　王弼：字輔嗣，山陽（今山東金鄉縣）人。注《易》及《老子》，爲尚書郎。《三國志》卷二八有傳。本志經、子部尚有二部王弼著述。《經典釋文叙錄》曰，永嘉之亂後，唯鄭玄、王弼所注《易》行於世，而王氏爲世所重。其言王弼注七卷，即注《易·上下經》六卷、《易略例》一卷。《繫辭》以下王不注，相承以韓康伯注續之。兩《唐志》著錄王弼《周易注》七卷和王弼、韓康伯注《易》十卷。《宋志》著錄《周易上下經》六卷，未署名，疑即王弼所注，又著錄韓康伯《繫辭説卦序卦雜卦》三卷以及王弼《略例》一卷、《易辨》一卷。《四庫全書總目》卷一著錄《周易注》十卷，即此書。唐孔穎達以此書爲本作《周易正義》。王弼、韓康伯注《周易》及《易略例》，現存最好的本子是宋刻本，通行的本子是十三經注疏本。20 世紀陸續出土的戰國楚竹書《周易》，馬王堆帛書《周易》《二三子問》《繫辭》等，與傳世本《周易》頗有差異，亦多有勝處。韓康伯：名伯，潁川長社（今河南長葛市）人。晉簡文帝居藩時引爲談客，累官至侍中。後改授太常，未拜卒，時年四十九。《晉書》卷七五有傳。本志本部尚有一部韓康伯著述。其注《易·繫辭》以下三卷，與王弼所注《六十四卦》《易略例》一卷，合爲十卷，流傳至今。董遇：字季直，弘農華陰（今陝西華陰市東南）人。漢末關中紛亂，仍手不釋卷。魏明帝時，入爲侍中、大司農。歷注經傳，頗傳於世。事見《三國志》卷一三所引《魏略》。本志經部尚有其一部著述。所注《周易》，《經典釋文叙錄》載其爲《章句》十二卷，兩《唐志》著錄十卷，《宋志》無載，亡佚。清朱彝尊、孫堂、張惠言、黄奭、馬國翰有輯本。荀煇：字景文，潁川潁陰（今河南許昌市）人。晉太子中庶子，與賈充共定音律，又作《易集解》。事見《三國志》卷一〇所引《荀氏家傳》。兩《唐志》著錄此書，《舊唐志》作荀暉。《宋志》無載，亡佚。

《周易》十卷。吳太常姚信注。

　　姚信：據《經典釋文叙錄》載，"字德裕，《七錄》云字元直，吳興人，吳太常卿。《七錄》云十二卷"。本志子部尚有二部姚信著述。兩《唐志》著錄十卷，《宋志》無載，亡佚。清孫堂、張惠言、黄奭、馬國翰有輯本。

《周易》四卷。晋儒林從事黄潁注。梁有十卷，今殘缺。

　　黄潁：南海（今廣東）人，晋廣州儒林從事。見《經典釋文叙録》。兩《唐志》著録十卷，《宋志》無載，亡佚。清黄奭、馬國翰有輯本。

《周易》九卷。吴侍御史虞翻注。

　　虞翻：字仲翔，會稽餘姚（今浙江餘姚市）人。事孫策、孫權，爲騎都尉，屢犯顔諫争，被放交州。爲《易》《老子》等作注。《三國志》卷五七有傳。《舊唐志》著録九卷，《新唐志》著録十卷，《宋志》無載，亡佚。清孫堂、黄奭有輯本。

《周易》十五卷。吴鬱林太守陸績注。

　　陸績：又作陸勣，字公紀，吴郡吴（今江蘇蘇州市）人。仕吴爲鬱林太守，著述不廢，注《易》、釋《玄》。見《後漢書》卷三一，《三國志》卷五七有傳。本志經、子部尚有二部陸績之作。兩《唐志》與《經典釋文叙録》皆著録十三卷，《宋志》無載，亡佚。明姚士粦輯、清孫堂增補，清張惠言、黄奭、馬國翰、汪氏亦有輯本。

《周易》十卷。晋散騎常侍干寶注。

　　干寶：字令升，新蔡（今河南新蔡縣）人。以才器召爲著作郎，後遷散騎常侍，領國史，著《晋紀》。注《周易》《周官》，撰《搜神記》。《晋書》卷八二有傳。本志經、史、子、集部尚有其著述十一部。兩《唐志》、《宋志》皆有著録，然《郡齋讀書志》《文獻通考》皆無載，亡佚。元屠曾，明姚士粦，清黄奭、汪氏有輯本。

《周易》三卷。晋驃騎將軍王廙注，殘缺。梁有十卷。

王廙（yì）：字世將，琅邪臨沂（今山東臨沂市）人。少能屬文，多所通涉。卒，贈侍中、驃騎將軍，謚曰康。《晋書》卷七六有傳。本志集部尚有王廙兩部著述。《經典釋文叙録》記載十二卷，兩《唐志》著録十卷，《宋志》無載，亡佚。清孫堂、張惠言、黃奭、馬國翰有輯本。

《周易》八卷。晋著作郎張璠注，殘缺。梁有十卷。

張璠：安定（今屬甘肅）人，東晋秘書郎，參著作。《經典釋文叙録》稱此書爲張璠《集解》十二卷，集二十二家解，序云依向秀本。兩《唐志》著録《周易集解》十卷，《宋志》無載，亡佚。清孫堂、黃奭、馬國翰有輯本。

《周易馬鄭二王四家集解》十卷。

不署撰者，集馬融、鄭玄、王弼、王肅四家之説爲一書。

《周易荀爽九家注》十卷。

《經典釋文叙録》記載此書，"不知何人所集，稱荀爽者，以爲主故也。其序有荀爽、京房、馬融、鄭玄、宋衷、虞翻、陸績、姚信、翟子玄"。兩《唐志》有著録，《宋志》無載，亡佚。清王謨、孫堂、張惠言、黃奭有輯本。

《周易楊氏集二王注》五卷。梁有《集馬鄭二王解》十卷，亡。

楊氏：不詳其始末。此書集王弼、王肅《易》注，《舊唐志》著録二王《集注》十卷，《新唐志》著録二王《集解》十卷，皆不署集解者名。《宋志》無載，亡佚。《集馬鄭二王解》即前著録的

《周易馬鄭二王四家集解》，隋時此書實未亡。

《周易》十卷。蜀才注。梁有齊安參軍費元珪注《周易》九卷，謝氏注《周易》八卷，尹濤注《周易》六卷，亡。

蜀才：姓范，名長生，一名賢，隱居青城北，自號蜀才。李雄以爲丞相。見《顏氏家訓·書證》《經典釋文叙録》。兩《唐志》有著録，《宋志》無載，亡佚。清孫堂、張澍、黃奭有輯本，馬國翰補張澍輯本。費元珪：蜀人，齊安（今湖北黃岡市西北）參軍。《經典釋文叙録》則作“齊安西參軍”，於是姚振宗即認爲應是“南齊安西參軍”，安西指的是唐代的安西督護府，在今新疆境內，與南齊疆域相距遥遠，不屬南齊統轄範圍，故本志作“齊安參軍”不誤。兩《唐志》不載，亡佚。謝氏：不詳何人。兩《唐志》不載，亡佚。尹濤：生平始末不詳。《經典釋文叙録》有著録，兩《唐志》不載，亡佚。

《周易》十卷。後魏司徒崔浩注。

崔浩：字伯淵，清河東武城（今山東武城縣）人。博覽經史，百家之言，無不關綜。初給事秘書，轉著作郎。魏世祖時遷司徒。《魏書》卷三五、《北史》卷二一有傳。本志經、子、集部尚有崔浩三部著述。兩《唐志》有著録，《宋志》無載，亡佚。

《周易》十卷。梁處士何胤注。梁有臨海令伏曼容注《周易》八卷，侍中朱异集注《周易》一百卷，又《周易集注》三十卷，亡。

何胤：字子季，廬江灊（今安徽霍山縣東北）人。雖家族貴顯，却歸隱不仕，世號小山，亦曰東山。注《易》《詩》《禮》等。《南齊書》卷五四、《梁書》卷五一、《南史》卷三〇有傳。本志經、史部尚有三部何胤著述。兩《唐志》有著録，《宋志》無載，亡佚。伏曼容：字公儀，平昌安丘（今山東安丘市）人。入梁，召拜司馬，出爲臨海太守。爲《易》《詩》《老》《莊》作注。《梁書》卷四八、《南史》卷七一有傳。兩《唐志》無載，亡佚。清黃奭、馬國翰有輯本。朱异：字彦和，吳郡錢唐（今浙江杭州市）人。官加侍中，遷中領軍。有《易》《禮》講疏等百餘篇。侯景反，遭指責，慚憤而卒。《梁書》卷三八、《南史》卷六二有傳。據《梁書》卷四八、《南史》卷七一《孔子袪傳》言，孔子袪"續朱异《集注周易》一百卷"，此書當爲朱、孔二人合著。《周易集注》三十卷，未署撰者，當爲朱异所作。

《周易》七卷。姚規注。

姚規：不詳何人。兩《唐志》不載，亡佚。清黃奭、馬國翰有輯本。

《周易》十三卷。崔覲注。

崔覲：不詳何人。本志經部尚有崔覲著述一部。兩《唐志》有著録，《宋志》無載，亡佚。清黃奭、馬國翰有輯本。

《周易》十三卷。傅氏注。

傅氏：生平事迹難以查考。兩《唐志》著録十四卷，《宋志》無載，亡佚。清黃奭、馬國翰有輯本。

《周易》一帙十卷。盧氏注。

盧氏：不載其名，姚振宗與馬國翰皆根據北魏盧景裕注《周易》，其注《易》大行於世，而認爲此盧氏即盧景裕。此人於《魏書》卷八四、《北史》卷三〇有傳。兩《唐志》有著録，《宋志》無載，亡佚。清黃奭、馬國翰有輯本。

《周易繫辭》二卷。晉桓玄注。

桓玄：字敬道，譙國龍亢（今安徽懷遠縣西）人。少襲父爵爲南郡公，元興元年舉兵，逼安帝禪位，建國號楚。後被劉裕擊敗，斬於江陵。《晉書》卷九九、《魏書》卷九七有傳。此書衹注《周易》中的《繫辭傳》，兩《唐志》有著録，《宋志》無載，亡佚。清黄奭、馬國翰有輯本。

《周易繫辭》二卷。晉西中郎將謝萬等注。

謝萬：字萬石，江夏（今河南太康縣）人，謝安弟。工言論，善屬文。受命北征，敗歸，廢爲庶人。《晉書》卷七九有傳。本志經、集部尚有其二部著述。兩《唐志》著録謝萬注《周易繫辭》二卷，《宋志》無載，亡佚。

《周易繫辭》二卷。晉太常韓康伯注。

此前已著録韓康伯注《繫辭》以下三卷，此應是韓康伯所注《繫辭》的單行本，兩《唐志》無載。

《周易繫辭》二卷。梁太中大夫宋褰注。又有宋東陽太守卞伯玉注《繫辭》二卷，亡。

宋褰（qiān）：不詳何人。兩《唐志》有著録，《宋志》無載，亡佚。卞伯玉：據《經典釋文叙録》載，濟陰（今江蘇睢寧縣）人，宋東陽太守、黄門郎。兩《唐志》不載，亡佚。

《周易繫辭》二卷。苟柔之注。

苟柔之：潁川潁陰（今河南許昌市）人，宋奉朝請。見《經典釋文叙録》。《舊唐志》著録苟諺注《繫辭》二卷，《新唐志》著録苟諺注《繫辭》二卷、苟柔之注《繫辭》二卷。疑苟諺即苟柔之。《宋志》不載，亡佚。清黄奭、馬國翰有輯本。

《周易集注繫辭》二卷。梁有宋太中大夫徐爰注《繫辭》二卷，亡。

不署撰者。朱彝尊疑此書即下列徐爰注《繫辭》二卷。徐爰：本名瑗，字長玉，南琅邪開陽（今江蘇南京市）人。太宗時，除太中大夫，著作並如故，後被貶交州。《宋書》卷九四、《南史》卷七七有傳。本志經、史、子、集部尚有徐爰五部著述。此二書兩《唐志》不載，亡佚。

《周易音》一卷。東晉太子前率徐邈撰。

徐邈：字仙民，東莞姑幕（今山東安丘市）人。博涉多聞，傳正五經音訓，學者宗之。孝武帝時，爲前衛率，授太子經。《晉書》卷九一有傳。本志經、子、集部尚有徐邈十部著述。兩《唐志》無載，亡佚。清黃奭、馬國翰有輯本。

《周易音》一卷。東晉尚書郎李軌弘範撰。

李軌：字弘範，江夏（今湖北安陸市）人。東晉祠部郎中、都亭侯。見《經典釋文叙錄》。本志經、史、子、集部尚有李軌十一部著述。兩《唐志》不載，亡佚。清黃奭、馬國翰有輯本。

《周易音》一卷。范氏撰。

范氏：不詳何人。兩《唐志》不載，亡佚。

《周易并注音》七卷。秘書學士陸德明撰。

陸德明：名元朗，以字行，蘇州吳（今江蘇蘇州市）人。由陳入隋，爲秘書學士。入唐，爲國子博士，封吳縣男。貞觀初卒。著《易疏》《老子疏》，所撰《經典釋文叙錄》，是漢魏以來研究古代經典的重要著作。《舊唐書》卷一八九上、《新唐書》卷一九八有傳。本志經部尚有陸德明一部著述。兩《唐志》無載此書，有

《周易文句義疏》二十四卷、《周易文外大義》二卷，《宋志》與《直齋書錄解題》著錄陸德明《周易釋文》一卷，而《經典釋文敘錄》中有《周易音義》一卷，這幾種書之間是何關係，尚待考證。

《周易盡神論》一卷。魏司空鍾會撰。梁有《周易無互體論》三卷，鍾會撰，亡。

　　鍾會：字士季，潁川長社（今河南長葛市東北）人。有才數技藝。魏景元中，官至司徒。後謀據蜀，爲部將亂兵所殺。《三國志》卷二八有傳。本志經、子部尚有鍾會三部著述。兩《唐志》不載，而著錄鍾會《周易論》四卷，《宋志》不載，亡佚。《周易無互體論》《三國志》有提及。

《周易象論》三卷。晋尚書郎欒肇撰。

　　欒肇：字永初，太山（今山東泰安市東南）人，晋太保掾尚書郎。見《經典釋文敘錄》。本志經、集部尚有三部欒肇之作。兩《唐志》著錄《周易象論》一卷，《宋志》無載，亡佚。

《周易卦序論》一卷。晋司徒右長史楊乂撰。

　　楊乂：字玄舒，汝南（今湖北武漢市）人。晋司徒左長史。見《經典釋文敘錄》。本志經、集部尚有楊乂二部著述。兩《唐志》有著錄，《宋志》無載，亡佚。清黃奭、馬國翰有輯本。

《周易統略》五卷。晋少府卿鄒湛撰。

　　鄒湛：字潤甫，南陽新野（今河南新野縣）人。少以才學知名。入晋官至散騎常侍、國子祭酒，轉少府。元康末卒。《晋書》卷九二有傳。本志集部尚有其一部著述。兩《唐志》皆著錄三卷，《宋志》無載，亡佚。清黃奭、馬國翰有輯本。

《周易論》二卷。晋馮翊太守阮渾撰。

　　阮渾：字長成，陳留尉氏（今河南尉氏縣）人。太康中爲太子庶子、馮翊太守。事見《晋書》卷四九《阮籍傳》。《舊唐志》著録《周易論》二卷暨長成難，暨仲容答；《新唐志》著録阮長成、阮仲容《難答論》二卷。應即爲此書，《宋志》無載，亡佚。

《周易論》一卷。晋荆州刺史宋岱撰。梁有《擬周易説》八卷，范氏撰；《周易宗塗》四卷，干寶撰；《周易問難》二卷，王氏撰；《周易問答》一卷，揚州從事徐伯珍撰；《周易難王輔嗣義》一卷，晋揚州刺史顧夷等撰；《周易雜論》十四卷。亡。

　　宋岱：又作宗岱。晋惠帝時任襄陽太守、荆州刺史。《文心雕龍·論説》稱其"鋭思於幾神之區"。本志集部尚有宋岱二部著述。《舊唐志》著録宋處宗《易論》一卷、《新唐志》著録宋處宗《通易論》一卷，疑宋處宗即宋岱，處宗爲其字。《宋志》無載，亡佚。范氏：姚振宗、嚴可均皆認爲當爲范宣。范宣，字宣子，陳留（今河南開封市）人，居豫章，以講誦爲業，著《禮論難》《易論難》。《晋書》卷九一有傳。本志經、集部尚有其二部著述。《擬周易説》：兩《唐志》無載，亡佚。《周易宗塗》：兩《唐志》無載，亡佚。王氏：始末不詳。兩《唐志》無載，亡佚。徐伯珍：字文楚，東陽太末（今浙江衢州市）人。好釋氏、老莊。《南齊書》卷五四、《南史》卷七六有傳。兩《唐志》無載，亡佚。顧夷：字君齊，吳郡人，辟州主簿，不就。見《世説新語文學》。本志史、子部尚有三部顧夷之作。《周易雜論》：不署撰者。

《周易義》一卷。宋陳令范歆撰。

　　范歆：生平事迹不詳。兩《唐志》無載，亡佚。

《周易玄品》二卷。

不署撰者。《册府元龜·注釋》稱"干寶又撰《周易玄品》二卷"，不知何據？本志子部"五行類"著録此書，亦不署撰者，疑即此書。

《周易論》十卷。齊中書郎周顒撰。梁有三十卷，亡。

周顒（yóng）：字彦倫，汝南安成（今河南汝南縣東南）人。初仕宋，入齊，歷中書郎、國子博士兼著作，卒官。兼善《老》《易》。《南齊書》卷四一、《南史》卷三四有傳。本志集部尚有其一部著述。兩《唐志》無載，亡佚。

《周易論》四卷。范氏撰。

范氏：《補晉書藝文志》據《晉書·范宣傳》，以爲《周易論》爲范宣撰，范氏即指范宣。兩《唐志》著録此書范氏撰，《宋志》無載，亡佚。

《周易統例》十卷。崔覲撰。

兩《唐志》無載，亡佚。

《周易爻義》一卷。干寶撰。

兩《唐志》有著録，《宋志》無載，亡佚。

《周易乾坤義》一卷。齊步兵校尉劉瓛撰。梁又有齊臨沂令李玉之、梁釋法通等《乾坤義》各一卷，亡。

劉瓛（huán）：字子珪，沛國相（今安徽濉溪縣）人。博通五經，聚徒教授。入齊，除步兵校尉，不就。《南齊書》卷三九、《南史》卷五〇有傳。本志經、集部尚有其五部著述。此書兩《唐志》著録《周易乾坤義疏》一卷，《宋志》無載，亡佚。清孫堂、黃奭、馬國翰、王仁俊有劉著輯本，然難以確定其出自哪一書。李玉之：據《南齊書》卷五一載，李玉之被崔慧景收殺之。崔慧景敗死，追贈李玉之給事中。本志經部尚有其一部著述。釋法通：本姓褚，河南陽翟（今河南禹州市）人。十二歲出家，踐跡京城，止定林上寺，晦跡鍾山三十餘載。見《高僧傳》。此二人所撰《乾坤義》，兩《唐志》皆無載，亡佚。

《周易大義》二十一卷。梁武帝撰。

兩《唐志》著錄《周易大義》二十卷，《宋志》無載，亡佚。

《周易幾義》一卷。梁南平王撰。梁有《周易疑通》五卷，宋中散大夫何諲之撰；《周易四德例》一卷，劉瓛撰。亡。

南平王：蕭偉，字文達，梁文帝第八子。少好學，趨賢重士。天監七年，改封南平郡王。中大通四年，遷中書令、大司馬。卒，謚元襄。《梁書》卷二二、《南史》卷五二有傳。《舊唐志》著錄《周易發題義》一卷、《周易幾義》一卷蕭偉撰。《新唐志》著錄蕭偉《發義》一卷，又《幾義》一卷。《宋志》無載，亡佚。何諲（yīn）之：《南齊書·輿服志》稱，太常丞何諲之議服章事。《周易疑通》，兩《唐志》無載，亡佚。《周易四德例》：兩《唐志》無載，亡佚。

《周易大義》一卷。有《周易錯》八卷，京房撰；《周易日月變例》六卷，虞翻、陸績撰；《周易卦象數旨》六卷，東晉樂安亭侯李顒撰；《周易爻》一卷，馬楷撰。亡。

不署撰者，兩《唐志》無載，亡佚。本志子部“五行類”著錄《周易錯卦》七卷，京房撰，疑即此書。李顒：江夏（今湖北武漢市武昌區）人，多所述作，郡舉孝廉。附《晉書·李充傳》。本志經、集部尚有其三部著述。馬楷：不詳何人。

《周易大義》二卷。陸德明撰。

　　參見前注《周易并注音》。

《周易釋序義》三卷。

　　不署撰者。兩《唐志》有著録，並署“梁蕃撰”。《宋志》無載，亡佚。

《周易開題義》十卷。梁蕃撰。

　　梁蕃：不詳何人。《舊唐志》著録《周易開題論序疏》十卷，不署撰者；《新唐志》著録梁蕃《開題論序疏》十卷；《宋志》無載，亡佚。

《周易問》二十卷。

　　不署撰者。姚振宗根據《梁書·武帝本紀》記載，認爲此書是武帝解答群臣質疑的文字，因由臣下所録，故不署名。而朱彝尊、全祖望則以爲此書與著録於《新唐志》子部“五行類”的《周易問》十卷爲一書。此書《宋志》無載，亡佚。

《周易義疏》十九卷。宋明帝集群臣講。梁又有《國子講易議》六卷；《宋明帝集群臣講易義疏》二十卷；《齊永明國學講周易講疏》二十六卷；又《周易義》三卷，沈林撰。亡。

　　宋明帝：劉彧，字休炳，文帝第十一子。好讀書，有著述行於世。《宋書》卷八、《魏書》卷七九、《南史》卷三有傳。本志經、史、子、集部尚著録其五部著述。兩《唐志》著録宋明帝注《周易義疏》二十卷，《宋志》無載，亡佚。《國子講易議》：不署撰者，疑爲宋國學所講，與下列齊國學所講相類。兩《唐志》無載，亡佚。《宋明帝集群臣講易義疏》：不署撰者，然兩《唐志》則著録張該等注《群臣講易疏》二十卷。張該：事迹不詳。《宋志》無載，亡佚。《齊永明國學講周易講疏》：不署撰者。據《南齊書》之《武帝本紀》《禮志》記載，此書當於國學講誦之作，兩《唐志》無載，亡佚。沈林：不詳何人，姚振宗疑此爲沈洙之誤，可參見《南史》卷七一。兩《唐志》無載，亡佚。

《周易講疏》三十五卷。梁武帝撰。

此書《舊唐志》有著録，《新唐志》無著録，而兩《唐志》又著録梁武帝《周易大義》《周易大義疑問》。此書《宋志》無載，亡佚。

《周易講疏》十六卷。梁五經博士褚仲都撰。

褚仲都：吳郡錢唐（今浙江杭州市）人。善《周易》，爲當時之最。天監中，歷官五經博士。見《梁書》卷四七。本志經部尚有其一部著述。兩《唐志》有著録，《宋志》無載，亡佚。清黃奭、馬國翰有輯本。

《周易義疏》十四卷。梁都官尚書蕭子政撰。
《周易繫辭義疏》三卷。蕭子政撰。

蕭子政：生平事迹不詳，《顏氏家訓·勉學》稱蕭子政兼通文史，不徒講説也。本志經部尚有其二部著述。兩《唐志》著録《周易義疏》十四卷，《新唐志》還著録《繫辭義》二卷。《宋志》均無載，亡佚。

《周易講疏》三十卷。陳諮議參軍張譏撰。

張譏：字直言，清河武城（山東武城市西）人。陳後主時，領南平王諮議參軍。講《周易》《老》《莊》，並多著述。入隋，終於長安，卒年七十六。《陳書》卷三三、《南史》卷七一有傳。本志經、子部尚著録其二部著述。兩《唐志》有著録，《宋志》無載，亡佚。

《周易文句義》二十卷。梁有《擬周易義疏》十三卷。

不署撰者。據兩《唐志》著録梁蕃撰《周易文句義疏》二十卷，可以推測與此書爲一書，爲梁蕃所撰。《擬周易義疏》：不署撰者。嚴可均謂此即前所著録之范氏所撰《擬周易説》八卷。姑備一説。

《周易義疏》十六卷。陳尚書右僕射周弘正撰。

周弘正：字思行，汝南安成（今河南汝南縣東南）人。於梁，講《周易》。陳太建五年，授尚書右僕射、祭酒。著《周易講疏》《論語疏》等，並行於世。《陳書》卷二四、《南史》卷三四有傳。本志經、子、集部尚著録其三部著述。兩《唐志》無載，亡佚。

《周易私記》二十卷。

不署撰者。兩《唐志》無載，亡佚。

《周易講疏》十三卷。國子祭酒何妥撰。

何妥：字棲鳳，西城（今陝西安康市西北）人。北周時，任太子博士。入隋，進爵爲公，後爲國子祭酒。撰《周易講疏》《孝經講疏》《樂要》等，並行於世。《隋書》卷七五、《北史》卷七〇有傳。本志經、子、集部尚著録其四部著述。兩《唐志》有著録，《宋志》無載，亡佚。

《周易繫辭義疏》二卷。劉瓛撰。

兩《唐志》有著録，《宋志》無載，亡佚。

《周易繫辭義疏》一卷。梁武帝撰。

兩《唐志》無載，亡佚。

《周易繫辭義疏》二卷。蕭子政撰。梁有《周易乾坤三象》《周易新圖》各一卷；又《周易普玄圖》八卷，薛景和撰；《周易大演通統》一卷，顏氏撰。

此前已著録蕭子政《周易繫辭義疏》三卷，雖與此書卷數不同，但仍可能是一書重出。《周易乾坤三象》及《周易新圖》：不署撰者。可能是有關《周易》的圖。兩《唐志》無載，亡佚。薛景和：生平事迹不詳，所撰圖，兩《唐志》無載，亡佚。顏氏：不詳何人。所撰書兩《唐志》無載，亡佚。

《周易譜》一卷。

不署撰者。《舊唐志》著録《周易略譜》一卷，沈熊撰；《周易譜》一卷，袁宏撰。《新唐志》著録袁宏《略譜》一卷，沈熊《周易譜》一卷。此書的撰者或是沈熊，或是袁宏。《宋志》無載，亡佚。

右六十九部，五百五十一卷。通計亡書，合九十四部，八百二十九卷。

六十九部：實爲七十部。九十四部：存書七十部，亡書實爲三十七部，故爲九十七部。

昔宓羲氏始畫八卦，[1]以通神明之德，[2]以類萬物之情，蓋因而重之，[3]爲六十四卦。[4]及乎三代，實爲三《易》：夏曰《連山》；[5]殷曰《歸藏》；周文王作卦辭，[6]謂之《周易》。周公又作《爻辭》，[7]孔子爲《彖》《象》《繫辭》《文言》《序卦》《説卦》《雜卦》，[8]而子

夏爲之傳。及秦焚書，《周易》獨以卜筮得存，唯失
《説卦》三篇。[9]後河内女子得之。漢初，傳《易》者
有田何，[10]何授丁寬，[11]寬授田王孫，[12]王孫授沛人施
讎、[13]東海孟喜、琅邪梁丘賀。[14]由是有施、孟、梁丘
之學。又有東郡京房，自云受《易》於梁國焦延壽，[15]
別爲京氏學。嘗立，後罷。後漢施、孟、梁丘、京氏，
凡四家並立，而傳者甚衆。漢初又有東萊費直傳《易》，
其本皆古字，號曰《古文易》。以授琅邪王璜，[16]璜授
沛人高相，[17]相以授子康及蘭陵毋將永。[18]故有費氏之
學，行於人間，而未得立。後漢陳元、[19]鄭衆，[20]皆傳
費氏之學。馬融又爲其傳，以授鄭玄。玄作《易注》，
荀爽又作《易傳》。魏代王肅、王弼，並爲之注。自是
費氏大興，高氏遂衰。梁丘、施氏、高氏，亡於西晉。
孟氏、京氏有書無師。梁、陳鄭玄、王弼二注，列於國
學。齊代唯傳鄭義。至隋，王注盛行，鄭學浸微，今殆
絶矣。《歸藏》，漢初已亡，案晉《中經》有之，唯載
卜筮，不似聖人之旨。以本卦尚存，故取貫於《周易》
之首，以備《殷易》之缺。

[1]宓犧：又作包犧，風姓，古代傳説中的三皇之一，相傳其
始作八卦。八卦，是《易》中的八種符號，由陰（ーー）陽（ー）
兩種綫形組成，陰陽是八卦的根本。八卦即乾（天）、震（雷）、
兌（澤）、離（火）、巽（風）、坎（水）、艮（山）、坤（地）。
[2]以通神明之德：此句與下句“以類萬物之情”，出於
《易・繫辭下》。類，類別。情，情狀。
[3]蓋因而重之：重卦爲何人，説法不一。此以爲重卦之人爲

宓羲。参見《周易正義》卷首。

[4]六十四卦：將《易》之八卦，兩兩重複排列爲六十四卦。《易上經》有三十卦，《易下經》有三十四卦。

[5]夏：三代之一。相傳由禹建立，建都安邑。連山，夏《易》爲《連山》，《漢志》《隋志》皆無著録。《周禮·春官·大卜》杜子春注"《連山》伏羲，《歸藏》黄帝"。其疏曰"雲氣出内於山，故名《易》爲《連山》"。

[6]周文王：姬昌，武王父。殷時居岐，一度被囚羑里。獲釋後，爲西方諸侯之長，稱西伯。見《史記》卷四。卦辭，説明六十四卦每卦要義的筮辭，即各卦卦形、卦名後的文辭。

[7]周公：姬旦，文王子。輔助武王滅紂，建立周王朝，封於魯。武王死，成王年幼，周公攝政。見《史記》卷三三。爻辭，説明《易》六十四卦各爻象的文辭。關於爻辭的作者，或曰周文王，或曰周公。本志采後者。

[8]彖象繫辭文言序卦説卦雜卦：即孔子所作十翼，其間《彖》《象》《繫辭》分上下二篇，凡十篇。《史記·孔子世家》首稱十翼爲孔子作，然經後人考證，十翼作者不是一人，大致作於戰國中後期至漢初。

[9]説卦三篇：還應包括《序卦》《雜卦》。王充《論衡·正説》"孝宣帝之時，河内女子發老屋，得逸《易》《禮》《尚書》各一篇，奏之"。《淮南子》曾引《序卦》，司馬遷言及《説卦》，近年馬王堆出土帛書《易》，其中的《繫辭》包括一段《説卦》的内容。由此可以認爲，王充言《易》增加一篇可信，這一篇即是《雜卦》。參見楊伯峻《周易譯注前言》。

[10]田何：淄川（今山東淄博市）人。漢興，由齊徙杜陵，號杜田生。事見《漢書》卷八八。

[11]丁寬：字子襄，梁（今河南虞縣、安徽碭山等地）人。從師田何，又從周王孫受古義。作《易説》。《漢書》卷八八有傳。

[12]田王孫：梁郡碭（今安徽碭山縣）人。從師丁寬學

《易》。事見《漢書》卷八八。

　　[13]施讎：字長卿，沛（今江蘇沛縣）人。從田王孫受《易》。詔拜博士。《漢書》卷八八有傳。

　　[14]梁丘賀：字長翁，琅邪諸（今山東諸城市西南）人。初從京房受《易》，後更事田王孫。官至給事中、少府。《漢書》卷八八有傳。

　　[15]焦延壽：梁人。曾言從孟喜問《易》，然業内人士並不認爲其傳孟氏學。事見《漢書》卷八八。京房從其學，托之孟氏，却自樹一幟。

　　[16]王璜：字平中，琅邪人。能傳費氏學。事見《漢書》卷八八。

　　[17]高相：沛人。專説陰陽灾異，自言出於丁寬。《漢書》卷八八有傳。

　　[18]高康：高相子，以明《易》爲郎。由是《易》有高氏學。毌將永，蘭陵（今山東棗莊市）人，官至豫章都尉。

　　[19]陳元：字長孫，蒼梧廣信（今廣西蒼梧縣）人。少傳父業，習《左氏春秋》。建武初，力主立《左氏傳》博士。後辟司徒歐陽歙府，以病歸家。《後漢書》卷三六有傳。

　　[20]鄭衆：字仲師，河南開封人。精力於學，從父受《左氏春秋》，兼通《易》《詩》。永平八年，持節使匈奴，不爲所屈。建初六年爲大司農。《後漢書》卷三六有傳。

《古文尚書》十三卷。漢臨淮太守孔安國傳。

　　孔安國：孔子十一代孫。漢武帝時博士，官至臨淮太守。以今文讀古文《尚書》，又起其家逸《書》，因遭巫蠱，未立於學官。司馬遷曾從安國問學。事見《史記》卷四七、《漢書》卷八八。尚書，古代史官記君主之言，而形成書。至漢代《尚書》成爲其專名。其内容包括典、謨、訓、誥、誓、命六種體裁。其時代上限斷自唐虞（約前2375），下限屆至秦穆公（前659—前620）。相傳孔子曾對其進行了删減整理。漢興，有伏生傳之《今文尚書》和孔壁所藏《古文尚書》。《古文尚書》用秦小篆以前的文字寫成，武帝時，發現於孔子舊宅壁中。孔安國將其與伏生所傳二十九篇校對，增多了十六篇（一説二十四篇，其中《九共》又分爲九篇），二十四篇和伏生所傳的三十四篇（原二十九篇中的《盤庚》《泰誓》，都分上、中、下三篇。又從《顧命》中分出《康王之誥》一篇）並爲五十八篇，四十六卷。而且用漢隸改寫過，上於朝廷。成帝時，張霸離析二十九篇成百篇，又將各篇前的序言合編成兩篇，即成《百兩篇》獻與朝廷。當局很快即發現這是張霸的僞作，並予以廢黜。但所載百篇《書序》却流傳並盛行，西漢末年已得到學者認可，東漢就被説成是孔子所作，馬融、鄭玄對此説亦持肯定態度。《古文尚書》在西漢未立學官，東漢又無師説，馬融、鄭玄有關著述亦未提及十六逸篇，疑四十六卷之《古文尚書》亡於魏晋間。東晋元帝時，豫章太守梅賾奏上孔安國作傳的《古文尚書》，它比伏生所傳《尚書》增多了二十五篇，又從伏生所傳諸篇中分出五篇，再加上孔安國撰《書序》一篇，共五十九篇，爲四十六卷。陸德明《經典釋文叙録》稱梅賾所上《古文尚書》亡《舜典》一篇，取王肅注《堯典》從慎徽五典以下，分爲《舜典》篇以續之。後范甯變爲今文集注。齊明帝時，吴興姚方興采馬、王之注，造《孔傳舜典》一篇。唐初，孔穎達領銜作《尚書正義》二十卷、陸德明作《經典釋文叙録》皆以此爲底本。今通行的《尚書正義》十三經注疏本、四部叢刊本，就是在此本上作疏，不計孔安國《書序》，共五十八篇，各篇附百篇《書序》及孔安國的《尚書傳》。此書不再單行。本志與《經典釋文叙録》皆著録此書十三卷。宋代吴域、朱熹即懷疑梅賾所獻《古文尚書》和孔安國傳的真實性。清代閻若璩、崔述等直指其僞，基本定案。然而二十世紀出土的簡帛有引用《古文尚書》和《逸周書》的情況，動摇了《古文尚書》即僞書的觀點，對其還須進一步深入研究。

《今字尚書》十四卷。孔安國傳。

　　此書是晋范甯將隸古定本的僞古文《尚書》用當時的楷書改寫的，並作了注。見劉起釪《尚書學史》第 182 頁。

《尚書》十一卷。

　　《後漢書·儒林傳》"扶風杜林傳《古文尚書》，林同郡賈逵爲之作訓，馬融作傳"。此傳當即此書。《經典釋文叙錄》著錄十一卷，兩《唐志》著錄十卷，《宋志》無載，亡佚。清王謨、馬國翰有輯本。

《尚書》九卷。鄭玄注。

　　《後漢書·儒林傳》曰"鄭玄注解，由是《古文尚書》遂顯於世"。《經典釋文叙錄》、兩《唐志》皆有著錄。《宋志》無載，亡佚。有宋王應麟輯、清孔廣林增訂本，有王應麟輯、清孫星衍補輯本，又有清黃奭、袁鈞輯本。

《尚書》十一卷。王肅注。

　　《經典釋文叙錄》曰"王肅亦注今文，而解大與古文相類。或肅私見《孔傳》而祕之乎"。《日本國見在書目錄》著錄《今文尚書》十卷，王肅注。兩《唐志》著錄十卷，《宋志》無載，亡佚。清有馬國翰、王仁俊輯本。

《尚書》十五卷。晋祠部郎謝沈撰。

　　謝沈：字行思，會稽山陰（今浙江紹興市）人。博學多識，明練經史。康帝時，除尚書度支郎，遷著作郎。《晋書》卷八二有傳。本志經、史、集部尚有其五部著述。此書《經典釋文叙錄》著錄十五卷，兩《唐志》著錄十三卷，《宋志》無載，亡佚。

《集解尚書》十一卷。李顒注。

　　《經典釋文叙録》、兩《唐志》皆著録十卷，《宋志》無載，亡佚。清王仁俊有輯本。

《集釋尚書》十一卷。宋給事中姜道盛注。

　　姜道盛：天水（今甘肅天水市）人。任晋壽太守討仇池有功，又稱建武將軍。其注《尚書》行於世。見《宋書》卷四七及卷九八、《經典釋文叙録》。《經典釋文叙録》、兩《唐志》皆著録十卷，《宋志》無載，亡佚。

《古文尚書舜典》一卷。晋豫章太守范甯注。梁有《尚書》十卷，范甯注，亡。

　　范甯：字武子，南陽順陽（今河南淅川縣南）人。初爲餘杭令，遷臨淮太守，封陽遂鄉侯。作《春秋穀梁傳集解》。《晋書》卷七五有傳。本志經、集部尚有其二部著述。范甯爲僞《古文尚書》作注十卷，至唐初亡，唯傳其所注《舜典》一卷。《經典釋文叙録》稱俗間把范甯注的《舜典》補入僞《孔氏傳》中。然齊明帝時，姚方興采王肅、馬融注造《孔傳舜典》。後《孔氏傳》爲正，《舜典》一篇仍用王肅注，故此書亡佚。見《尚書學史》第182頁。清馬國翰輯《古文尚書舜典注》一卷，王仁俊輯《書范氏集解》一卷。

《尚書亡篇序》一卷。梁五經博士劉叔嗣注。梁有《尚書》二十一卷，劉叔嗣注；又有《尚書新集序》一卷，亡。

　　劉叔嗣：生平事迹不詳。兩《唐志》皆無載，亡佚。

《尚書逸篇》二卷。

不署撰者。本志書類序曰《尚書逸篇》，出於齊、梁之間。《新唐志》著錄晉、宋間人徐邈注《尚書逸篇》三卷。

《古文尚書音》一卷。徐邈撰。梁有《尚書音》五卷，孔安國、鄭玄、李軌、徐邈等撰。

《經典釋文叙錄》言梅頤上僞孔傳《古文尚書》，徐邈即音此本。兩《唐志》無載，亡佚。清馬國翰有輯本。《尚書音》五卷的四位撰者處於不同時代，而《經典釋文叙錄》又曰，"漢人不作音"。疑此書爲後人編輯。兩《唐志》無載，亡佚。

《今文尚書音》一卷。秘書學士顧彪撰。

顧彪：字仲文，餘杭（今浙江杭州市）人。明《尚書》《春秋》。隋煬帝時爲五經博士，撰《古文尚書義疏》，行於世。《隋書》卷七五、《北史》卷八二有傳。本志本部尚有其三部著述。兩《唐志》著錄《古文尚書音義》五卷。下又著錄《大傳音》二卷，而《大傳》當指今文，故此處應爲《古文尚書音》。《宋志》無載，亡佚。

《尚書大傳》三卷。鄭玄注。

此書《漢志》著錄《傳》四十一篇。《經典釋文叙錄》著錄《尚書大傳》三卷，伏生作。此書（《中興館閣書目》稱鄭玄將四十一篇析爲八十三篇）。《舊唐志》著錄《尚書暢訓》三卷，伏勝注。《新唐志》著錄伏勝注《大傳》三卷，又《暢訓》一卷。《宋志》著錄伏勝《大傳》三卷，鄭玄注。《郡齋讀書志》卷一有著錄。清《四庫全書總目》卷一二著錄《尚書大傳》四卷，鄭玄注，《補遺》一卷，惠棟撰。稱此書"實則張生、歐陽生等所述，特源出於勝，而非勝自撰也"。此書今流傳有杭州本三卷、揚州本四卷，而《書目答問》則著錄《尚書大傳》定本八卷。此書現存較好的本子有清惠棟紅豆齋抄本、雅雨堂叢書本。

《大傳音》二卷。顧彪撰。

此應是顧彪所作《今文尚書音》。

《尚書洪範五行傳論》十一卷。漢光禄大夫劉向注。

《漢書·劉向傳》載，劉向以《洪範五行傳論》，奏之。本志本類序曰"濟南伏生之傳，唯劉向父子所著《五行傳》，是其本法，而又多乖戾"。《漢志》著録劉向《五行傳記》十一卷，班固自注曰"入劉向《稽疑》一篇"。兩《唐志》有著録，《宋志》無載，亡佚。清王謨、黄奭、陳壽祺有輯本。

《尚書駁議》五卷。王肅撰。梁有《尚書義問》三卷，鄭玄、王肅及晋五經博士孔晁撰；《尚書釋問》四卷，魏侍中王粲撰；《尚書王氏傳問》二卷；《尚書義》二卷，吴太尉范順問，劉毅答。亡。

兩《唐志》著録《尚書釋駁》五卷，王肅撰。《宋志》無載，亡佚。《舊唐志》著録《尚書答問》三卷，王肅注；《新唐志》著録王肅、孔安國《尚書答問》三卷。疑孔安國爲孔晁之誤，孔晁：生平事迹不詳。王粲：字仲宣，山陽高平（今山東金鄉縣）人。漢末投劉表，魏時拜侍中。博物多識，著詩、賦、論、議多篇。《三國志》卷二一有傳。本志史、子、集部尚有其三部著述。兩《唐志》著録《尚書釋問》四卷，王粲問，田瓊、韓益正。《尚書王氏傳問》：不署撰者。范順：《三國志·孫登傳》載，范慎爲太子孫登賓客。裴注引《吴録》"慎字孝敬，廣陵人……以爲太尉"。順、慎古通用，此范順即《孫登傳》言之范慎。劉毅：生平事迹不詳。

《尚書新釋》二卷。李顒撰。

兩《唐志》有著録，《宋志》無載，亡佚。

《尚書百問》一卷。齊太學博士顧歡撰。

顧歡：字景怡，一字玄平，吳郡鹽官（今浙江海寧市）人。事黃老道，能解陰陽，注王弼《易·繫辭》，學者傳之。《南齊書》卷五四、《南史》卷七五有傳。本志經、子、集部尚有其五部著述。兩《唐志》有著録，《宋志》無載，亡佚。

《尚書大義》二十卷。梁武帝撰。

《南史·劉之遴傳》稱《尚書》有武帝義疏。兩《唐志》無載，亡佚。

《尚書百釋》三卷。梁國子助教巢猗撰。

巢猗：生平事迹不詳。《日本國見在書目録》、兩《唐志》有著録，《宋志》無載，亡佚。

《尚書義》三卷。巢猗撰。

兩《唐志》著録《尚書義疏》十卷，巢猗撰。《宋志》無載，亡佚。

《尚書義疏》十卷。梁國子助教費甝撰。梁有《尚書義疏》四卷，晉樂安王友伊説撰，亡。

費甝（hán）：江夏（今湖北武漢市）人。北齊儒士罕傳《尚書》，武平末年，劉焯、劉炫始獲費甝《義疏》。見《北史·儒林傳序》《經典釋文叙録》。《日本國見在書目録》、兩《唐志》有著録，《宋志》無載，亡佚。晉樂安王：司馬鑒，字大明，司馬昭之子。武帝爲其高選師友，伊説當爲其一。伊説：生平事迹不詳。本志經部尚有一部伊説之作。兩《唐志》著録伊説《尚書釋義》四卷,《宋志》無載，亡佚。

《尚書義疏》三十卷。蕭詧司徒蔡大寶撰。

蔡大寶：字敬位，濟陽考城（今河南蘭考縣）人。輔蕭詧，徵爲侍中、尚書令。蕭巋嗣位，授司空等職。卒，贈司徒，諡曰文凱。所著《尚書義疏》行於世。《周書》卷四八、《北史》卷九三有傳。兩《唐志》有著録，《宋志》無載，亡佚。

《尚書義注》三卷。呂文優撰。

呂文優：生平事迹不詳。兩《唐志》有著録，《宋志》無載，亡佚。

《尚書義疏》七卷。

不署撰者。《舊唐志》著録劉焯撰《尚書義疏》二十卷、《新唐志》著録劉焯《尚書義疏》三十卷，疑此書是爲劉焯所著之殘本。

《尚書述義》二十卷。國子助教劉炫撰。

劉炫：字光伯，河間景城（今河北滄州市）人。隋牛弘求天下書，劉炫僞造書百餘卷，上呈。後有人訟之，除名歸家，以教授爲務。隋末，凍餓而死，時年六十八。《隋書》卷七五、《北史》卷八二有傳。本志本部尚有其五部著述。兩《唐志》有著録，《宋志》無載，亡佚。

《尚書疏》二十卷。顧彪撰。

兩《唐志》無載，亡佚。

《尚書閏義》一卷。

不署撰者。兩《唐志》無載，亡佚。

《尚書義》三卷。劉先生撰。

劉先生：缺名，不知何人。兩《唐志》無載，亡佚。

《尚書釋問》一卷。虞氏撰。

虞氏：缺名，不詳何人。兩《唐志》無載，亡佚。

《尚書文外義》一卷。顧彪撰。

此書《舊唐志》著録爲三十卷，《新唐志》著録爲一卷。《宋志》無載，亡佚。

右三十二部，二百四十七卷。通計亡書，合四十一部，共二百九十六卷。

《書》之所興，蓋與文字俱起。孔子觀《書》周室，得虞、夏、商、周四代之典，[1]删其善者，上自虞，下至周，爲百篇，編而序之。遭秦滅學，至漢，唯濟南伏生口傳二十八篇。[2]又河内女子得《泰誓》一篇，獻之。伏生作《尚書傳》四十一篇，[3]以授同郡張生，[4]張生授千乘歐陽生，[5]歐陽生授同郡兒寬，[6]寬授歐陽生之子，世世傳之，至曾孫歐陽高，[7]謂之《尚書》歐陽之學。又有夏侯都尉，[8]受業於張生，以授族子始昌，[9]始昌傳族子勝，[10]爲大夏侯之學。勝傳從子建，[11]別爲小夏侯之學。故有歐陽，大、小夏侯，三家並立。訖漢東京，相傳不絶，而歐陽最盛。初漢武帝時，魯恭王壞孔子舊宅，[12]得其末孫惠所藏之書，[13]字皆古文。孔安國以今文校之，得二十五篇。[14]其《泰誓》與河內女子所獻不同。又濟南伏生所誦，有五篇相合。[15]安國並依古文，開其篇第，以隸古字寫之，[16]合成五十八篇。其餘篇簡錯亂，不可復讀，並送之官府。安國又爲五十八篇作傳，[17]會巫蠱事起，[18]不得奏上，私傳其業於都尉朝，[19]朝授膠東庸生，[20]謂之《尚書》古文之學，而未得立。後漢扶風杜林，[21]傳《古文尚書》，同郡賈逵爲之作訓，馬融作傳，鄭玄亦爲之注。然其所傳，唯二十九篇，又雜以今文，非孔舊本。[22]自餘絕無師說。

[1]虞：此指虞舜。姚姓，有虞氏，名重華。由四岳舉薦於堯，年五十攝行天下大事，天下大治。年六十一繼堯位，都於蒲阪，在位三十九年，南巡，死於蒼梧之野。見《史記·五帝本紀》。

[2]伏生：或曰名勝，濟南（今山東濟南市）人。秦博士，秦時禁《書》，伏生壁藏之。漢興，獨得二十九篇，教於齊、魯間。本書卷八八有傳。

[3]四十一篇：《漢志》有著錄，《經典釋文敘錄》稱《尚書大傳》三卷，伏生作。本志著錄《尚書大傳》三卷，鄭玄注。

[4]張生：濟南人，從伏生受《尚書》，爲博士。事見《漢書·儒林傳》。

[5]歐陽生：字伯和，千乘（今山東高青縣）人，事伏生，授倪寬。見《漢書·儒林傳》

[6]兒（ní）寬：治《尚書》，事歐陽生。又受業孔安國，與司馬遷等共定漢《太初曆》。至御史大夫，以官卒。《漢書》卷五八有傳。

[7]歐陽高：字子陽，爲博士。其後人爲王莽講學大夫，由是《尚書》世有歐陽之學。事見《漢書·儒林傳》。

[8]夏侯都尉：缺名，從張生受《尚書》，授於族子始昌。

[9]夏侯始昌：魯人。通五經，以《齊詩》《尚書》教授。深得漢武帝器重，爲昌邑王太傅。《漢書》卷七五有傳。

[10]勝：夏侯勝字長公。從始昌受《尚書》及《洪範五行傳》。宣帝朝，爲太子太傅。受詔撰《尚書》《論語》説。爲大夏侯之學。《漢書》卷七五有傳。

[11]夏侯建：字長卿，勝從父子。師事勝及歐陽高，爲小夏侯之學。官至太子太傅。《漢書》卷七五有傳。

[12]魯恭王：劉餘，漢景帝子。治宮室壞孔子舊宅，於其壁中得古文經傳。《漢書》卷五三有傳。

[13]惠：孔子第九代孫孔惠，《孔子家語》作孔騰，字子襄。畏秦法峻急，藏《尚書》《孝經》《論語》於夫子舊堂壁中。或曰諸書爲其兄弟孔鮒所藏。

[14]得二十五篇：《漢志》作“多十六篇”，此指《逸書》。此作二十五篇，疑爲牽合僞《古文尚書》的篇數。

[15]有五篇相合：《經典釋文叙錄》作“又伏生誤合五篇”。據《文選》卷四五孔安國《尚書序》“伏生又以《舜典》合於《堯典》，《益稷》合於《皋陶謨》，《盤庚》三篇合爲一，《康王之誥》合於《顧命》，復出此篇並序，凡五十九篇”。

[16]以隸古字寫之：即以隸書寫定古文。

[17]又爲五十八篇作傳：孔安國爲《古文尚書》作傳，未見漢代記載，而《經典釋文叙錄》與《史通》有載。有關記載稱，孔安國所傳乃今文《尚書》，但他又以今文解讀古文《尚書》，使其得以流傳。

[18]巫蠱：巫師使用邪術加禍於人爲巫蠱。此指漢武帝病，江充以巫蠱陷害太子劉據事。

[19]都尉朝：姓都尉，名朝。《漢書·儒林傳》稱，孔安國爲諫大夫，授都尉朝《古文尚書》。

[20]庸生：膠東（今山東平度市）人。從都尉朝受《古文尚

書》。以明《穀梁春秋》爲博士、部刺史，又傳《左氏》。見《漢書》卷八八。

[21]杜林：字伯山，扶風茂陵（今陝西興平市）人。博洽多聞，時稱通儒。於西州獲漆書《古文尚書》一卷，得衞宏、徐益重之，《古文尚書》遂行。官至大司空。《後漢書》卷二七有傳。本志經部有其著述一部。

[22]非孔舊本：杜林所得漆書僅一卷，而杜林本却有二十九篇。孔舊本比今文《尚書》多十六篇《逸書》，此杜本則無，故杜林本不是西漢以來流傳的孔氏《古文尚書》。參見《尚書學史》第129頁。

晉世祕府所存，有《古文尚書》經文，今無有傳者。及永嘉之亂，[1]歐陽，大、小夏侯《尚書》並亡。濟南伏生之傳，唯劉向父子所著《五行傳》，是其本法，[2]而又多乖戾。至東晉，豫章内史梅賾，[3]始得安國之傳，奏之，時又闕《舜典》一篇。齊建武中，[4]吳姚方興，[5]於大桁市得其書，[6]奏上，比馬、鄭所注，多二十八字，[7]於是始列國學。梁、陳所講，有孔、鄭二家，齊代唯傳鄭義。至隋，孔、鄭並行，而鄭氏甚微。自餘所存，無復師説。又有《尚書逸篇》，出於齊、梁之間，考其篇目，似孔壁中書之殘缺者，故附《尚書》之末。

[1]永嘉：晉懷帝司馬熾年號（307—313）。
[2]是其本法：以其原法則爲是。
[3]梅賾：字仲真，汝南（今湖北武漢市）人。造僞孔氏《古文尚書傳》。見《經典釋文叙録》。
[4]建武：齊明帝蕭鸞年號（494—498）。

　　[5]姚方興：吳興（今浙江湖州市）人。采馬、王之注，僞造一篇孔傳《舜典》，稱購自大桁。見《經典釋文叙錄》。

　　[6]大桁（héng）：疑爲地名。

　　[7]多二十八字：即“曰若稽古帝舜曰重華協於帝濬哲文明溫恭允塞玄德升聞乃命以位”，對於前十二字，《尚書正義》曰“此十二字是姚方興所上，《孔氏傳》本無”。後十六字，清臧琳、王鳴盛等論定爲劉炫所加。參見《尚書學史》第 182 頁。

《韓詩》二十二卷。漢常山太傅韓嬰，薛氏章句。

　　《詩經》是中國最早的詩歌總集。由孔子删定，卜商爲序。漢代經、傳別行。十五國風十五卷，小雅七十四篇爲七卷，大雅三十一篇爲三卷，周頌三十一篇爲三卷，魯、商頌各爲一卷，共三十卷。1977 年安徽阜陽雙古堆一號漢墓出土 170 枚《詩經》簡片，有國風、小雅兩種。國風祇有《檜風》未見，計有殘詩 65 首（有的僅存篇名）。小雅祇有《鹿鳴之什》中四首詩的殘句，與近本《毛詩》多有不同。《漢書·儒林傳》“言《詩》，於魯則申培公，於齊則轅固生，燕則韓太傅”。韓嬰：又稱韓生，燕（今河北境内）人。景帝朝爲常山王太傅。推《詩》之意而爲《内》《外傳》數萬言。《史記》卷一二一有傳，又見《漢書》卷七一。本志經部尚有一部韓嬰著述。《漢志》著錄《韓故》三十六卷、《韓内傳》四卷、《韓外傳》六卷、《韓説》四十一卷，皆無撰者。除《韓外傳》外，書名和卷數皆與此書不同，難以確定它們之間的承接關係。薛氏：《後漢書》卷七九下有記載，薛漢字公子，淮陽人也。世習《韓詩》，父子以章句著名。後坐楚事辭相連，下獄死。又載，杜撫字叔和，少有高才，受業於薛漢，定《韓詩章句》。可以推測薛氏即爲薛漢，其所撰《章句》由弟子杜撫最後完成。《舊唐志》著錄《韓詩》二十卷，卜商序，韓嬰撰。《新唐志》著錄《韓詩》卜商序，韓嬰注二十二卷。《宋志》無載，亡佚。宋王應麟，清王謨、黄奭、蔣曰豫、馬國翰、阮元、嚴可均，近代龍璋有輯本。

《韓詩翼要》十卷。漢侯苞傳。

侯苞：《漢書・揚雄傳》載，鉅鹿侯芭從揚雄居，揚雄死後，爲其起墳，喪之三年。本志子部著録漢侯苞注《揚子法言》六卷。"芭""苞"形近、義近，疑侯芭即侯苞。《舊唐志》著録《韓詩翼要》十卷，卜商撰。韓詩起自漢，卜商是先秦人，不可能作有關韓詩的著述。《新唐志》著録卜商《集序》二卷，又《翼要》十卷，雖然錯誤不似《舊唐志》明顯，但也難認定卜商有《翼要》之作。此書《宋志》無載，亡佚。清王謨、馬國翰、王仁俊有輯本。

《韓詩外傳》十卷。梁有《韓詩譜》二卷，《詩神泉》一卷，漢有道徵士趙曄撰，亡。

《漢志》著録《韓外傳》六卷，本志作十卷，蓋後人所分。《四庫全書總目》卷一六言，其書雜引古事古語，證以詩詞，與經義不相比附。章學誠《校讎通義・内篇》稱，其記春秋時事，與《詩》意相去甚遠。故曰《外傳》。考《文選》注、《藝文類聚》、《太平御覽》等引《外傳》文，今本無，疑今傳本此書非全帙。現存最早的本子是元至正十五年嘉興路儒學刻明修本。通行本爲四庫本、四部叢刊本。趙曄：字長君，會稽山陰（今浙江紹興市）人。從杜撫受《韓詩》。舉有道。著有《吳越春秋》《詩細》《歷神淵》。《後漢書》卷七九下有傳。本志史部尚有趙曄一部著述。有道，漢代選舉科目之一。朱彝尊《經義考》言，《詩細》，《七録》作《詩譜》二卷；《歷神泉》，《後漢書》作《歷神淵》。此作《詩神泉》，"詩"爲"歷"之誤，"泉"乃唐人爲避李淵諱而改。

《毛詩》二十卷。漢河間太傅毛萇傳，鄭氏箋。梁有《毛詩》十卷，馬融注，亡。

　　《漢志》著録《毛詩》二十九卷。《毛詩故訓傳》三十卷。《毛詩》經文二十八卷，因《毛詩序》別爲一卷，故爲二十九卷。《詩經》中列於各篇之前，説明詩之大意者，爲小序；而連在首篇小序之後，概言全經主旨者，爲大序。對於《詩序》的作者歷來有四種説法，至今未有定論，宋朱熹甚至認爲《詩序》是僞作，《詩集傳》不予采用。《毛詩故訓傳》未著毛公名，《後漢書·儒林傳》始言“趙人毛萇傳《詩》”。鄭玄爲其作箋發明毛義，而且并卷，故此書作二十卷，署毛萇傳。陸璣《毛詩草木蟲魚疏》曰，“……荀卿授魯國毛亨，亨作《訓詁傳》，以授趙國毛萇。時人謂亨爲大毛公，萇爲小毛公，以其所傳故名其《詩》曰《毛詩》”。《四庫全書總目》卷一五“今參稽衆説，定作傳者爲毛亨，《隋志》題毛萇，誤也”。然今存《毛詩》皆署毛萇傳，鄭玄箋，陸德明釋文。唐孔穎達等作《毛詩正義》即以此爲底本。《舊唐志》著録《毛詩》十卷，毛萇撰；《新唐志》著録毛萇《傳》十卷。此書現存最早刻本爲北宋本，通行本爲十三經注疏本《毛詩正義》。《毛詩》十卷：《經典釋文叙録》有著録，並曰“無下帙”。清有黄奭、馬國翰輯本。

　　《毛詩》二十卷。王肅注。梁有《毛詩》二十卷，鄭玄、王肅合注；《毛詩》二十卷，謝沈注；《毛詩》二十卷，晋兖州別駕江熙注。亡。

　　《經典釋文叙録》“魏太常王肅更述毛非鄭”。兩《唐志》皆著録王肅注《毛詩》二十卷，《宋志》無載，亡佚。清黄奭、馬國翰有輯本。鄭玄王肅合注：馬國翰《王注輯本序》“蓋魏晋人取肅注次鄭箋後，以便觀覽，非肅別有注也”。謝沈注：《經典釋文叙録》有著録。江熙：字太和，濟陽（今河南蘭考縣）人，東晋兖州別駕。其注《毛詩》，《經典釋文叙録》亦有著録。

《集注毛詩》二十四卷。梁桂州刺史崔靈恩注。梁有《毛詩序》一卷，梁隱居先生陶弘景注，亡。

崔靈恩：清河東武城（今山東武城縣）人。少篤學，遍習五經，尤精《三禮》《三傳》。天監歸梁，累遷步兵校尉，兼國子博士。出爲桂州刺史，卒官。有《集注毛詩》等諸多著述。《梁書》卷四八、《南史》卷七一有傳。本志經部尚有崔靈恩六部著述。兩《唐志》有著録，《宋志》無載，亡佚。清馬國翰、王仁俊有輯本。
陶弘景：字通明，丹陽秣陵（今江蘇南京市）人。自號華陽隱居。好著述，老而彌篤。大同二年卒，詔贈中散大夫，諡貞白先生。《梁書》卷五一、《南史》卷七六有傳。本志經、子、集部尚有陶弘景十一部著述。《毛詩序》，兩《唐志》無載，亡佚。

《毛詩箋音證》十卷。後魏太常卿劉芳撰。梁有《毛詩音》十六卷，徐邈等撰；《毛詩音》二卷，徐邈撰；《毛詩音隱》一卷，干氏撰。亡。

劉芳：字伯文，彭城（今江蘇徐州市）人，楚元王劉交之後。官至侍中、太常卿。劉芳特精經義，博聞强記，尤長音訓，辨析無疑。撰有《毛詩箋音證》等多種著述。《魏書》卷五五、《北史》卷四二有傳。本志經、史部尚有劉芳二部著述。此書兩《唐志》無載，亡佚。清朱彝尊、王謨、馬國翰有輯本。《毛詩音》十六卷：《經典釋文叙録》稱，爲《詩》音者九人，鄭玄、徐邈、蔡氏、孔氏、阮侃、王肅、江惇、干寶、李軌。兩《唐志》著録鄭玄等注《毛詩諸家音》十五卷，疑即此書。《毛詩音》二卷：兩《唐志》無載，可能已統入《毛詩音》十六卷中，而《日本國見在書目録》著録《毛詩音義》一卷，徐仙民撰。清馬國翰有輯本。干氏：疑爲干寶。其書兩《唐志》無載，亡佚。

《毛詩并注音》八卷。秘書學士魯世達撰。

魯世達：餘杭（今浙江杭州市）人。隋大業元年，爲國子助教，撰《毛詩章句義疏》四十二卷，行於世。《隋書》卷七五有傳。本志經部尚有一部魯世達之作。兩《唐志》著錄魯世達《毛詩音義》二卷，應即此書。《宋志》無載，亡佚。

《毛詩譜》三卷。吳太常卿徐整撰。

徐整：字文操，豫章（今江西南昌市）人，吳太常卿。熟知《毛詩》傳承。見《經典釋文叙錄》。本志經、史部尚有徐整兩部著述。兩《唐志》無載此書，而著錄鄭玄《毛詩譜》二卷。《經典釋文叙錄》著錄鄭玄《詩譜》二卷，徐整暢、太叔裘隱。清王謨、馬國翰有輯本。

《毛詩譜》二卷。太叔求及劉炫注。

太叔求：或作太叔裘，生平事迹不詳。《日本國見在書目錄》著錄《毛詩譜序》一卷，鄭玄撰、太叔求撰。此書出自劉炫，疑此即劉炫爲太叔求所撰作的注。

《謝氏毛詩譜鈔》一卷。梁有《毛詩雜議難》十卷，漢侍中賈逵撰，亡。

謝氏：不詳何人。兩《唐志》無載，亡佚。賈逵：字景伯，扶風平陵（今陝西咸陽市西）人。父徽通《左氏春秋》，兼習《國語》《周官》，又受《古文尚書》《毛詩》，逵悉傳父業。受詔撰《歐陽大小夏侯尚書古文同異》、撰《齊魯韓詩與毛詩異同》，所著經傳義詁及論難百餘萬言。官至侍中、領騎都尉。《後漢書》卷三六有傳。本志經、集部尚有賈逵四部著述。其書兩《唐志》無載，亡佚。

《毛詩義問》十卷。魏太子文學劉楨撰。

劉楨：字公幹，東平（今山東東平縣）人。曹丕和曹植皆好文學，王粲、徐幹、孔琳、阮瑀、應瑒、劉楨並見友善。被曹操辟爲丞相掾屬，官至魏太子文學。建安二十二年卒。事見《三國志》卷二〇，本志集部尚有一部劉楨之作。兩《唐志》著録此書，《宋志》無載，亡佚。清王謨、馬國翰有輯本。

《毛詩義駁》八卷。王肅撰。

兩《唐志》有著録，皆作《毛詩雜義駁》八卷，《宋志》無載，亡佚。清馬國翰有輯本。

《毛詩奏事》一卷。王肅撰。有《毛詩問難》二卷，王肅撰，亡。

兩《唐志》無載，亡佚。清馬國翰有輯本。《毛詩問難》二卷，兩《唐志》皆有著録，《宋志》無載，亡佚。清馬國翰有輯本。

《毛詩駁》一卷。魏司空王基撰，殘缺。梁五卷。又有《毛詩答問》《駁譜》，合八卷；又《毛詩釋義》十卷，謝沈撰；《毛詩義》四卷，《毛詩箋傳是非》二卷，並魏秘書郎劉瓛撰；《毛詩答雜問》七卷，吳侍中韋昭、侍中朱育等撰；《毛詩義注》四卷。亡。

王基：字伯輿，東萊曲城（今山東萊州市）人。黃初中，除郎中。王肅著諸經傳解及定朝儀，改易鄭玄舊説，王基據持玄義，常與抗衡。累官尚書、都督荊州諸軍事。景元二年卒，謚曰景侯。《三國志》卷二七有傳。本志史、子部尚有王基二部著述。此書兩《唐志》有著録，《宋志》無載，亡佚。清黃奭、馬國翰有輯本。《毛詩答問》《駁譜》：不署撰者，疑亦王基所作。《毛詩釋義》：兩《唐志》有著録，《宋志》無載，亡佚。劉瓛：不詳何人。所撰二書，兩《唐志》皆無載，亡佚。韋昭：字弘嗣，因避諱或作韋曜，吳郡雲陽（今江蘇丹陽市）人。少好學，能屬文。孫皓即位，封高陵亭侯，爲侍中，常領左國史。後因觸犯龍顏，於鳳凰二年下獄被誅。《三國志》卷六五有傳。本志經、史部尚有七部韋昭著述。朱育：據《三國志·虞翻傳》裴注引《會稽典録》，朱育山陰（今浙江紹興市）人，仕吳，遥拜清河太守，加位侍中。本志經、史部尚有三部朱育之作。兩《唐志》著録此書，作《毛詩雜答問》五卷，不署撰者。《宋志》無載，亡佚。清王謨、馬國翰有輯本。《毛詩義注》：不署撰者。兩《唐志》著録《毛詩義注》五卷，亦無撰者名，疑即此書。

《毛詩異同評》十卷。晋長沙太守孫毓撰。

孫毓：《經典釋文叙録》稱其字休朗，北海平昌（今山東安丘市）人，長沙太守。而《三國志·臧霸傳》載，孫毓，孫觀子，泰山人。官至青州刺史。本志經、子、集部尚有孫毓五部著述。兩《唐志》有著録，《宋志》無載，亡佚。清王謨、黃奭、馬國翰、吳騫有輯本。

《難孫氏毛詩評》四卷。晋徐州從事陳統撰。梁有《毛詩表隱》二卷，陳統撰，亡。

陳統：《經典釋文叙録》稱其字元方。撰此書難孫申鄭。本志經、集部尚有二部陳統著述。兩《唐志》有著録，《宋志》無載，亡佚。清馬國翰有輯本。《毛詩表隱》：兩《唐志》有著録，然《舊唐志》失撰者名。

《毛詩拾遺》一卷。郭璞撰。梁又有《毛詩略》四卷，亡。

郭璞：字景純，河東聞喜（今山西聞喜縣）人。好經術，博學有高才。元帝時，爲尚書郎。王敦起用其爲記室參軍，因觸怒王敦被殺。《晋書》卷七二有傳。本志經、史、子、集部尚有九部郭璞著述。兩《唐志》無載此書，亡佚。清馬國翰有輯本。《毛詩略》：兩《唐志》無載，亡佚。

《毛詩辨異》三卷。晉給事郎楊乂撰。梁有《毛詩背隱義》二卷，宋中散大夫徐廣撰；《毛詩引辨》一卷，宋奉朝請孫暢之撰；《毛詩釋》一卷，宋金紫光禄大夫何偃撰；《毛詩檢漏義》二卷，梁給事郎謝曇濟撰；《毛詩總集》六卷、《毛詩隱義》十卷，並梁處士何胤撰。亡。

　　兩《唐志》著録《毛詩辨》三卷，楊乂撰，即爲此書。《宋志》無載，亡佚。徐廣：字野民，東莞姑幕（今山東諸城市）人，徐邈之弟。好學，百家數術無不研覽。義熙年間，受敕撰修國史。官歷大司農、秘書監。《晉書》卷八二、《宋書》卷五五、《南史》卷三三有傳。本志經、史、集部尚有徐廣八部著述。此書名《毛詩背隱義》，背隱義之義，即揭前人隱而未發之義。兩《唐志》無載，亡佚。孫暢之：生平事迹不詳。本志經、子部尚有孫暢之著述二部。所撰書兩《唐志》無載，亡佚。何偃：字仲弘，廬江灊（今安徽霍山縣）人。世祖即位，除大司馬長史，遷侍中，領太子中庶子。素好談玄，注《莊子逍遥篇》傳於世。《宋書》卷五九、《南史》卷三〇有傳。本志集部有何偃一部著述。此書兩《唐志》無載，亡佚。謝曇濟：據《南齊書·周顒傳》載，謝曇濟官爲給事中。所撰書兩《唐志》無載，亡佚。《毛詩總集》《毛詩隱義》：《梁書》卷五一《何胤傳》有記載。兩《唐志》無載，亡佚。

《毛詩異義》二卷。楊乂撰。梁有《毛詩雜義》五卷，楊乂撰；《毛詩義疏》十卷，謝沈撰；《毛詩雜義》四卷，晉江州刺史殷仲堪撰；《毛詩義疏》五卷，張氏撰。亡。

　　《毛詩異義》：兩《唐志》無載，亡佚。殷仲堪：陳郡（今河南境內）人。能清言談理，與韓康伯齊名。孝武帝召爲太子中庶子，後爲荆州刺史，假節鎮江陵。終爲桓玄所獲，被逼自殺。《晋書》卷八二有傳。本志經、子、集部尚有殷仲堪五部著述。張氏：缺名，不詳何人。兩《唐志》有載，《宋志》無載，亡佚。

《毛詩集解叙義》一卷。顧歡等撰。

　　兩《唐志》無載，亡佚。

《毛詩序義》二卷。宋通直郎雷次宗撰。梁有《毛詩義》一卷，雷次宗撰；《毛詩序注》一卷，宋交州刺史阮珍之撰；《毛詩序義》七卷，孫暢之撰。亡。

　　雷次宗：字仲倫，豫章南昌（今江西南昌市）人。篤志好學，尤明三禮、《毛詩》。隱退不受徵辟，後徵詣京師。《宋書》卷九三、《南史》卷七五有傳。本志經、史、子部尚有四部雷次宗之作。兩《唐志》無載，亡佚。阮珍之：生平事迹不詳。兩《唐志》無載，亡佚。

《毛詩集小序》一卷。劉炫注。

　　兩《唐志》無載，亡佚。

《毛詩序義疏》一卷。劉瓛等撰，殘缺。梁三卷。梁有《毛詩篇次義》一卷，劉瓛撰；《毛詩雜義注》三卷。亡。

　　《經典釋文叙錄》曰，"宋徵士雁門周續之、豫章雷次宗、齊沛國劉瓛並爲《詩序義》"。即三人合作此書。兩《唐志》有著錄，作《毛詩序義》一卷，劉氏撰。《宋志》無載，亡佚。清馬國翰有輯本。

《毛詩發題序義》一卷。梁武帝撰。

　　兩《唐志》無載，亡佚。

《毛詩大義》十一卷。梁武帝撰。梁有《毛詩十五國風義》二十卷，梁簡文撰。

　　兩《唐志》無載，亡佚。梁簡文：蕭綱，字世纘，梁武帝第三子。武帝崩，即帝位，改元大寶。第二年被侯景廢爲晋安王，幽於永福省，十月被弒。簡文幼而聰睿，長而好學，有諸多著述行世。《梁書》卷四、《南史》卷八有傳。本志經、子、集尚有其八部著述。兩《唐志》無載，亡佚。清馬國翰有《毛詩十五國風義》輯本。

《毛詩大義》十三卷。

　　不署撰者。兩《唐志》無載，亡佚。

《毛詩草木蟲魚疏》二卷。烏程令吳郡陸璣撰。

　　陸璣：本志原作陸機。《經典釋文叙録》曰，“陸璣《毛詩草木蟲魚疏》二卷，字元恪，吳郡（今江蘇境内）人。吳太子中庶子、烏程令”。《崇文總目》稱，《毛詩草木蟲魚疏》二卷，吳太子中庶子、烏程令陸璣撰。世或以璣爲機，非也。機自爲晋人，本不治《詩》。今應以璣爲正。兩《唐志》著録此書爲陸璣撰。《四庫全書總目》卷一五稱，璣去古未遠，所言猶不甚失真，《詩正義》全用其説。此書現存較早的本子爲明汲古閣刻津逮秘書本，通行本爲四庫本。

《毛詩義疏》二十卷。舒援撰。

　　舒援：生平事迹不詳。孔穎達《毛詩正義序》曰“近代爲義疏者有全緩、和胤、舒瑗……”。“援”“瑗”難辨是非。兩《唐志》無載，亡佚。清馬國翰有輯本。

《毛詩誼府》三卷。後魏安豐王元延明撰。

　　元延明：博極群書，兼有文藻，與中山王熙、臨淮王彧等，並以才學令望有名於世。莊帝時，兼尚書令、大司馬。因元顥敗，奔梁武帝，客死江南。《魏書》卷二〇、《北史》卷一九有傳。本志經部尚有元延明二部著述。兩《唐志》有著錄，《宋志》無載，亡佚。

《毛詩義疏》二十八卷。蕭巋散騎常侍沈重撰。

　　沈重：字子厚（《周書》作德厚），吳興武康（今浙江德清縣）人。專心儒學，尤明《詩》《左氏春秋》。周武帝派人至梁將沈重徵至京師，授驃騎大將軍、開府儀同三司、露門博士。建德末歸梁，蕭巋拜其為散騎常侍、太常卿。有《毛詩義》《毛詩音》等諸多撰述行於世。《周書》卷四五、《北史》卷八二有傳。本志經部尚有沈重三部著述。兩《唐志》無載，亡佚。清朱彝尊、王謨、馬國翰、王仁俊有輯本。

《毛詩義疏》二十卷。
《毛詩義疏》二十九卷。
《毛詩義疏》十卷。
《毛詩義疏》十一卷。
《毛詩義疏》二十八卷。

　　以上五部《毛詩義疏》皆不署撰者。五書大抵出自北朝人之手，《北史·儒林傳》曰，"通《毛詩》者多出於魏朝劉獻之，獻之傳李周仁。周仁傳董令度、程歸則。歸則傳劉敬和、張思伯、劉軌思，其後能言《詩》者，多出二劉之門"。兩《唐志》無載，亡佚。

《毛詩述義》四十卷。國子助教劉炫撰。

《日本國見在書目録》及兩《唐志》著録此書爲三十卷，《宋志》無載，久佚。

《毛詩章句義疏》四十卷。魯世達撰。

《北史》卷八二載，魯世達撰《毛詩章句義疏》四十二卷。兩《唐志》無載，亡佚。

《毛詩釋疑》一卷。梁有《毛詩圖》三卷，《毛詩孔子經圖》十二卷，《毛詩古聖賢圖》二卷，亡。

不署撰者。兩《唐志》無載，亡佚。鄭樵《藝文略》稱，《毛詩圖》《毛詩孔子經圖》《毛詩古聖賢圖》三書並爲蕭梁人作。而王應麟《困學紀聞》卷三則稱晉衛協畫《毛詩圖》，草木鳥獸、古聖賢之像。三書皆不見兩《唐志》，亡佚。

《業詩》二十卷。宋奉朝請業遵注。

《經典釋文叙録》載，業遵字長儒，燕人，宋奉朝請，注《禮記》十二卷。《舊唐志》著録《葉詩》二十卷，葉遵注；《新唐志》著録葉遵《注》二十卷，號《葉詩》。考《廣韻》《氏族略》，無業姓，疑葉爲是。

右三十九部，四百四十二卷。通計亡書，合七十六部，六百八十三卷。

三十九部：實際爲四十部。七十六部：實際爲八十部。

《詩》者，所以導達心靈，歌詠情志者也。故曰：[1]"在心爲志，發言爲詩。"上古人淳俗樸，情志未惑。其後君尊於上，臣卑於下，面稱爲諂，[2]目諫爲謗，[3]故誦美譏惡，以諷刺之。[4]初但歌詠而已，後之君子，因被管絃，[5]以存勸戒。夏、殷已上，詩多不存。周氏始自后稷，[6]而公劉克篤前烈，[7]太王肇基王跡，[8]文王光昭前緒，[9]武王克平殷亂，[10]成王、周公化至太平，[11]誦美盛德，踵武相繼。[12]幽、厲板蕩，[13]怨刺並興。其後王澤竭而詩亡，魯太師摯次而錄之。[14]孔子刪詩，上采商，下取魯，凡三百篇。至秦，獨以爲諷誦，不滅。漢初，有魯人申公，[15]受《詩》於浮丘伯，[16]作詁訓，是爲《魯詩》。齊人轅固生亦傳《詩》，[17]是爲《齊詩》。燕人韓嬰亦傳《詩》，是爲《韓詩》。終于後漢，三家並立。漢初又有趙人毛萇善《詩》，自云子夏所傳，作《詁訓傳》，是爲《毛詩》古學，而未得立。後漢有九江謝曼卿，[18]善《毛詩》，又爲之訓。東海衛敬仲，[19]受學於曼卿。先儒相承，謂之《毛詩》。序子夏所創，毛公及敬仲又加潤益。鄭眾、賈逵、馬融，並作《毛詩傳》，鄭玄作《毛詩箋》。《齊詩》，魏代已亡；《魯詩》亡於西晉；《韓詩》雖存，無傳之者。唯《毛詩》鄭箋，至今獨立。又有《業詩》，奉朝請業遵所注，立義多異，世所不行。

[1]故曰：見《詩·關雎序》。

[2]面稱：當面稱頌。

[3]目諫：以眼神傳遞勸諫之意。

[4]諷刺：以婉言隱語譏刺他人。

[5]被管絃：配上樂器，即指爲《詩》配曲，可以吟唱。

[6]后稷：姬姓，名棄，因母初欲棄之，故以名之，周之祖先。及長，遂好耕種，被堯舉爲農師。封於邰，號后稷。《史記》卷四

有傳。

[7]公劉：后稷之曾孫，繼修后稷之業，務耕種，民賴其利。周道自此始。見《史記》卷四。克篤前烈，能堅守、發揚前人功業。

[8]太王：即古公亶父，公劉九世孫。復修后稷、公劉之業，積德行義，得國人愛戴。見《史記》卷四。肇基，始創基業。

[9]文王：名昌，即西伯文王，古公亶父之孫、公季之子。遵后稷、公劉之業，則古公、公季之法，士庶皆往歸之。見《史記》卷四。

[10]武王：名發，文王子。滅商，建立周朝。見《史記》卷四。

[11]成王：名誦，武王子。在叔父周公等的輔佐下，平定天下。《史記》卷四有傳。周公，名旦，武王弟。輔翼武王滅商，封於少昊之墟曲阜，是爲魯公。武王崩，成王年幼，攝行政當國。成王能聽政，即還政於成王，並多予勸誡。作《周官》等。《史記》卷三三有傳。

[12]踵武：譬喻繼承前人的事業。武，足迹。

[13]幽：即周幽王，宮涅（shēng），宣王子。在位期間，昏庸暴虐，國人皆怨。申侯聯合繒、犬戎攻幽王，殺之，西周亡。《史記》卷四有傳。厲王，名胡。好利、暴虐、侈傲，堵塞言路。國人積怨爆發，厲王遭到攻擊，出奔彘。召公、周公二相行政，號曰“共和”。厲王死於彘，二相立其太子靜爲宣王。見《史記》卷四。板蕩，《詩·大雅》有《板》《蕩》二篇，譏刺周厲王無道，敗壞國家。後即以板蕩喻政治變亂或社會動盪不安。

[14]魯太師摯次而錄之：此事《史記》《漢志》《經典釋文叙錄》皆無載，待考。

[15]申公：亦作申培公，魯人。事齊人浮丘伯受《詩》。後歸魯，以《詩經》爲訓故以教，是爲《魯詩》。武帝即位召之，以爲太中大夫。《漢書》卷八八有傳。

[16]浮丘伯：齊人，授《詩》。其他事迹不詳。

[17]轅固生：亦作轅固，齊人。因治《詩》，孝景帝時爲博士，所傳爲《齊詩》。拜爲清河太傅。《漢書》卷八八有傳。

[18]謝曼卿：九江（今江西境内）人。《後漢書》卷七九下載，九江謝曼卿善《毛詩》，乃爲其訓。賈逵、衛宏俱從謝曼卿受《毛詩》。

[19]衛敬仲：即衛宏，東海（今山東、江蘇部分地區）人。從謝曼卿受《毛詩》，因作《毛詩序》，後從杜林更受《古文尚書》，爲作《訓旨》。《後漢書》卷七九下有傳。本志經、史部著録其二部著述。

《周官禮》十二卷。馬融注。

亦作《周官》《周禮》，記録周代制度，全書凡六篇，《天官家宰》第一、《地官司徒》第二、《春官宗伯》第三、《夏官司馬》第四、《秋官司寇》第五、《冬官司空》第六。但《冬官》早佚，漢代以《考工記》補之。今本《周禮注疏》即作《冬官考工記》第六。對於《周官》的來源有二説，一即本志所言，漢時河間獻王得李氏上之《周官》，以千金求購所闕《冬官》，未果，即取《考工記》補之，奏上。王莽時劉歆始置博士，以行於世。而賈公彦《周禮正義序》則引《馬融傳》，稱《周官》與秦苛法相反，故始皇欲滅絶之，是以隱藏百年。武帝時方出於山岩屋壁，復入於祕府。關於《周官》的作者也有二説，古文學家認爲是周公所作，今文學家則認爲是劉歆所僞造。河南緱氏及杜子春受業於劉歆，因以教授，是後馬融作《周官傳》。《經典釋文叙録》著録馬融注《周官》十二卷，《舊唐志》著録《周官》十二卷馬融傳，《新唐志》著録馬融《周官傳》十二卷，《宋志》無載，亡佚。清黃奭、王謨、馬國翰有輯本。

《周官禮》十二卷。鄭玄注。

　　《後漢書·儒林傳》載，"馬融作《周官傳》授鄭玄，鄭玄作《周官注》"。兩《唐志》著録此書爲十三卷，《經典釋文叙録》《宋志》著録此書爲十二卷。唐賈公彦爲此書作疏，即今傳《周禮注疏》四十二卷。鄭玄注《周禮》現存最早的本子爲宋刻本，通行本爲十三經注疏本、四庫本。

《周官禮》十二卷。王肅注。

　　《經典釋文叙録》、兩《唐志》皆有著録，《宋志》無載，亡佚。

《周官禮》十二卷。伊説注。

　　《舊唐志》著録《周官禮》十卷，伊説撰；《新唐志》著録伊説注《周官》十卷。《宋志》無載，亡佚。

《周官禮》十二卷。干寶注。梁又有《周官寧朔新書》八卷，晋燕王師王懋約撰，亡。

　　《經典釋文叙録》著録干寶注《周官》十三卷，兩《唐志》著録此書十二卷，《宋志》無載，亡佚。清王謨、黃奭、馬國翰有輯本。《舊唐志》著録《周官寧朔新書》八卷，司馬伷序，王懋約注；《新唐志》著録司馬伷《周官寧朔新書》八卷，王懋約注。《經義考》卷一二一以爲，此書當從兩《唐志》，爲司馬伷所撰。司馬伷：伷同胄，字子將，宣帝子。早有才望，起家爲寧朔將軍。武帝時，封琅邪王。平吳之役有大功，進拜大將軍、開府儀同三司。《晋書》卷三八有傳。王懋約：生平事迹不詳。爲文帝子燕王司馬機之師，當與伊説同時。本志經部尚有一部王懋約著述。

《集注周官禮》二十卷。崔靈恩注。

《梁書》卷四八、《北史》卷七一記載，靈恩有《集注周禮》四十二卷等著述行世。《新唐志》著錄崔靈恩《周官集注》二十卷，《宋志》無載，亡佚。

《禮音》 三卷。劉昌宗撰。

劉昌宗：生平事迹不詳。《顏氏家訓·音辭》提及劉昌宗《周官音》；《經典釋文叙錄》載，劉昌宗有《周禮音》《儀禮音》各一卷，《禮記音》五卷。本志經部尚有劉昌宗二部著述。兩《唐志》無載，亡佚。

《周官禮異同評》 十二卷。晋司空長史陳劭撰。

陳劭：本傳作陳邵，字節良，東海襄賁（今山東臨沂市西南）人。以儒學徵爲陳留長史，累遷燕王師。撰爲《周禮評》甚有條貫，行於世。《晋書》卷九一有傳。《經典釋文叙錄》稱陳劭，下邳人，爲司空長史，然未提及《周官評》。《舊唐志》著錄《周官論評》十二卷，陳邵駁，傅玄評；《新唐志》著錄傅玄《周官論評》十二卷，陳邵駁。疑此書爲後人編輯而成。《宋志》無載，亡佚。清馬國翰有輯本。

《周官禮駁難》 四卷。孫略撰。梁有《周官駁難》三卷，孫琦問，干寶駁，晋散騎常侍虞喜撰。

孫略：《太平御覽·逸民》引《晋中興書目》稱，孫略字文度，吳人。辟命皆不就。《舊唐志》著錄《周官駁難》五卷，孫略問，干寶答；《新唐志》著錄干寶《答周官駁難》五卷，孫略問。從三志著錄的不同，可以推測，《周官禮駁難》四卷和《周官駁難》三卷是一書，"孫琦"是"孫略"之誤，此書爲虞喜編定，故署虞喜撰。虞喜：字仲寧，會稽餘姚（今浙江境內）人。專心經傳，釋《毛詩略》，注《孝經》。屢徵不就。《晋書》卷九一有傳。

本志經、子部尚有虞喜四部著述。

《周官禮義疏》四十卷。沈重撰。

　　《周書》卷四五、《北史》卷八二《沈重傳》皆提及沈重撰《周禮義》三十一卷、《周禮音》一卷。《日本國見在書目録》著録《周官禮義疏》四十卷，沈重撰；兩《唐志》著録《周禮義疏》四十卷。《宋志》無載，亡佚。清馬國翰有輯本。

《周官禮義疏》十九卷。
《周官禮義疏》十卷。
《周官禮義疏》九卷。

　　此三部書不署撰者。《日本國見在書目録》著録這三部書，兩《唐志》無載，亡佚。

《周官分職》四卷。

　　不署撰者。兩《唐志》無載，亡佚。

《周官禮圖》十四卷。梁有《郊祀圖》二卷，亡。

　　不署撰者。《日本國見在書目録》著録《周禮圖》十五卷、《周禮圖》十卷。兩《唐志》無載，亡佚。《郊祀圖》：不署撰者。兩《唐志》無載，亡佚。

《儀禮》十七卷。鄭玄注。

　　初名《士禮》，書言古人進退揖讓之節、昏喪燕飲之道。漢興，高堂生傳《士禮》十七篇，是爲今文《士禮》。又有《禮古經》五十六篇，一說得於魯淹中，一說得於孔子壁中，用古文寫成。其中十七篇與高堂生所傳今文《儀禮》同，但文字亦多有差異。餘三十九篇爲《逸禮》"絶無師説，秘在於館"，雖其篇名頗見於他書，

然全秩已佚，難以確考。《四庫全書總目》卷二〇稱，高堂生傳
《士禮》十七篇在漢代有三本，即戴德本、戴聖本、劉向《別錄》
本。後漢鄭玄尊劉向《別錄》本，並參酌古文爲其作注十七卷。唐
賈公彦爲鄭注《儀禮》作疏，其《儀禮疏序》提及黃慶、李孟悊
爲《儀禮》作章疏，各有短長。然此二者未見著錄。《儀禮》單經
本流傳甚少，有明嘉靖六年陳鳳梧刻本。《儀禮》鄭玄注，有明嘉
靖吳郡徐氏刻本。《儀禮疏》有清道光影宋本。現通行的是十三經
注疏本《儀禮注疏》。1959 年在甘肅武威磨咀子漢墓發現《儀禮》
簡 469 枚，可分爲甲、乙、丙三種寫本。這是一個鄭玄注、賈公彦
疏以外的新版本。

《儀禮》十七卷。王肅注。梁有李軌、劉昌宗音各一卷，鄭玄音
二卷。

　　《經典釋文叙錄》、賈公彦《儀禮注疏序》皆未提及此書，而
兩《唐志》則有著錄，疑此書唐初佚，以後復出，故兩《唐志》
纔有著錄。《宋志》無載，亡佚。《經典釋文叙錄》記載，李軌、
劉昌宗《周禮音》《儀禮音》各一卷，鄭玄三禮《音》各一卷。兩
《唐志》無載，亡佚。

《儀禮義疏見》二卷。
《儀禮義疏》六卷。

　　以上二書皆不署撰者。兩《唐志》無載，亡佚。

《喪服經傳》一卷。馬融注。

　　《晉書·禮志》曰，“《喪服》本文省略，必待注解事義乃彰；
其傳説差詳，世稱子夏所作”。《經典釋文叙錄》稱，“唯鄭注《周
禮》《儀禮》《禮記》並列學官，而《喪服》一篇又別行於世”。王
應麟《漢藝文志考證》曰，“《喪服傳》子夏所爲，《白虎通》謂之

《禮服傳》"。兩《唐志》皆著録馬融《喪服紀》一卷，《宋志》無載，亡佚。清王謨、臧庸、黃奭、馬國翰有輯本。

《喪服經傳》一卷。鄭玄注。

　　兩《唐志》著録鄭玄注《喪服紀》一卷，《宋志》無載，久佚。

《喪服經傳》一卷。王肅注。

　　《經典釋文叙録》稱，王肅注《喪服》。《新唐志》著録王肅注《喪服紀》一卷，《宋志》無載，亡佚。清臧庸有輯本。

《喪服經傳》一卷。晋給事中袁準注。

　　袁準：字孝尼。爲《易》《周官》《詩》傳，以傳於世。泰始中爲給事中。事見《三國志》卷一一裴注所引《袁氏世紀》《九州紀》。本志子、集部尚有三部袁準著述。《舊唐志》著録袁準注《喪服紀》一卷，《新唐志》著録袁準注《儀禮》一卷，《宋志》無載，亡佚。清馬國翰、嚴可均有輯本。

《集注喪服經傳》一卷。晋廬陵太守孔倫撰。

　　《經典釋文叙録》稱，孔倫字敬序，會稽（今浙江紹興市）人，集衆家注《喪服》。《新唐志》著録孔倫注《儀禮》一卷，《舊唐志》著録《喪服紀》一卷。《宋志》無載，亡佚。清馬國翰有輯本。

《喪服經傳》一卷。陳銓注。

　　陳銓：不詳其爲何人。《舊唐志》著録陳銓注《喪服紀》一卷，《新唐志》著録陳銓注《儀禮》一卷，《宋志》無載，亡佚。清馬國翰有輯本。

《集注喪服經傳》一卷。宋太中大夫裴松之撰。

　　裴松之：字世期，河東聞喜（今山西聞喜縣）人。仕晋，除零陵內史，徵爲國子博士。宋元嘉年間，文帝使注《三國志》。十四年致仕，領國子博士，進太中大夫。《宋書》卷六四、《南史》卷三三有傳。本志史、集部尚有裴松之三部著述。兩《唐志》無載，亡佚。清馬國翰有輯本。

《略注喪服經傳》一卷。雷次宗注。

　　《宋書·雷次宗傳》記載，宋文帝使雷次宗爲皇太子及諸王講《喪服》經。《經典釋文叙錄》言其注《喪服》。兩《唐志》無載，亡佚。清王謨、黃奭、馬國翰有輯本。

《集注喪服經傳》二卷。宋丞相諮議參軍蔡超注。梁又有《喪服經傳》一卷，宋徵士劉道拔注，亡。

　　蔡超：字希遠，濟陽考城（今河南蘭考縣）人。少有才學。孝武帝時，爲南郡內史，封汝南縣侯。後南郡王劉義宣起兵反，蔡超亦伏誅。事見《宋書》卷六八、《經典釋文叙錄》。《舊唐志》著錄蔡超宗注《喪服紀》二卷，《新唐志》著錄蔡超宗注《儀禮》二卷。蔡超宗即蔡超，“宗”爲衍文。《宋志》無載，亡佚。劉道拔：《經典釋文叙錄》記載，其爲彭城（今江蘇徐州市）人，宋海豐令，注《喪服》。兩《唐志》無載，亡佚。

《集解喪服經傳》二卷。齊東平太守田僧紹解。

　　田僧紹：《經典釋文叙錄》載，田儁之字僧紹，馮翊（今陝西大荔縣）人，齊東平太守，注《喪服》。《舊唐志》著錄田僧紹注《喪服紀》二卷，《新唐志》著錄田僧紹注《儀禮》二卷，《宋志》無載，亡佚。

《喪服義疏》二卷。梁步兵校尉、五經博士賀瑒撰。梁又有《喪服經傳義疏》五卷，齊散騎郎司馬憲撰；《喪服經傳義疏》二卷，齊給事中樓幼瑜撰；《喪服經傳義疏》一卷，劉瓛撰；《喪服經傳義疏》一卷，齊徵士沈麟士撰。

　　賀瑒：字德璉，會稽山陰（今浙江紹興市）人。累官五經博士、步兵校尉。於《禮》尤精，著《禮》《易》《老》《莊》講疏等。《梁書》卷四八、《南史》卷六二有傳。本志經、史部尚有五部賀瑒之作。兩《唐志》無載，亡佚。司馬憲：字景思，河內溫（今河南溫縣西南）人。官至殿中郎。與伏曼容、陸澄共撰《喪服義》。事見《梁書》卷四八、《南史》卷七二。所撰書兩《唐志》無載，亡佚。樓幼瑜：或作婁幼瑜，字季玉，東陽（今浙江境內）人。專儒學，著《禮捃拾》三十卷。官至給事中。事見《南齊書》卷五四、《南史》卷七六。本志經、集部尚有其二部著述。兩《唐志》無載，亡佚。沈麟士：或作沈驎士，字雲禎，吳興武康（今浙江德清縣）人。博通經史，講經授徒，從學者數十百人。徵辟多不就。注《易》《禮記》《喪服》《尚書》等。《南齊書》卷五四、《南史》卷七六有傳。所撰書，兩《唐志》無載，亡佚。

《喪服經傳義疏》一卷。梁尚書左丞何佟之撰，亡。

　　對於此條，或曰當在上條的注中，或曰最後之“亡”字爲衍文。何佟之：字士威，廬江灊（今安徽霍山縣）人。少好三禮，手不釋卷。仕齊，爲諸生講《喪服》。梁武帝登基，以爲尚書左丞。《梁書》卷四八、《南史》卷七一有傳。本志經部尚有其二部著述。兩《唐志》無載，久佚。

《喪服傳》一卷。梁通直郎裴子野撰。

　　裴子野：字幾原，河東聞喜（今山西聞喜縣）人。少好學，善

屬文。仕齊入梁，歷領步兵校尉，兼中書通事舍人。集注《喪服》，
撰《百官九品》等，並行於世。《梁書》卷三〇、《南史》卷三三
有傳。本志史、子、集部尚有四部裴子野之作（其中《衆僧傳》
在史、子二部均有著録）。兩《唐志》無載，亡佚。

《喪服文句義疏》十卷。梁國子助教皇侃撰。

　　皇侃：吳郡（今江蘇境内）人。師事賀瑒，尤明三禮、《論
語》。梁武帝時，拜員外散騎侍郎，兼助教。《經典釋文叙録》載，
梁國子助教皇侃撰《禮記義疏》，又傳《喪服義疏》。《梁書》卷四
八、《南史》卷七一有傳。本志經部尚有五部皇侃之作。兩《唐
志》著録皇侃《喪服文句》十卷，《宋志》無載，亡佚。

《喪服義》十卷。陳國子祭酒謝嶠撰。

　　謝嶠：會稽山陰（今浙江紹興市）人，篤學爲世通儒。事見
《陳書》卷一六。兩《唐志》無載，亡佚。

《喪服義鈔》三卷。梁有《喪服經傳隱義》一卷，亡。

　　二書不署撰者，兩《唐志》皆無載，俱亡佚。

《喪服要記》一卷。王肅注。

　　兩《唐志》有著録，《宋志》無載，亡佚。清王謨、黄奭、馬
國翰、王仁俊有輯本。

《喪服要記》一卷。蜀丞相蔣琬撰。梁有《喪服變除圖》五卷，
吳齊王傅射慈撰，亡。

　　蔣琬：字公琰，零陵湘鄉（今湖南湘鄉市）人。以州書佐隨劉
備入蜀。諸葛亮卒，遷大將軍，封安陽亭侯。《三國志》卷四四有
傳。兩《唐志》無載，亡佚。射慈：又作謝慈，字孝宗，彭城（今

江蘇徐州市）人。齊王（孫奮）傅，因進諫，被殺。撰《喪服圖》及《變除》行於世。事見《三國志·孫奮傳》裴注。馬國翰以爲《七錄》合《喪服圖》及《變除》乃爲五卷。《舊唐志》著録射慈《喪服天子諸侯圖》二卷，《新唐志》著録射慈《喪服天子諸侯圖》一卷，然皆非梁時舊本。清馬國翰、嚴可均有輯本。

《喪服要集》二卷。晋征南將軍杜預撰。又有《喪服要記》二卷，晋侍中劉逵撰，亡。

杜預：字元凱，京兆杜陵（今陝西西安市南）人。太康初爲鎮南大將軍，平孫皓，以功進爵，封當陽縣侯。撰《春秋左傳集解》《春秋長曆》等，成一家之學。《晋書》卷三四有傳。本志經、史、集部尚有其七部著述。兩《唐志》著録杜預《喪服要集議》三卷，《宋志》無載，亡佚。清馬國翰有輯本。劉逵：嚴可均《全晋文》卷一〇五稱，劉逵字淵林，濟南人。元康中爲尚書郎，後遷侍中。有《喪服要記》二卷。本志集部尚有其一部著述。

《喪服儀》一卷。晋太保衛瓘撰。梁有《喪服要記》六卷，晋司空賀循撰；《喪服要問》六卷，劉德明撰；《喪服》三十一卷，宋員外郎散騎庾蔚之撰；《喪服要問》二卷，張耀撰；《喪服難問》六卷，崔凱撰；《喪服雜記》二十卷，伊氏撰；《喪服釋疑》二十卷，劉智撰。亡。

衛瓘：字伯玉，河東安邑（今山西運城市）人。仕魏，平蜀，封菑陽侯。仕晋，累遷侍中、尚書令。惠帝即位，輔朝政。因與賈后有隙，被害。後追封蘭陵郡公，謚曰成。《晋書》卷三六有傳。本志經部尚有其一部著述。兩《唐志》無載，亡佚。賀循：字彥先，其先慶普，因避漢安帝諱，改爲賀氏。元帝建武初，拜太常行太子太傅。傳《禮》，世謂慶氏學。《晋書》卷六八有傳。本志經、史、集部尚有其三部著述。兩《唐志》著録賀循撰《喪服要記》

謝微注五卷，又著録賀循撰《喪服譜》一卷。《宋志》無載，亡佚。清馬國翰、嚴可均有輯本。劉德明：此人始末不詳。本志集部尚有其一部著述。兩《唐志》無載，亡佚。庾蔚之：《宋書·雷次宗傳》言，穎川庾蔚之以儒學監總諸生。嚴可均《全宋文》卷五二稱，庾蔚之孝建中歷員外郎、散騎常侍。有《喪服》三十一卷、《喪服要記注》十卷等。其書兩《唐志》無載，亡佚。張耀：生平事迹不詳。兩《唐志》無載，亡佚。崔凱：生平事迹不詳。嚴可均《全宋文》卷五六稱崔凱一作崔元凱，有《喪服難問》六卷。此書久佚。清馬國翰有輯本。伊氏：不詳何人。其書久佚。劉智：字子房，平原高唐（今山東聊城市）人。官至侍中、尚書、太常。《晉書》卷四一有傳。本志子部尚有其一部著述。此書久佚。清王謨、馬國翰、嚴可均有輯本。

《漢荊州刺史劉表新定禮》一卷。

兩《唐志》無載，《通志·藝文略》著録《新定喪禮》一卷，劉表撰。《宋志》無載，亡佚。清馬國翰有輯本。

《喪服要略》一卷。晉太學博士環濟撰。

環濟：嚴可均《全晉文》卷一二八稱，環濟，大興中太學博士，有《喪服要略》一卷、《帝王要略》十二卷。本志史部尚有其二部著述。兩《唐志》無載，亡佚。

《喪服要略》二卷。

不署撰者。兩《唐志》無載，亡佚。

《喪服制要》一卷。徐氏撰。

徐氏：不詳何人。此書大抵言喪服制度之要點。兩《唐志》無載，亡佚。

《喪服譜》一卷。鄭玄注。

　　兩《唐志》無著録，而著録鄭玄撰《喪服變除》一卷，疑二者即爲一書，此二書皆亡佚。清洪頤煊、黄奭、馬國翰、丁晏、袁鈞、孔廣林有《喪服變除》輯本。

《喪服譜》一卷。晉開府儀同三司蔡謨撰。

　　蔡謨：字道明，陳留考城（今河南蘭考縣）人。避亂南渡，康帝時，爲侍中、司徒。穆帝在位，被徵，不就，免爲庶人。蔡謨博學，於禮儀宗廟制度多所議定。《晉書》卷七七有傳。本志經、集部尚有其三部著述。兩《唐志》皆著録此書，《宋志》無載，亡佚。清馬國翰有輯本。

《喪服譜》一卷。賀循撰。

　　兩《唐志》皆有著録，《宋志》無載，亡佚。清馬國翰、王仁俊有輯本。

《喪服變除》一卷。晉散騎常侍葛洪撰。

　　葛洪：字稚川，號抱朴子，丹陽句容（今江蘇句容市）人。以儒學知名，並好神仙導養之法。選爲散騎常侍，領大著作，固辭不就。撰有《抱朴子》、碑誄詩賦百卷等著述。《晉書》卷七二有傳。本志經、史、子、集部尚有葛洪十六部著述。兩《唐志》已無載，亡佚。清馬國翰有輯本。

《凶禮》一卷。晉廣陵相孔衍撰。

　　孔衍：字舒元，魯國（今山東境内）人，孔子二十二代孫。西晉末避難江東。中興初，補中書舍人。明舊典、朝儀規制，多所取正。後出爲廣陵郡。《晉書》卷九一有傳。本志經、史、子部尚有其六部著述。兩《唐志》已無載，亡佚，清馬國翰有輯本。

《喪服要記》十卷。賀循撰。梁有《喪服要記》，宋員外常侍庾蔚之注；又《喪服世要》一卷，庾蔚之撰；《喪服集議》十卷，宋撫軍司馬費沈撰。

　　《舊唐志》著録《喪服要記》十卷，賀循撰，庾蔚之注；《新唐志》著録庾蔚之又注《喪服要記》五卷。《宋志》無載，亡佚。清馬國翰、嚴可均有輯本。《喪服世要》：兩《唐志》無載，亡佚。費沈：《宋書》卷六載，元嘉三十年以“撫軍司馬費沈爲梁、南秦二州刺史”。《宋書》卷九七載，大明四年，遣前朱提太守費沈等率衆南伐，無功，沈下獄死。其書兩《唐志》無載，亡佚。

《喪服古今集記》三卷。齊太尉王儉撰。

　　兩《唐志》有著録，《宋志》無載，亡佚。清馬國翰有輯本。

《喪服世行要記》十卷。齊光禄大夫王逡撰。

　　王逡：又作王逡之，字宣約，琅邪臨沂（今山東臨沂市）人。王儉撰《古今喪服集記》，逡難儉十一條，更撰《世行》五卷。歷太中光禄大夫，加侍中。《南齊書》卷五二、《南史》卷二四有傳。本志史部尚有三部王逡之作。《舊唐志》有《喪服五代行要記》十卷，王逡之志；《新唐志》有王逡之注《喪服五代行要記》，即此書。《宋志》無載，亡佚。清馬國翰有輯本。

《喪服答要難》一卷。袁祈撰。

　　袁祈：生平事迹不詳。《舊唐志》著録《喪服要難》一卷，趙成問，仇祈答；《新唐志》著録《喪服要難》一卷，趙成問，袁祈答。《宋志》無載，亡佚。

《喪服記》十卷。王氏撰。

　　王氏：缺名，不詳何人。兩《唐志》無載，亡佚。

《喪服五要》一卷。嚴氏撰。

　　嚴氏：缺名，不詳何人。兩《唐志》無載，亡佚。

《駁喪服經傳》一卷。卜氏撰。

　　卜氏：不詳何人。兩《唐志》無載，亡佚。

《喪服疑問》一卷。樊氏撰。

　　《廿二史考異》卷三四曰，“《周書·樊深傳》，《喪服問疑》，蓋即此書”。錢大昕以爲樊氏即北周之樊深。兩《唐志》無載，亡佚。

《喪服圖》一卷。王儉撰。

　　兩《唐志》無載，亡佚。

《喪服圖》一卷。賀遊撰。

　　賀遊：始末不詳。兩《唐志》皆著録崔遊撰《喪服圖》一卷，疑賀遊爲崔遊之誤。崔遊，字子相，上黨（今山西潞城市）人。晋武帝時，就家拜郎中。撰《喪服圖》行於世。《晋書》卷九一有傳。兩《唐志》無載，亡佚。

《喪服圖》一卷。崔逸撰。梁有《喪服祥禫雜議》二十九卷，《喪服雜議故事》二十一卷，又《戴氏喪服五家要記圖譜》五卷，《喪服君臣圖儀》一卷，亡。

　　崔逸：原名景儁，此名乃孝文帝所賜。博陵安平（今河北安平縣）人。好古博涉，徵爲中書博士，參定朝儀。官至通直散騎常侍、廷尉少卿。《魏書》卷五六、《北史》卷三二有傳。兩《唐志》無載，亡佚。《戴氏喪服五家要記圖譜》：《隋書經籍志考證》卷四以爲，"五家"當指漢后倉及所授弟子聞人通、戴德、戴聖、慶普。因兩《唐志》皆著録戴德《喪服變除》一卷，以爲其爲"五家"之一，是此書之佚存者。

《五服圖》一卷。

不署撰者。此書講述古代喪服制度中的五服，即斬衰、齊衰、大功、小功和緦麻。兩《唐志》無載，亡佚。

《五服圖儀》一卷。
《喪服禮圖》一卷。
《五服略例》一卷。
《喪服要問》一卷。

以上四書皆不署撰者。兩《唐志》皆無載，亡佚。

《喪服問答目》十三卷。皇侃撰。

兩《唐志》無載，亡佚。

《喪服假寧制》三卷。

不署撰者。此書講述有關守喪給假的制度。兩《唐志》無載，亡佚。

《喪禮五服》七卷。大將軍袁憲撰。

袁憲：字德章，陳郡陽夏（今河南太康縣）人。梁太康年間爲太子舍人。入齊，爲中書侍郎，兼散騎常侍。入隋，授使持節、開府儀同三司、昌州刺史。《陳書》卷二四、《南史》卷二六有傳。兩《唐志》無載，亡佚。

《論喪服決》一卷。

　　不署撰者。兩《唐志》無載，亡佚。

《喪禮鈔》三卷。王隆伯撰。

　　王隆伯：《宋書》卷七九載，"前都令王隆伯"，疑此人爲宋人，其他事迹不詳。兩《唐志》無載，亡佚。

《大戴禮記》十三卷。漢信都王太傅戴德撰。梁有《謚法》三卷，後漢安南太守劉熙注，亡。

　　戴德：《漢書·儒林傳》載，后倉説《禮》數萬言，授梁戴德延君、戴聖次君。德號大戴，聖號小戴，由是《禮》有大戴、小戴之學。戴德授琅邪徐良，大戴有徐氏之學。本志經部尚有戴德著述一部。《漢志》著録《記》百三十一篇，並注此乃"七十子後學者所記也"。漢初，河間獻王將百三十一篇《記》獻上。至劉向考校經籍，檢得一百三十篇，按順序編録。而又得《明堂陰陽記》三十三篇、《王氏史記》二十一篇、《樂記》二十三篇，合計二百十四篇。戴德删其煩重，爲八十五篇，謂之《大戴記》。而戴聖又删大戴之書，爲四十九篇，謂之《小戴記》。然有的學者認爲，《漢書·儒林傳》和《漢志》二戴編撰《大戴記》《小戴記》的明確記載，西漢禮家師承相傳《士禮》時，會同時傳習有關禮制的資料，也就是所謂的《記》。《記》的性質決定了它不出於一時，不成於一手。它隨著時間的推移，不斷有所删益變化。到了東漢，形成和保留了八十五篇本和四十九篇本，前者冠以大戴之名，後者冠以小戴之名。二者是當時已成規模、普遍流行的由儒家後學撰寫的傳習《儀禮》所用之《記》。兩《唐志》、《宋志》皆著録《大戴禮記》十三卷，《郡齋讀書志》和《直齋書録解題》稱《大戴禮記》實存四十篇。《四庫全書總目》卷二一言，《大戴禮記》十三卷，原書八十五篇，今缺四十六篇，存三十九篇。其中《諸侯遷廟》《投壺》《公冠》等皆古經遺文，還保存了十篇《曾子》文。此書八卷有注，五卷則無。宋王應麟以爲此注是北周盧辯所爲。清代有多人研究《大戴禮記》，其中孔廣森《大戴禮記補注》、王聘珍《大戴解詁》爲傑出成果。此書現存最早的本子是元至正十四年嘉興路儒學刻本，通行本爲四庫本和四部叢刊本。劉熙：字成國，北海（今山東境内）人，久居交州。事見《三國志》卷四二、五三及《全後漢文》卷一八六。本志經、子部尚有劉熙三部著述，《謚法》三卷與此著録重複。《舊唐志》經部"經緯類"、《新唐志》經部"經解類"著録《謚法》三卷，荀顗演，劉熙注。沈約曰"劉熙注《謚法》，唯有七十六名，所闕甚多，或有異名殊號，近世所不用耶"。見《玉海》卷五四。此書《宋志》無載，亡佚。

《夏小正》一卷。戴德撰。

《禮記·禮運》"孔子曰，我欲觀夏道，是故之杞，而不足徵也，吾得《夏時》焉"。鄭玄注曰"得夏四時之書，其存者有《小正》一卷"。《四庫全書總目》卷二一稱，《夏小正》本《大戴記》之一篇，《隋志》始於《大戴記》外别出《夏小正》一卷。宋傅崧卿、《四庫全書總目》、畢沅對此多有考論。參見《夏小正戴氏傳序》《夏小正考注序》。因爲此書後别出《大戴記》，故兩《唐志》、《宋志》皆不著録。《直齋書録解題》"時令類"著録《夏小正傳》四卷，漢戴德傳，給事中山陰傅崧卿注，並稱傅崧卿做《左氏經傳》，列正文其間，而附以傳，且爲之注。據張之洞《書目答問》著録，此書有孫星衍校岱南閣別刻巾箱本《夏小正傳》二卷。現存最早的本子是附傅崧卿注的明嘉靖二十五年袁褧刻本，通行本有四庫本、叢書集成本。

《禮記》十卷。漢北中郎將盧植注。

盧植：字子幹，涿郡涿（今河北涿州市）人。從馬融學，能通古今，好研精，而不守章句學。建寧中徵爲博士，熹平四年（175）拜爲九江太守。董卓當政，被免官，隱於上谷。撰有《尚書章句》《三禮解詁》。《後漢書》卷六四、《三國志》卷二二有傳。《經典釋文叙録》及《舊唐志》著録《禮記》二十卷，盧植注；《新唐志》著録盧植注《小戴禮記》二十卷。唐元行沖稱盧植分合二十九篇，而爲説解，代不傳習。見《舊唐書》卷一〇二。《宋志》無載，亡佚。清臧庸、王謨、黄奭、馬國翰有輯本。

《禮記》二十卷。漢九江太守戴聖撰，鄭玄注。

戴聖：字次君，梁（今河南境内）人。與戴德從后倉學《禮》，號小戴。官至九江太守。授梁橋仁、楊榮，故小戴有橋、楊之學。事見《漢書》卷八八。戴聖删大戴之書爲四十六篇，謂之《小戴記》。後漢馬融傳小戴之學，又定《月令》《明堂位》《樂記》，合四十九篇。鄭玄受業於馬融，又爲之注，即是此書。唐孔穎達以此書爲底本作《禮記正義》七十卷。此書現存最早的本子有宋刻本，通行本多包括《正義》，有十三經注疏本、四庫本、四部備要本。

《禮記》三十卷。王肅注。梁有《禮記》十二卷，業遵注，亡。

《經典釋文叙録》、兩《唐志》皆著録王肅注《禮記》三十卷；《日本國見在書目録》著録《禮記》二十卷，魏將軍王肅注；《宋志》無載，亡佚。清馬國翰有輯本。業遵注《禮記》：《經典釋文叙録》、兩《唐志》皆有著録。唐元行沖言，司馬伷增革《禮記》，超過百篇，業遵删修，僅全十二。見《舊唐書》卷一〇二。業遵所傳爲另一本。

《禮記寧朔新書》八卷。王懋約注。梁有二十卷。

《舊唐志》著録《禮記寧朔新書》二十卷，司馬伷序，王懋約注；《新唐志》著録司馬伷《禮記寧朔新書》二十卷，王懋約注。《宋志》無載，亡佚。

《月令章句》十二卷。漢左中郎將蔡邕撰。

蔡邕：字伯喈，陳留圉（今河南杞縣南）人。少博學，好辭章、數術、天文，妙操音律。曾召拜郎中，校書東觀。初平元年拜左中郎將，封高陽鄉侯。董卓被誅，王允治蔡邕罪，死獄中。所著詩賦文章凡百餘篇，傳於世。《後漢書》卷六〇下有傳。本志經、集部尚有蔡邕六部著述。此書所言月令，即天時制人事，天子發號施令，祀神受職，每月異體。兩《唐志》著録戴顒撰《月令章句》十二卷。《隋書經籍志考證》卷四以爲此即蔡邕《月令章句》。《宋志》子部“農家類”著録蔡邕《月令章句》一卷，後亡佚。清臧庸、王謨、蔡雲、黃奭、陸堯春、馬國翰、王仁俊、曹元忠、陶濬宣、葉德輝有輯本。

《禮記音義隱》一卷。謝氏撰。

謝氏：《經義考》卷一四〇以爲此人即撰《喪服變除圖》五卷之射（或作謝）慈。《舊唐志》著録《禮記音》二卷，謝慈撰；《新唐志》著録射慈《小戴禮記音》二卷；《宋志》無載，亡佚。

《禮記音》二卷。宋中散大夫徐爰撰。梁有鄭玄、王肅、射慈、射貞、孫毓、繆炳《音》各一卷，蔡謨、東晉安北諮議參軍曹耽、國子助教尹毅、李軌、員外郎范宣《音》各二卷，徐邈《音》三卷，劉昌宗《音》五卷，亡。

《經典釋文叙録》著録徐爰《禮記音》三卷，兩《唐志》著録《禮記音》二卷，《宋志》無載，亡佚。《經典釋文叙録》有鄭玄三禮《音》各一卷、王肅三禮《音》各一卷。《經典釋文叙録》載射慈《禮記音》一卷，《舊唐志》著錄謝慈《禮記音》二卷，《新唐志》著錄射慈《小戴禮記音》二卷。清諸多學者認爲《禮記音義隱》即爲謝慈所作，並與署謝慈（射慈）所撰《禮記音》爲一書，故王謨、馬國翰、黃奭、劉寶楠所輯皆稱《禮記音義隱》。射貞：不詳何人。《經典釋文叙録》載謝楨《禮記音》一卷。清盧文弨《經典釋文考證》稱，《隋志》梁有射貞《禮記音》一卷，蓋即謝楨也。孫毓《禮記音》：《經典釋文叙録》有載，兩《唐志》無載，亡佚。繆炳：生平事迹不詳。《經典釋文叙録》著錄其撰《禮記音》，兩《唐志》無載，亡佚。蔡謨《禮記音》：《經典釋文叙録》有載，兩《唐志》無載，亡佚。曹耽：字愛道，譙國（今安徽亳州市）人。東晋爲尚書郎，後任安北諮議參軍。參見《經典釋文叙録》、《全晋文》卷一三三。《舊唐志》著録《禮記音》二卷，鄭玄注，曹耽解；《新唐志》著録鄭玄注《禮記音》三卷，曹耽解。《宋志》無載，亡佚。尹毅：天水（今甘肅天水市）人。東晋國子助教，有《禮記音》一卷。見《經典釋文叙録》。兩《唐志》著録此書皆爲二卷。《宋志》無載，亡佚。李軌《禮記音》：《經典釋文叙録》、兩《唐志》著録二卷。《宋志》無載，亡佚。范宣《禮記音》：兩《唐志》無載，亡佚。清馬國翰有輯本。徐邈《禮記音》：《經典釋文叙録》、兩《唐志》皆有著録，《宋志》無載，亡佚。清馬國翰有輯本。劉昌宗《禮記音》：《經典釋文叙録》有著録，兩《唐志》無載，亡佚。清馬國翰有輯本。

《禮記音義隱》七卷。

不署撰者。兩《唐志》無載，亡佚。

《禮記》三十卷。魏秘書監孫炎注。

孫炎：字叔然，從鄭玄學，人稱東州大儒。徵爲秘書監，不就。作《易》《毛詩》《禮記》諸注。見《三國志》卷一三。朱彝尊認爲孫炎所注《禮記》不用《小戴禮記》原本。見《經義考》卷一四〇。《經典釋文叙録》著録此書二十九卷，兩《唐志》著録三十卷，《宋志》無載，亡佚。清馬國翰有輯本。

《禮略》二卷。

不署撰者。侯康《補後漢書藝文志》卷一稱，"《隋志》又《禮略》二卷，不著名氏，以《景鸞傳》考之，則鸞撰也"。景鸞：字漢伯，梓潼（今四川梓潼縣）人。少隨師學經，州郡辟命，不就。撰《禮內外紀》，號曰《禮略》，凡著述五十餘萬言。《後漢書》卷七九下有傳。兩《唐志》無載，亡佚。

《禮記要鈔》十卷。緱氏撰。梁有《禮義》四卷，魏侍中鄭小同撰；《撫遺別記》一卷，樓幼瑜撰。亡。

緱氏：據本志本類叙言，河南緱氏受業於劉歆，因以教授。此人失名。兩《唐志》有著録，《宋志》無載，亡佚。鄭小同：鄭玄孫，學綜六經，行著鄉里。高貴鄉公時爲侍中，因被司馬懿懷疑閱其密疏，而被其毒死。見《後漢書》卷三五注、《三國志》卷四裴注。兩《唐志》著録《禮記義記》鄭小同撰，不知是否即此書。《撫遺別記》：《南齊書》卷五四載，樓幼瑜著《禮捃遺》三十卷。此書可能是《禮捃遺》之餘存。

《禮記新義疏》二十卷。賀瑒撰。梁有《義疏》三卷，宋豫章郡丞雷肅之撰，亡。

兩《唐志》無載，亡佚。清馬國翰有輯本。雷肅之：雷次宗之子，明三禮、《毛詩》，官至豫章郡丞。《宋書》卷九三有傳。其書兩《唐志》無載，亡佚。

《禮記講疏》九十九卷。皇侃撰。

《禮記義疏》四十八卷。皇侃撰。

　　《經典釋文叙録》載皇侃《禮記義疏》五十卷，兩《唐志》著録《禮記講疏》一百卷、《禮記義疏》五十卷。《宋志》無載，亡佚。馬國翰言《禮記正義》多引皇侃説。見其所輯《禮記皇室義疏》。

《禮記義疏》四十卷。沈重撰。

　　《周書》卷四五載，沈重有《禮記義》三十卷。兩《唐志》著録《禮記義疏》五十卷，《宋志》無載，亡佚。清馬國翰有輯本。

《禮記義》十卷。何氏撰。

　　兩《唐志》著録《禮記義》十卷，何佟之撰。姚振宗以爲此書即何佟之所撰。見《隋書經籍志考證》卷四。《宋志》無載，亡佚。

《禮記義疏》三十八卷。

　　不署撰者。兩《唐志》無載，亡佚。

《禮記疏》十一卷。

　　不署撰者。兩《唐志》無載，亡佚。

《禮記大義》十卷。梁武帝撰。

　　《梁書》卷四〇《劉之遴傳》載，“是時《周易》《尚書》《禮記》《毛詩》並有高祖義疏”。兩《唐志》著録，《宋志》無載，亡佚。

《禮記文外大義》二卷。秘書學士褚暉撰。

　　褚暉：又作褚輝，字高明，吳郡（今江蘇境内）人。煬帝時拜爲太學博士，撰《禮疏》一百卷。《隋書》卷七五、《北史》卷八二有傳。兩《唐志》已無載，亡佚。

《禮大義》十卷。

不署撰者。《梁書》卷四載，簡文帝撰《禮大義》二十卷。疑此書爲其佚存者。兩《唐志》無載，亡佚。

《禮記義證》十卷。劉芳撰。

《北史》卷四二載，劉芳有《禮記義證》十卷。兩《唐志》有著録，《宋志》無載，亡佚。清馬國翰有輯本。

《禮大義章》七卷。

不署撰者。兩《唐志》無載，亡佚。

《喪禮雜議》三卷。

不署撰者。兩《唐志》無載，亡佚。

《禮記中庸傳》二卷。宋散騎常侍戴顒撰。

戴顒：字仲若，譙郡銍（今安徽宿州市）人，戴逵子。宋文帝徵散騎常侍，不就。居山林中，著《逍遥論》，注《禮記中庸》。《宋書》卷九三、《南史》卷七五有傳。兩《唐志》有著録，《宋志》無載，亡佚。

《中庸講疏》一卷。梁武帝撰。

《南史》卷六二載，朱异與左丞賀琛遞日述《禮記中庸義》。兩《唐志》無載，亡佚。

《私記制旨中庸義》五卷。

不署撰者。兩《唐志》無載，亡佚。

《禮記略解》十卷。庾氏撰。

兩《唐志》著録《禮記略解》十卷，庾蔚之撰。疑庾氏即庾蔚之。《宋志》無載，亡佚。清馬國翰有輯本。

《禮記評》十一卷。劉儁撰。

劉儁：生平事迹不詳。兩《唐志》有著録，《宋志》無載，亡佚。

《石渠禮論》四卷。戴聖撰。梁有《群儒疑義》十二卷，戴聖撰。

《漢書》卷八載，甘露三年三月詔諸儒講五經同異。卷八八載，（戴）聖號小戴，以博士論石渠。《漢志》六藝"禮類"著録《議奏》三十八篇，有注曰"石渠"。因參與議論的禮家尚有他人，故不能肯定此書即《漢志》所載《議奏》。兩《唐志》無載，亡佚。清王謨、馬國翰、洪頤煊、宋翔鳳、丁杰、黃奭、丁晏輯本。《群儒疑義》：《舊唐志》著録《禮義》二十卷，戴聖等撰。《新唐志》著録鄭玄注《小戴聖禮記》二十卷，又《禮議》二十卷。疑與此書爲一書，其間卷數記載有異。

《禮論》三百卷。宋御史中丞何承天撰。

何承天：東海郯（今山東郯城縣）人。聰明博學，儒史百家莫不該覽。宋文帝時官至御史中丞，元嘉二十四年免官，卒於家。先是《禮論》有八百卷，何承天刪減併合，以類相從，凡爲三百卷。《宋書》卷六四、《南史》卷三三有傳。本志經、史、子、集部尚有其十部著述。兩《唐志》著録此書三百七卷，《宋志》無載，亡佚。清馬國翰有輯本。

《禮論條牒》十卷。宋太尉參軍任預撰。

    任預：生平事迹不詳。據《高僧傳·釋慧嚴傳》載，任預與何承天均善曆事，別撰《益州記》。本志經部尚有其一部著述。《日本國見在書目録》著録此書二卷，存第四、七卷。兩《唐志》著録此書十卷，《宋志》無載，亡佚。清馬國翰有輯本。

《禮論帖》三卷。任預撰。梁四卷。

    兩《唐志》著録三卷，《宋志》無載，亡佚。

《禮論鈔》二十卷。庾蔚之撰。

    兩《唐志》有著録，《宋志》無載，亡佚。

《禮論要鈔》十卷。王儉撰。梁三卷。

    《南史》卷二二載，何承天《禮論》三百卷，儉抄爲八帙，又別抄條目爲十三卷。此條曰此書十卷、梁三卷，疑是"十三卷"之誤。兩《唐志》有《禮論要鈔》十三卷，不署撰者，似即此書。《宋志》無載，亡佚。

《禮論要鈔》一百卷。賀瑒撰。

    兩《唐志》有著録，《宋志》無載，亡佚。

《禮論鈔》六十九卷。

    不署撰者。兩《唐志》有任預《禮論鈔》六十六卷，疑即此書。《宋志》無載，亡佚。

《禮論要鈔》十卷。梁有宋御史中丞荀萬秋《鈔略》二卷；尚書儀曹郎丘季彬《論》五十八卷、《議》一百三十卷、《統》六卷。亡。

不署撰者。兩《唐志》無載，亡佚。宋御史中丞，"宋"原作"齊"，據荀萬秋本傳改。荀萬秋：字元寶，潁川潁陰（今河南許昌市）人。宋武帝初，爲晋陵太守。前廢帝末，爲御史中丞，卒官。《宋書》卷六〇、《南史》卷三三有傳。兩《唐志》有著録，作《禮雜鈔略》二卷，《宋志》無載，亡佚。丘季彬：生平事迹不詳。《論》《議》《統》，兩《唐志》皆無載，亡佚。

《禮論答問》八卷。宋中散大夫徐廣撰。

《禮論答問》十三卷。徐廣撰。

《禮答問》二卷。徐廣撰，殘缺。梁十一卷。

《晋書》卷八二、《宋書》卷五五、《南史》卷三三皆載《答禮問》行於世。兩《唐志》著録徐廣《禮論問答》九卷，《宋志》無載，亡佚。清馬國翰有輯本，並認爲《隋志》與《唐志》傳本不同，標題互異，實爲一書。

《禮答問》六卷。庾蔚之撰。

兩《唐志》無載，亡佚。

《禮答問》三卷。王儉撰。梁有晋益陽令吳商《禮難》十二卷、《雜議》十二卷，又《禮議雜記故事》十三卷、《喪雜事》二十卷；宋光禄大夫傅隆《議》二卷、《祭法》五卷。亡。

後又著録王儉《禮義答問》八卷，《舊唐志》著録王儉《禮儀問答》《禮儀答問》各十卷；《新唐志》著録王儉《禮儀答問》十卷，又《禮雜答問》十卷。《宋志》無載，亡佚。清馬國翰有輯本。吳商：仕晋爲國子博士。惠帝時，出爲益陽令。見《全晋文》卷四四。《舊唐志》著録《雜禮義》十一卷，吳商等撰，《禮義雜記故事》十一卷未署撰者。《新唐志》著録吳商《雜禮義》十一卷，《禮儀雜記故事》十一卷無署名。《宋志》無載，亡佚。傅隆：字伯祚，北地靈州（今寧夏靈武市）人。特精三禮。元嘉中爲左民尚書，轉太常。文帝將新撰《禮論》交傅隆使下意，以五十二事呈上。致仕，拜光禄大夫，二十八年卒。《宋書》卷五五、《南史》卷一五有傳。《舊唐志》著録傅伯祚《禮議》一卷；《新唐志》著録傅隆《禮議》一卷。《宋志》無載，亡佚。

《禮答問》十二卷。

　　不署撰者。兩《唐志》無載，亡佚。

《禮雜問》十卷。范甯撰。

　　兩《唐志》著録范甯《禮問》九卷、《禮論答問》九卷，《宋志》無載，亡佚。清馬國翰有輯本，並稱"此記其與當代名流問答禮制之語也"。

《禮答問》十卷。何佟之撰。梁二十卷。

　　兩《唐志》有著録，《宋志》無載，亡佚。

《禮雜問》十卷。

　　不署撰者。兩《唐志》無載，亡佚。

《禮雜答問》八卷。

　　不署撰者，兩《唐志》無載，亡佚。

《禮雜答問》六卷。

　　不署撰者。兩《唐志》無載，亡佚。

《禮雜問答鈔》一卷。何佟之撰。

此書及前未署名三種書，皆似何佟之《禮答問》之別本。

《問禮俗》十卷。董勛撰。

董勛：《北史》卷五六提及晉議郎董勛《答問禮俗》的內容。其他事迹不詳。此書兩《唐志》有著錄，《宋志》無載，亡佚。清王謨、馬國翰、黄奭有輯本。

《問禮俗》九卷。董子弘撰。

此書可能是董勛《問禮俗》的別本，子弘似董勛的字。

《答問雜儀》二卷。任預撰。

兩《唐志》無載，亡佚。

《禮義答問》八卷。王儉撰。

見前《禮答問》三卷王儉撰條。

《禮疑義》五十二卷。梁護軍周捨撰。

周捨：字昇逸，汝南安城（今河南汝南縣）人。博學多通，起家太學博士。梁禮儀損益，多出自周捨。官歷中護將軍、太子詹事。《梁書》卷二五、《南史》卷三四有傳。本志史、子、集部尚有其三部著述。兩《唐志》著錄《禮疑義》五十卷，《宋志》無載，亡佚。清馬國翰有輯本。

《制旨革牲大義》三卷。梁武帝撰。

《梁書》卷二載，天監十六年四月，初去宗廟牲。冬十月，去宗廟薦羞，始用蔬果。兩《唐志》無載，亡佚。

《禮樂義》十卷。

不署撰者。兩《唐志》無載，亡佚。

《禮祕義》三卷。

不署撰者。兩《唐志》無載，亡佚。

《三禮目録》一卷。鄭玄撰。梁有陶弘景注一卷，亡。

兩《唐志》有著録，《宋志》無載，此一卷單傳本今不存。清王謨、臧庸、黃奭、袁鈞、孔廣林有輯本。現存唐人所作《禮記正義》引此書，各冠當篇之首，於題下繫以"鄭目録云"四字。二者有何關聯，待考。

《三禮義宗》三十卷。崔靈恩撰。

《梁書》卷四八載，《三禮義宗》四十七卷；《南史》卷七一載，《三禮義宗》三十卷；兩《唐志》、《宋志》亦著録《三禮義宗》三十卷。《崇文總目》稱此書"合《周禮》、《儀禮》、二戴之學，敷述貫串，該悉其義，合一百五十六篇"。《郡齋讀書志》言"此書在唐一百五十篇，今存者一百二十七篇"。《直齋書録解題》言此書"凡一百四十九條"。《玉海》卷三九稱《三禮義宗》"始於明天地以下歲祭，終於《周禮》《儀禮》《禮記》興廢義"。疑此書亡於宋元之際。清王謨、黃奭、馬國翰有輯本。

《三禮宗略》二十卷。元延明撰。

兩《唐志》有著録，《宋志》無載，亡佚。

《三禮大義》十三卷。

不署撰者。《日本國見在書目録》有《三禮大義》三十卷，梁武帝撰。疑即爲此書，而"十三"則爲"三十"倒文矣。兩《唐志》無載，亡佚。

《三禮大義》四卷。

不署撰者。兩《唐志》無載，亡佚。

《三禮雜大義》三卷。梁有《司馬法》三卷，《李氏訓記》三卷；又《郊丘議》三卷，魏太尉蔣濟撰；《祭法》五卷，又《明堂議》三卷，王肅撰；《雜祭法》六卷，晉司空中郎盧諶撰；《祭典》三卷，晉安北將軍范汪撰；《七廟議》一卷，又《後養議》五卷，干寶撰；《雜鄉射等議》三卷，晉太尉庾亮撰；《逆降義》三卷，宋特進顏延之撰；《逆降義》一卷，田僧紹撰；《分明士制》三卷，何承天撰；《釋疑》二卷，郭鴻撰；《答問》四卷，徐廣撰；《答問》五十卷，何胤撰；又《答問》十卷。亡。

不署撰者。兩《唐志》無載，亡佚。《司馬法》：本志子部"兵家類"著錄《司馬兵法》三卷，齊將司馬穰苴撰，並未亡。《李氏訓記》：李氏缺名，不詳何人。兩《唐志》無載，亡佚。蔣濟：字子通，楚國平阿（今安徽懷遠縣西南）人。魏明帝賜爵關內侯，卒，諡曰景侯。曾與高堂隆議郊祀事。《三國志》卷一四有傳。本志子部尚有其一部著述。其書兩《唐志》無載，亡佚。《祭法》《明堂議》：《三國志》卷一三言，王肅所論駁朝廷典制、郊祀、宗廟、喪紀、輕重，凡百餘篇。此二書可能即是其中一部分。兩《唐志》無載，亡佚。盧諶：字子諒，范陽涿州（今河北涿州市）人。好老莊，善屬文。洛陽淪陷，流離世故二十年，後爲石季龍中書監。撰《祭法》、注《莊子》及文集並傳於世。《晉書》卷四四有傳。本志集部尚有盧諶一部著述。《新唐志》史部"儀注類"有盧諶《雜祭注（當作法）》六卷，《宋志》無載，亡佚。清馬國翰有輯本。范汪：字玄平，南陽順陽（今河南淅川縣）人。博學多通，善談名理。桓溫北伐，受命率文武出梁，因失期，免爲庶人。《晉書》卷七五有傳。本志史、子、集部尚有范汪六部著述。《新唐志》史部"儀注類"著録范汪《雜府州郡儀》，又《祭典》三卷，《宋志》無載，亡佚。清馬國翰有輯本。《七廟議》《後養議》：兩《唐志》史部"儀注類"皆著録干寶撰《雜議》五卷、蔡謨《七廟議》三卷。《後養議》無載，亡佚。清馬國翰有輯本，並稱《後養議》論列爲人後者，養親喪祭之禮。《七廟議》一卷，可能是蔡謨所作《七廟議》之佚存。兩《唐志》無載，亡佚。庾亮：字元規，潁川鄢陵（今河南鄢陵縣）人，善談論，好老莊。元帝時累遷給事中、散騎常侍。明帝時，歷征西將軍、開府儀同三司等職。《晉書》卷七二有傳。本志經、集部尚有庾亮二部著述。其書兩《唐志》無載，亡佚。顏延之：字延年，琅邪臨沂（今山東臨沂市）人。好讀書，無所不覽。元嘉中爲秘書監、太常。孝武帝以其爲金紫光禄大夫。《宋書》卷七三、《南史》卷三四有傳。本志經、子、集部尚有四部顏延之之作。《舊唐志》有顏延之《禮論降議》三卷，《新唐志》有顏延之《禮逆降議》三卷。《宋志》無載，亡佚。清馬國翰有輯本。《逆降義》：兩《唐志》無載，亡佚。《分明士制》：兩《唐志》無載，亡佚。郭鴻：生平事迹不詳。兩《唐志》無載，亡佚。《答問》四卷：兩《唐志》無載，亡佚。《答問》五十卷：《梁書》卷五一載何胤撰《禮答問》五十五卷。兩《唐志》無載，亡佚。《答問》十卷：不署撰者。兩《唐志》無載，亡佚。

《三禮圖》九卷。鄭玄及後漢侍中阮諶等撰。

阮諶：字士信，徵辟無所就，造《三禮圖》傳於世。見《三國志》卷一六注。北宋《三禮圖》有梁正題曰"陳留阮士信受《禮》學於潁川綦母君，取其説爲圖三卷，多不按《禮》文而引漢事，與鄭君之文違錯"。《日本國見在書目録》著録《周禮圖》十卷，鄭玄、阮諶等撰。兩《唐志》無載此書，載夏侯伏朗《三禮圖》十二卷，《新唐志》又有張鎰《三禮圖》九卷。今傳宋聶崇義《三禮圖集注》稱宋代《三禮圖》有六本，一鄭玄、二阮諶、三梁正、四夏侯伏朗、五張鎰、六隋開皇敕撰。《四庫全書總目》卷二二稱，聶崇義《集注》全無來歷，抄撮諸家而成，然不盡出於杜撰，並指出鄭玄未曾作《三禮圖》。而宋竇儼序聶氏《三禮圖集注》則明確地説，"崇義博采舊圖，凡得六本，其一本是鄭圖"。鄭玄是否有《三禮圖》，流傳狀況如何，待考。清馬國翰、王謨、孫彤、黃奭有輯本，皆稱此書爲阮諶等撰。

《周室王城明堂宗廟圖》一卷。阮諶撰。梁又有《冠服圖》一卷，《五宗圖》一卷，《月令圖》一卷，亡。

阮諶：原作"祁諶"，據上條及《隋書》卷六八所載改。《隋書》卷六八稱，"自古明堂圖惟有二本：一是宗周，劉熙、阮諶、劉昌宗等作，三圖略同。一是後漢建武三十年作《禮圖》有本，不詳撰人"。此書内容與上條《三禮圖》九卷有關聯，而《日本國見在書目録》著録《三禮圖》爲十卷，此書似當包括其中。

右一百三十六部，一千六百二十二卷。通計亡書，二百一十一部，二千一百八十六卷。

一百三十六部：實際是一百三十七部。二百一十一部：實際是二百一十三部。

自大道既隱，天下爲家，先王制其夫婦、父子、君臣、上下、親疎之節。至于三代，損益不同。周衰，諸侯僭忒，[1]惡其害己，多被焚削。自孔子時，已不能具，至秦而頓滅。漢初，有高堂生傳十七篇，[2]又有古經出於淹中，[3]而河間獻王好古愛學，[4]收集餘燼，得而獻之，合五十六篇，並威儀之事。[5]而又得《司馬穰苴兵法》一百五十五篇，[6]及《明堂陰陽》之記，[7]並無敢傳之者。唯古經十七篇，與高堂生所傳不殊，而字多異。自高堂生至宣帝時后蒼，[8]最明其業，乃爲《曲臺記》。蒼授梁人戴德，及德從兄子聖、沛人慶普，[9]於是有大戴、小戴、慶氏，三家並立。後漢唯曹充傳慶氏，[10]以授其子褒。[11]然三家雖存並微，相傳不絕。漢末，鄭玄傳小戴之學，後以古經校之，取其於義長者作注，爲鄭氏學。其《喪服》一篇，[12]子夏先傳之，諸儒多爲注解，今又別行。而漢時有李氏得《周官》。《周官》蓋周公所制官政之法，上於河間獻王，獨闕《冬官》一篇。獻王購以千金不得，遂取《考工記》以補其處，合成六篇奏之。至王莽時，劉歆始置博士，以行於世。河南緱氏及杜子春受業於歆，因以教授。是後馬融作《周官傳》，以授鄭玄，玄作《周官注》。漢初，河間獻王又得仲尼弟子及後學者所記一百三十一篇獻之，時亦無傳之者。至劉向考校經籍，檢得一百三十篇，向因第而叙之。而又得《明堂陰陽記》三十三篇、《孔子三朝記》七篇、《王氏史記》二十一篇、《樂記》二十三篇，凡五種，合二百十四篇。戴德刪其煩重，合而記之，爲八十五篇，謂之《大戴記》。而戴聖又刪大戴之書，爲四十六篇，謂之《小戴記》。漢末馬融，遂傳小戴之學。融又定《月令》一篇、《明堂位》一篇、《樂記》一篇，合四十九篇，[13]而鄭玄受業於融，又爲之注。今《周官》六篇、古經十七篇、《小戴記》四十九篇，凡三種。唯《鄭注》立於國學，其餘並多散亡，又無師說。

[1]僭（jiàn）忒（tè）：逾越常規，心懷疑貳。忒，差失。

[2]高堂生：字伯，魯人。《史記》卷一二一稱，《禮》固自孔子時而其經不具，及至秦焚書，書散亡益多，於今獨有《士禮》，高堂生能之。《索隱》引謝承語，秦氏季代有魯人高堂伯。云"生"者，自漢以來，儒者皆號"生"。傳十七篇，指今文《儀禮》。

[3]古經：《漢志》著錄《禮古經》五十六卷，《經》十七篇。

[4]河間獻王：劉德，漢景帝子。景帝前二年立爲河間獻王。修學好古，多得古文先秦書，《周官》《尚書》《禮》《孟子》《老子》等。山東諸儒多從而游。《漢書》卷五三有傳。

[5]威儀：威儀三千乃謂冠、婚、吉、凶，蓋《儀禮》是也。見《漢志》顏師古注。

[6]《司馬穰苴兵法》：《漢志》將此書列於《六藝略》"禮類"。據《史記·司馬穰苴傳》載，齊威王使大夫追論古者《司馬兵法》，而附穰苴於其中，因號曰《司馬穰苴兵法》。

[7]《明堂陰陽》：《漢志》言此書多天子諸侯卿大夫之制。

[8]宣帝：劉詢，因祖父戾太子據遭巫蠱事自殺，父母遇害，幼時長於民間，了解百姓疾苦。在位二十五年，勵精圖治，政績顯著。《漢書》卷八有紀。后蒼：字近君，東海郯（今山東郯城縣）人。從孟卿學《禮》，又事夏侯始昌，説《禮》數萬言，號曰《后氏曲臺記》。《漢書》卷八八有傳。

[9]慶普：字孝公，沛（今江蘇沛縣東）人。從后蒼學《禮》，後自成一家，號慶氏學。官至東平太傅。見《漢書》卷八八。

[10]曹充：原作"曹元"，據《後漢書》卷三五改。魯國薛（今山東滕縣東南）人，持《慶氏禮》。建武中，從帝巡狩泰山，定封禪禮。明帝時，拜侍中。《後漢書》卷三五有傳。

[11]曹褒：字叔通，曹充子。博雅疏通，尤好禮事。和帝永元四年（92），遷射聲校尉，歷將作大匠、侍中諸職。傳《禮記》四十九篇，教授諸生千餘人，慶氏學遂行於世。《後漢書》卷三五

有傳。

　　[12]《喪服》：今《儀禮》亦有《喪服》，自子夏以後諸儒多注解此篇，別行。

　　[13]合四十九篇：《四庫全書總目》卷二一稱，《月令》《明堂位》《樂記》非馬融所增，四十九篇實爲戴聖原書，《隋志》誤。

《樂社大義》十卷。梁武帝撰。

　　《隋書·音樂志》稱梁武帝“既素善鍾律，詳悉舊事，遂自制定禮樂”。兩《唐志》有著録，《宋志》無載，亡佚。清馬國翰有輯本，並稱此書名樂社者，緣自《周禮·大司馬》“先凱樂於社”。

《樂論》三卷。梁武帝撰。梁有《樂義》十一卷，武帝集朝臣撰，亡。

　　兩《唐志》有著録，《宋志》無載，亡佚。《樂義》：天監元年下詔訪百僚，稱“卿等學術通明，可陳其所見”。是時對樂者七十八家。疑此書爲諸家議論之集粹。

《樂論》一卷。衛尉少卿蕭吉撰。

　　蕭吉：字文休，梁武帝兄蕭懿之孫。博學多通，江陵陷，歸於周。及隋受禪，以本官考定古今陰陽書。煬帝時，拜太府少卿。不久，卒官。著《宅經》《樂譜》等，並行於世。《隋書》卷七八、《北史》卷八九有傳。本志子部尚有蕭吉三部著述。兩《唐志》無載，亡佚。

《古今樂録》十二卷。陳沙門智匠撰。

　　智匠：生平事迹不詳。兩《唐志》、《宋志》、《中興館書目輯考》卷一皆著録此書十三卷。此書宋時猶存，郭茂倩編《樂府詩集》多有所據，今亡佚。清王謨、黃奭、馬國翰有輯本。

《樂書》七卷。後魏丞相士曹行參軍信都芳撰。

信都芳：字玉琳，河間（今河北河間市）人。少明算術，齊高祖以其爲館客，授參軍。著有《樂書》《四術周髀宗》等。《魏書》卷九一、《北齊書》卷四九、《北史》卷八九有傳。本志子部尚有信都芳二部著述。《舊唐志》著録《樂書》九卷，信都芳注；《新唐志》著録信都芳删注《樂書》九卷。《宋志》無載，亡佚。清馬國翰有輯本。

《樂雜書》三卷。

不署撰者。兩《唐志》無載，亡佚。

《樂元》一卷。魏僧撰。

此書與上《樂雜書》，兩《唐志》皆無載，而著録桓譚《樂元起》二卷、《琴操》二卷，共四卷，與此二書卷數相合。姚振宗推測二者書名不同，實爲一書。桓譚兩漢間人，著有《新論》。魏僧其名不傳，可能是傳録桓譚書的人。

《管絃記》十卷。凌秀撰。

《舊唐志》著録《管絃記》十二卷，留進録、凌秀注；《新唐志》著録留進《管絃記》十二卷、凌秀《管絃志》十卷。《宋志》無載，亡佚。留進、凌秀，生平事迹皆不詳。

《樂要》一卷。何妥撰。

《北史·何妥傳》稱其撰《樂要》一卷。兩《唐志》無載，亡佚。

《樂部》一卷。

不署撰者。兩《唐志》無載，亡佚。清馬國翰有輯本，並稱此書記龜茲、天竺、唐國、疏勒、安國、高麗等樂甚詳。

《春官樂部》五卷。梁有《宋元嘉正聲伎録》一卷，張解撰，亡。

不署撰者。兩《唐志》無載，亡佚。《宋元嘉正聲伎録》：姚振宗依據郭茂倩《樂府詩集》數引張永《元嘉正聲伎録》，認爲此書當爲張永所解，《隋志》有脱誤。

《樂府聲調》六卷。岐州刺史、沛國公鄭譯撰。

鄭譯：字正義，滎陽開封（今河南開封市）人。頗有學識，兼知鍾律。周宣帝時，進封沛國公。隋文帝受禪，詔其參議樂事。譯更修七始之義，名曰《樂府聲調》，凡八篇。不久遷岐州刺史，歲餘奉詔定樂於太常。開皇十一年卒，謚曰達。《周書》卷三五、《隋書》卷三八、《北史》卷三五有傳。《舊唐志》著録《樂府聲調》六卷，《新唐志》著録鄭譯《樂府歌辭》八卷，又《樂府聲調》六卷。《宋志》無載，亡佚。

《樂府聲調》三卷。鄭譯撰。

此書或是定樂太常時所作，或是六卷本的別本。

《樂經》四卷。

不署撰者。《四庫全書總目》卷三八言，沈約稱《樂經》亡於秦，考諸古籍，唯《禮記·經解》有樂教之文，然他書均不云《樂經》。漢王充《論衡》在《超奇》《對作》中提及兩漢間陽成子長作《樂經》。《漢書·王莽傳》稱，元始四年立《樂經》。兩《唐志》不載此書，亡佚。清王謨、馬國翰有輯本。

《琴操》 三卷。晉廣陵相孔衍撰。

《舊唐志》著錄三卷，《新唐志》著錄二卷，《宋志》著錄《琴操引》三卷。此書宋代猶存，今亡佚。清王謨有輯本。

《琴操鈔》 二卷。

《琴操鈔》 一卷。

二書皆不署撰者。兩《唐志》無載，亡佚。

《琴譜》 四卷。戴氏撰。

《宋書》卷九三載，戴顒與兄勃皆受琴於父。父死，各造新弄，勃五部，顒十五部。姚振宗據此以爲戴氏當即戴氏父子。兩《唐志》無載，亡佚。

《琴經》 一卷。

不署撰者。《日本國見在書目録》有《琴經》一卷，蔡伯喈撰。似即此書。兩《唐志》無載，亡佚。

《琴説》 一卷。

不署撰者。兩《唐志》已無載，久佚。

《琴曆頭簿》 一卷。

不署撰者。兩《唐志》著錄《琴集曆頭拍簿》一卷，《宋志》無載，亡佚。清馬國翰以爲《太平御覽》所引《琴曆》即此書，有此書輯本。

《新雜漆調絃譜》 一卷。

不署撰者。姚振宗據《隋書·音樂志》記載，以爲此書記述隋時太樂署典守樂器之程式。兩《唐志》無載，亡佚。

《樂譜》四卷。

　　不署撰者。《隋書·藝術傳》載，萬寶常撰《樂譜》六十四卷，具論八音旋相爲宮之法，改弦移柱之變。姚振宗據此以爲此書乃萬寶常所作之佚存。兩《唐志》無載，亡佚。

《樂譜集》二十卷。蕭吉撰。

　　《隋書》《北史》的《藝術傳》載蕭吉撰《樂譜》二十卷。兩《唐志》著録《樂譜集解》二十卷，蕭吉撰。《宋志》無載，亡佚。

《樂略》四卷。

　　不署撰者。兩《唐志》著録元慇撰《樂略》四卷、《聲律指歸》一卷，疑此書爲元慇撰。元慇，生平事迹不詳。《宋志》無載，亡佚。

《樂律義》四卷。沈重撰。

　　兩《唐志》無載，亡佚。

《鍾律義》一卷。

　　《北史》卷八二載，保定末，沈重至於京師，詔令討論五經，並校定鍾律。兩《唐志》著録沈重撰《鍾律》五卷，此卷數與《樂律義》《鍾律義》兩書卷數相合，疑"《鍾律義》一卷"下脱"沈重撰"。《宋志》無載，亡佚。清馬國翰有輯本。

《樂簿》十卷。
《齊朝曲簿》一卷。
《大隋總曲簿》一卷。

　　三書皆無撰者名。從其書名推測，當是不同朝代的曲譜。兩

《唐志》無載，亡佚。

《推七音》二卷。并尺法。

　　不署撰者。據《隋書·音樂志》記載，鄭譯議論七音，並作書十二篇，以明其指。《推七音》當與參定音樂有關，此書可能即爲鄭譯所作。兩《唐志》有《推七音》一卷，亦無撰者名。《宋志》無載，亡佚。尺法：參見《隋書·律曆志上》之《律管圍容黍篇》。

《樂論事》一卷。
《樂事》一卷。

　　二書皆不署撰者。《隋書·蘇威傳》稱，蘇威子夔，以鍾律自命。議樂事，與何妥各爲一議，著《樂志》十五篇。姚振宗據此，疑此二書爲蘇夔所作。兩《唐志》著録《論樂事》二卷，與此二書卷數相合，疑爲此二書之和。《宋志》無載，亡佚。

《正聲伎雜等曲簿》一卷。

　　不署撰者。此書似《宋元嘉正聲伎録》之別本，或其佚存者。兩《唐志》無載，亡佚。

《太常寺曲名》一卷。
《太常寺曲簿》十一卷。

　　《魏書·樂志》載，太樂令崔九龍向太常卿祖瑩建言，爲避免諸曲名以後亡失，須當即條記，存之於樂府。此二書可能是在此基礎上形成的。兩《唐志》無載，亡佚。

《歌曲名》五卷。

　　不署撰者。《舊唐志》著録《外國伎曲》三卷、《外國伎曲名》一卷，《新唐志》著録《外國伎曲》三卷、又一卷。兩《唐志》所著録的二書，似即此《歌曲名》。《宋志》無載，亡佚。

《歷代樂名》一卷。

不署撰者。兩《唐志》著録《歷代曲名》一卷，似即此書。《宋志》無載，亡佚。

《鍾磬志》二卷。公孫崇撰。

公孫崇：北魏給事中，曾與中書監高閭共考音律，上言樂事。又用十餘年繼續高閭草創古樂的事業。疑此書爲任太樂令時所爲。見《魏書》卷一○九。兩《唐志》有著録，《宋志》無載，亡佚。

《樂懸》一卷。何晏等撰議。

此書當是集有關人士對於樂懸的議論。"樂懸謂鍾磬之屬懸於筍簴（放置鍾磬的架子）者"。見《周禮·春官·小胥》注。何晏：字平叔，南陽（今河南南陽市）人。少以才秀知名，好老莊。作《道德論》及文賦著述數十篇。正始間，遷侍中尚書。後司馬懿誅曹爽，何晏亦伏誅。《三國志》卷九有傳。本志經、史、子、集部尚有何晏六部著述。兩《唐志》無載，亡佚。

《樂懸圖》一卷。

不署撰者。兩《唐志》無載，亡佚。

《鍾律緯辯宗見》一卷。

不署撰者。此書似與後梁武帝撰《鍾律緯》有關係。兩《唐志》無載，亡佚。

《當管七聲》二卷。魏僧撰。

此魏僧與前撰《樂元》者，當爲一人。此兩《唐志》無載，亡佚。

《黄鍾律》一卷。梁有《鍾律緯》六卷，梁武帝撰。

《隋書·律曆志上》記載，牛弘、鄭譯、何妥等人議論鍾律，疑此書爲衆人議論的記述。兩《唐志》無載，亡佚。《鍾律緯》：《隋書·律曆志上》記載，武帝作《鍾律緯》，論前代得失。兩《唐志》無載，《宋志》著録梁武帝《鍾律緯》一卷，今亡佚。清嚴可均有輯文、馬國翰有輯本。

右四十二部，一百四十二卷。通計亡書，合四十六部，二百六十三卷。

四十二部：實際有四十四部。四十六部：實際四十七部。

樂者，先王所以致神祇，[1]和邦國，諧萬姓，安賓客，悦遠人，所從來久矣。周人存六代之樂，[2]曰《雲門》《咸池》《大韶》《大夏》《大護》《大武》。[3]其後衰微崩壞，及秦而頓滅。漢初，制氏雖紀其鏗鏘鼓舞，[4]而不能通其義。其後竇公、河間獻王、常山王禹，[5]咸獻樂書。魏、晉已後，雖加損益，去正轉遠，事在《聲樂志》。[6]今録其見書，以補樂章之闕。

[1]神祇：天地之神。天曰神，地曰祇。
[2]六代：指黄帝、堯、舜、禹、商、周。
[3]《雲門》：相傳黄帝時所制樂，"舞《雲門》以祭天神"。《咸池》，相傳堯時之樂，"舞《咸池》以祭地祇"。《大韶》，又作《大磬》，相傳舜時之樂，"舞《大磬》以祀四望"。《大夏》，相傳夏禹時之樂，"舞《大夏》以祭山川"。《大護》，又作《大濩》，相

傳商湯之樂，"舞《大護》以享先妣"。《大武》，周武王之樂，"舞《大武》以享先祖"。參見《周禮·春官·大司樂》。

[4]制氏：魯人，善樂事。參見《漢書·禮樂志》服虔注。紀，識也。

[5]竇公：《漢志》記載，"魏文侯最爲好古，孝文時得其樂人竇公獻其書，乃《周官·大宗伯》之《大司樂》章也"。據桓譚《新論》，竇公見孝文帝時一百八十歲，然而魏文侯卒年，距孝文帝元年已有二百一十四年，若竇公確實是魏文侯時人，不可能見到漢文帝。本志將竇公置於制氏之後，竇公就應該是漢人。《漢志》記載，可以理解爲孝文帝得到魏文侯的樂人竇公獻的樂書。常山王禹，原作"常山王張禹"，"張"爲衍文，據《漢志》《隋書·音樂志》刪。王禹，常山（今河北境內）人。漢成帝時爲謁者，數言樂事之義，獻二十四卷《記》。《漢志》著錄《王禹記》二十四篇。

[6]《聲樂志》：今傳《隋書》作《音樂志》。

《春秋經》十一卷。吳衛將軍士燮注。

《春秋》，孔子作。《史記》載，"因史記作《春秋》，上至隱公，下訖哀公十四年，十二公。據魯，親周，故殷，運之三代"。《漢志》著錄《春秋古經》十二篇，《經》十一卷，是古文經所藏之書，漢文帝除挾書律後始行於世，自爲一帙。《左氏傳》三十卷雖依此經作，亦自爲一帙。晉杜預作《春秋左傳集解》乃分經之年而居傳之首，於是《春秋古經》不復單行矣。公、穀二家之經相同，是今文經，核今文《春秋經》與古文《春秋經》亦基本相同。《文獻通考》卷九引眉山李氏《古經後序》曰："《古經》十二篇、十一卷者，本《公羊》《穀梁》二家所傳，吳士燮始爲之注，《隋氏》載焉。……蓋《公羊》得立學官最先，《穀梁》次之，《左氏》最後。故士燮但注二家，不及《左氏》。"士燮：字威彥，蒼梧廣信（今廣西蒼梧縣）人。事潁川劉子奇，治《左氏春秋》。建安末，孫權遷其爲衛將軍，拜龍編侯。耽玩《春秋》，爲之注解。《三國志》卷四九有傳。《經典釋文叙錄》、兩《唐志》有著錄，《宋志》無載，亡佚。

《春秋左氏長經》二十卷。漢侍中賈逵章句。

《後漢書》卷三六載，漢章帝"善（賈）逵説，使發出《左氏傳》大義長於二傳者"，賈逵即挑出《左氏》三十事尤著名者，以抵《公羊》《穀梁》。《漢志》有《左氏傳》三十卷，左丘明因《春秋》口授弟子，恐弟子各安其意，故論本事而爲《春秋》作傳，然《左氏傳》紀事至悼公四年，較《春秋》本經多十七年事。對於《左傳》的作者，歷來有爭論，宋葉夢得、鄭樵認爲應是六國時人。《左傳》的來源有三説，劉歆謂漢時藏於祕府，許慎謂由張蒼所獻，王充謂是魯恭王在孔子舊宅發現的。《經典釋文叙錄》追溯了《左傳》的傳習源流，漢有鐸椒、張蒼、劉歆，後漢經賈逵、鄭衆、馬融傳習，《左傳》大興。此書不僅注《左氏傳》，亦注《春秋經》。見《南齊書·陸澄傳》及《春秋左傳正義·襄公三十一年》疏。《舊唐志》著錄《春秋左氏長經章句》三十卷，《新唐志》著錄《春秋左氏長經章句》二十卷，《宋志》無載，亡佚。清馬國翰有輯本。

《春秋左氏解詁》三十卷。賈逵撰。

《後漢書》卷三六載，賈逵尤明《左氏傳》，爲之解詁三十篇。其書《經典釋文叙錄》、兩《唐志》有著錄，《宋志》無載，亡佚。清王謨、馬國翰、黃奭有輯本。

《春秋左氏傳解誼》三十一卷。漢九江太守服虔注。

服虔：初名重，又名祇，後改爲虔，字子慎，河南滎陽（今河南滎陽市）人。在太學受業，作《春秋左氏傳解》。靈帝中平末，拜九江太守。著詩賦、碑、誄凡十餘篇。《後漢書》卷七九下有傳。本志經、史部尚有服虔七部著述。本志篇叙稱，晉時服虔、杜預注俱立國學，後唯傳服義。《經典釋文叙錄》、兩《唐志》皆著錄此書三十卷，《宋志》無載，亡佚。清馬國翰、袁鈞、王謨、黄奭有輯本。

《春秋左氏傳》三十卷。王肅注。

《經典釋文叙錄》、兩《唐志》有著錄，《宋志》無載，亡佚。清馬國翰有輯本。

《春秋左氏傳》三十卷。董遇章句。

《三國志》卷一三注曰，董遇善《左氏傳》，更爲作朱墨别異。《經典釋文叙錄》著錄董遇《章句》三十卷，兩《唐志》著錄董遇《春秋經傳章句》三十卷，《宋志》無載，亡佚。清馬國翰有輯本。

《春秋左氏傳義注》十八卷。孫毓注。

《經典釋文叙錄》著錄孫毓《注》二十八卷，兩《唐志》著錄《春秋左氏傳義注》三十卷，《宋志》無載，亡佚。清馬國翰有輯本。

《春秋左氏傳》十二卷。魏司徒王朗撰。

王朗：字景興，東海郯（今山東郯城縣）人，王肅之父。漢獻帝時，拜會稽太守。魏文帝時，爲司空，進封樂平侯。後封蘭陵侯，轉爲司徒。著《易》《春秋》等，皆傳於世。《三國志》卷一三有傳。兩《唐志》著錄王朗《春秋傳》十卷，《宋志》無載，亡佚。

《春秋左氏經傳集解》三十卷。杜預撰。

杜預《春秋序》稱，專修丘明之傳以釋經，經之條貫必出於傳。而《四庫全書總目》卷二六則曰，杜注多强經以就傳，是篤信專門之過，不能不謂之一失。此書《經典釋文叙録》、兩《唐志》有著録。唐孔穎達爲《春秋左氏經傳集解》作疏，即《春秋左傳正義》。《春秋左傳集解》流傳至今，現存最早的本子爲宋刻本，通行的本子有十三經注疏本、四庫本、四部叢刊本。

《春秋杜氏》《服氏注春秋左傳》十卷。殘缺。

此似前所著録之杜預《春秋左氏經傳集解》及服虔《春秋左氏傳解誼》的殘卷合并本。

《春秋左氏傳音》三卷。魏中散大夫嵇康撰。梁有服虔、杜預《音》三卷，魏高貴鄉公《春秋左氏傳音》三卷，曹耽《音》、尚書左人郎荀訥等《音》四卷，亡。

嵇康：字叔夜，譙國銍（今安徽宿州市）人。少有奇才，長好老莊。官拜中散大夫。因得罪鍾會，被誣入獄而誅。作《廣陵散》《太師箴》等。《三國志》卷二一、《晋書》卷四九有傳。本志史、子部尚有嵇康二部著述。《經典釋文叙録》著録此書，兩《唐志》無載，亡佚。清馬國翰有輯本。服虔杜預《音》：《經典釋文叙録》著録服虔《音》一卷，兩《唐志》著録服虔《春秋左氏音隱》一卷。《宋志》無載，亡佚。杜預《音》，《經典釋文叙録》、兩《唐志》皆著録爲三卷。《宋志》無載，亡佚。曹髦：字彦士，東海定王霖子。正始五年，封郯縣高貴鄉公。齊王曹芳廢，即帝位後被弑。《三國志》卷四有傳。其書兩《唐志》無載，亡佚。曹耽荀訥《音》：《經典釋文叙録》僅著録荀訥音四卷，兩《唐志》著録《春秋左氏音》四卷，曹耽、荀訥撰。《宋志》無載，亡佚。荀訥：字世言，新蔡（今河南新蔡縣）人。東晋左民郎。見《經典釋文叙録》。

《春秋左氏傳音》三卷。李軌撰。

　　《經典釋文叙錄》《新唐志》著錄李軌撰，《舊唐志》著錄李弘範撰，李軌字弘範。《宋志》無載，亡佚。

《春秋左氏傳音》三卷。徐邈撰。

　　《經典釋文叙錄》有著錄。兩《唐志》亦有著錄，然撰者誤作孫邈。《宋志》無載，亡佚。清馬國翰有輯本。

《春秋釋訓》一卷。賈逵撰。

《春秋左氏經傳朱墨列》一卷。賈逵撰。

　　以上賈逵所撰二書，兩《唐志》、《宋志》皆無載，亡佚。

《春秋釋例》十卷。漢公車徵士穎容撰。梁有《春秋左氏傳條例》九卷，漢大司農鄭衆撰。

　　穎容：字子嚴，陳國長平（今河南西華縣）人。博學多通，善《左氏》。州辟、公車徵，皆不就。著《春秋左氏條例》五萬餘言。《後漢書》卷七九下有傳。杜預《春秋左傳集解序》曰，“……末有穎子嚴者，雖淺近，亦復名家，故特舉劉、賈、許、穎之違以見異同”。《經典釋文叙錄》載穎容《春秋條例》，《舊唐志》著錄《春秋左氏傳例》七卷，失撰者，《新唐志》著錄穎容《釋例》七卷，三者同爲一書。《宋志》無載，亡佚。清馬國翰有輯本。鄭衆：字仲師，河南開封（今河南開封市）人。從父受《左氏春秋》，作《春秋難記條例》，兼通《易》《詩》，知名於世。永平中，以明經爲給事中，再遷越騎司馬。遷馮翊，有政績。建初六年爲大司農。《後漢書》卷三六有傳。本志經部尚有鄭衆一部著述。此書《經典釋文叙錄》作《左傳條例章句》，《舊唐志》作《春秋左氏傳條例章句》，《新唐志》作《牒例章句》。《宋志》無載，亡佚。

《春秋左氏膏肓釋痾》十卷。服虔撰。梁有《春秋漢議駁》二卷，服虔撰，亡。

此書針對何休《春秋左氏膏肓》而作。痾（kē）：病。膏肓，喻《左氏》之疾不可爲。兩《唐志》皆著録此書，然作五卷，《宋志》無載，亡佚。清馬國翰有輯文，附《春秋左氏傳解誼》輯本後。《春秋漢議駁》：《後漢書》卷七九下載，服虔"又以《左傳》駁何休之所駁漢事六十條"，疑即此書。《舊唐志》著録作《何氏春秋漢記》十一卷，《新唐志》著録作《駁何氏春秋漢議》十一卷。《宋志》無載，亡佚。

《駁何氏漢議》二卷。鄭玄撰。

此書《日本國見在書目録》有著録，作九卷，鄭玄撰。《舊唐志》著録《何氏春秋漢議》十一卷，何休撰，鄭玄駁，糜信注。《新唐志》著録何休《春秋漢議》十卷，糜信注，鄭玄駁。《宋志》無載，亡佚。

《春秋成長説》九卷。服虔撰。梁有《春秋左氏達義》一卷，漢司徒掾王玢撰，亡。

《周禮·春官·占夢》"以日、月、星辰占六夢知吉凶"下疏引服虔《左傳説》，最後曰"成長以爲誤也"。姚振宗認爲成長是人名，其有《春秋説》，服虔集而論之，故署服虔撰。《春秋左氏達義》：兩《唐志》皆有著録，作《春秋達長義》。《宋志》無載，亡佚。王玢，生平事迹不詳。

《春秋塞難》三卷。服虔撰。梁有《春秋雜議難》五卷，漢少府孔融撰；《春秋左氏釋駁》一卷，王朗撰。亡。

此書兩《唐志》皆有著録，《宋志》無載，亡佚。孔融：字文舉，魯國（今山東境內）人，孔子二十世孫。幼有異才，好學，多涉博覽。獻帝都許，徵爲將作大匠，遷少府，忤曹操免官。歲餘復拜太中大夫，然終下獄棄市。所著詩賦、論議、表檄等二十五篇。《後漢書》卷七〇、《三國志》卷一二有傳。兩《唐志》著錄《春秋雜議難》五卷，無撰者名，疑即此書。《宋志》無載，亡佚。

《春秋左氏釋駁》：兩《唐志》無載，亡佚。

《春秋説要》十卷。魏樂平太守糜信撰。

　　糜信：字南山，東海（今山東境内）人。魏樂平太守。見《經典釋文叙錄》。本志經部尚有糜信一部著述。兩《唐志》著錄此書爲《春秋左氏傳説要》十卷，《宋志》無載，亡佚。

《春秋釋例》十五卷。杜預撰。梁有《春秋釋例引序》一卷，齊正員郎杜乾光撰，亡。

　　《春秋左傳集解序》曰“又別集諸例及地名、譜第、歷數相與爲部，凡四十部十五卷，皆顯其異同從而釋之，名曰《釋例》”。《晋書》卷三四《杜預傳》載，又參考衆家譜第謂之《釋例》。兩《唐志》、《宋志》、《崇文總目》皆有著錄。《四庫全書總目》卷二六曰，“自明以來，是書久佚，唯《永樂大典》中尚存三十篇，並有唐劉賁原序。其六篇有釋例而無經傳，餘亦多有脱文。謹隨篇掇拾，取孔穎達《正義》及諸書所引《釋例》之文補之，校其訛謬，釐爲四十七篇，仍分十五卷，以還其舊”。可知今傳本乃從《永樂大典》中輯出，有四庫本、武英殿聚珍本、岱南閣叢書本。杜乾光：生平事迹不詳。其書兩《唐志》無載，亡佚。

《春秋左氏傳評》二卷。杜預撰。

　　此書兩《唐志》均作《左氏杜預評》二卷。《宋志》無載，亡佚。

《春秋條例》十一卷。晋太尉劉寔撰。梁有《春秋公羊達義》三卷，劉寔撰，亡。

劉寔：字子真，平原高唐（今山東禹城市）人。好學，博通古今。泰始初進爵爲伯，元康初進爵爲侯，九年拜司空，遷太保，轉太傅。懷帝即位，授太尉。精於三傳，辯證《公羊》，又撰《春秋條例》十卷。《晋書》卷四一有傳。本志集部尚有一部劉寔著述。此書《舊唐志》著録《春秋左氏條例》十卷，《新唐志》著録《條例》十卷、《左氏牒例》二十卷。《宋志》無載，亡佚。《春秋公羊達義》：兩《唐志》皆著録《春秋公羊違義》三卷，劉寔撰，劉晏注。《宋志》無載，亡佚。

《春秋經例》十二卷。晋方範撰。梁有《春秋釋滯》十卷，晋尚書左丞殷興撰；《春秋釋難》三卷，晋護軍范堅撰。亡。

方範：生平事迹不詳。《舊唐志》著録《春秋左氏經例》十卷，《新唐志》著録《經例》六卷，《宋志》無載，亡佚。殷興：一作殷基，雲陽（今江蘇丹陽市）人。仕吳，爲無難督。入晋，遷尚書左丞。有《春秋釋滯》十卷，《通語》十卷。見《全晋文》卷八一。本志子部尚有其著述一部。兩《唐志》皆著録此書，《宋志》無載，亡佚。范堅：字子常，南陽順陽（今河南淅川縣）人。博學善屬文。永嘉中，避亂江東，拜佐著作郎、撫軍參軍，累遷尚書左丞、護軍長史，卒官。《晋書》卷七五有傳。其書兩《唐志》無載，亡佚。

《春秋左氏傳條例》二十五卷。
《春秋義例》十卷。

以上二書皆不署撰者，兩《唐志》均無載，亡佚。

《春秋左傳例苑》十九卷。梁有《春秋經傳説例疑隱》一卷，吳略撰；《春秋左氏分野》一卷；《春秋十二公名》一卷，鄭玄撰。亡。

不署撰者。兩《唐志》著録《春秋左氏傳例苑》十八卷，梁簡文帝撰。《梁書》卷四、《南史》卷八俱不載簡文帝撰此書。唯《南齊書》卷四〇載，晉安王蕭子懋，字雲昌。永明八年爲鎮南將軍，撰《春秋例苑》三十卷奏之。此應與本志、兩《唐志》所著録爲一書。《宋志》無載，亡佚。《春秋經傳説例疑隱》：兩《唐志》著録吳略撰《春秋經傳詭例疑隱》一卷，《宋志》無載，亡佚。吳略，生平事迹不詳。《春秋十二公名》：兩《唐志》無載，亡佚。

《春秋左氏經傳通解》四卷。王述之撰。

本志本類尚著録王述之撰《春秋旨通》十卷，王述之生平事迹不詳。兩《唐志》著録《春秋旨通》，撰者則爲王延之，却未著録此書。王延之在《宋書》卷六六、《南齊書》卷三二、《南史》卷二四皆有傳，然均未提及其有著述。此書兩《唐志》無載，亡佚。

《春秋左氏傳賈、服異同略》五卷。孫毓撰。

此書當爲孫毓所集賈逵、服虔有關《春秋左氏傳》之異同。兩《唐志》皆有著録，《宋志》無載，亡佚。

《春秋左氏函傳義》十五卷。干寶撰。

《晋書》卷八二載，干寶爲《春秋左氏義外傳》，並未言有此書。兩《唐志》著録此書作《春秋義函傳》十六卷，《宋志》無載，亡佚。清馬國翰有輯本。

《春秋左氏區別》三十卷。宋尚書功論郎何始真撰。

何始真：《宋書》無傳，卷五七載"以何始真爲諮議參軍"，卷八八載"太宗先遣尚書功論郎何如（始）真選青州文武"，其他事迹不詳。此書《舊唐志》作《春秋左氏區分》，《新唐志》作《春秋左氏區別》，皆爲十二卷，《宋志》無載，亡佚。

《春秋文苑》六卷。

不署撰者。兩《唐志》著録此書爲沈宏撰。沈宏：吳興武康（今浙江德清縣）人。天監初爲五經博士，著有《春秋經解》六卷、《春秋文苑》六卷、《春秋嘉語》六卷、《春秋五辯》二卷。見《全梁文》卷五九。此書《宋志》無載，亡佚。

《春秋叢林》十二卷。

不署撰者。兩《唐志》著録此書爲李謐撰。李謐：字永和，趙郡（今河北趙縣周邊）人。少好學，博通諸經，周覽百家。鳩集諸經，廣校同異，比三傳事例，名《春秋叢林》，十有二卷。《魏書》卷九〇有傳。此書《宋志》無載，亡佚。

《春秋義林》一卷。

不署撰者。兩《唐志》無載，亡佚。

《春秋大夫辭》三卷。

不署撰者。兩《唐志》有《春秋辭苑》五卷，亦不署撰者，不知是否與此書爲一書。《宋志》無載，亡佚。

《春秋嘉語》六卷。

不署撰者。兩《唐志》著録沈宏撰《春秋嘉語》六卷，《宋志》無載，亡佚。

《春秋左氏諸大夫世譜》十三卷。

不署撰者。兩《唐志》著録顧啓期撰《春秋大夫譜》十一卷。
《文獻通考·經籍考》卷九著録《春秋世譜》一卷，引《崇文總
目》"不著撰人名氏。凡七卷。起黄帝至周，見於春秋諸國，世系
傳久，稍失其次矣"。馬端臨"疑此乃啓期所撰"。顧啓期：孫吳
時人，其他事迹不詳。本志史部尚有顧啓期一部著述。此書宋代尚
有存留，今佚。

《春秋五辯》二卷。梁五經博士沈宏撰。

此書兩《唐志》無載，亡佚。

《春秋辯證》六卷。

不署撰者。兩《唐志》有《春秋辯證明經論》六卷，不知是
否與此書爲一書，此書《宋志》無載，亡佚。

《春秋旨通》十卷。王述之撰。

兩《唐志》著録此書，然撰者爲王延之，《宋志》無載，
亡佚。

《春秋經傳解》六卷。崔靈恩撰。

《春秋申先儒傳論》十卷。崔靈恩撰。

《春秋左氏傳立義》十卷。崔靈恩撰。

以上三書皆崔靈恩所撰。《南史》卷七一《崔靈恩傳》載其
"先習《左傳》服氏解，不爲江東所行，乃改説杜義。每文句常申
服以難杜，遂著《左氏條義》以明之"。兩《唐志》著録其《春秋
立義》十卷，《春秋申先儒傳例》十卷。此三書《宋志》皆無載，
亡佚。

劉寔等《集解春秋序》一卷。

　　兩《唐志》無載，亡佚。

《春秋序論》二卷。干寶撰。
　　兩《唐志》皆著錄此書爲一卷，《宋志》無載，亡佚。

《春秋序》一卷。賀道養注。
　　賀道養：會稽山陰（今浙江紹興市）人。太學博士、征南將軍。有《賀子述言》十卷、集十卷。見《南史》卷六二、《宋書》卷六六、《全宋文》卷四三。本志子、集部尚有賀道養二部著述。此書兩《唐志》無載，亡佚。

《春秋序》一卷。崔靈恩撰。
　　此書兩《唐志》無載，亡佚。

《春秋序》一卷。田元休注。
　　田元休：生平事迹不詳。此書兩《唐志》無載，亡佚。

《春秋左傳杜預序集解》一卷。劉炫注。
　　兩《唐志》無載，亡佚。

《春秋左氏經傳義略》二十五卷。陳國子博士沈文阿撰。
　　沈文阿：字國衛，吳興武康（今浙江德清縣）人。少習父業，治三禮、三傳。累遷兼國子助教、五經博士，後遷通直散騎常侍、兼國子博士，領羽林監。天嘉四年卒，詔贈廷尉卿。所撰《儀禮》八十餘卷、《經典大義》十八卷，並行於世。《梁書》卷四八、《陳書》卷三三、《南史》卷七一有傳。本志經部尚有沈文阿一部著述。兩《唐志》著錄沈文阿《春秋義略》二十七卷，《宋志》無載，亡佚。清馬國翰有輯本。

王元規《續沈文阿春秋左氏傳義略》十卷。

王元規：字正範，太原晋陽（今山西太原市）人。從沈文阿受業，通《春秋左氏》《孝經》《論語》等。梁爲員外散騎侍郎。陳天嘉年間領國子助教，後遷國子祭酒。禎明三年入隋，年七十四卒。著《春秋發題辭》及《義記》十一卷，《續經典大義》十四卷等。《陳書》卷三三、《南史》卷七一有傳。《經典釋文叙録》載，梁東宮學士沈文阿撰《春秋義疏》闕下帙，陳東宮學士王元規續成之，元規又撰《春秋音》。此書兩《唐志》無載，亡佚。清馬國翰有輯本。

《春秋義略》三十卷。陳右軍將軍張沖撰。

張沖：字叔玄，吴郡（江蘇蘇州市周邊）人。仕陳爲左中郎將，非其好也。撰《春秋義略》，異於杜氏七十餘事。官至漢王侍讀。《隋書》卷七五、《北史》卷八二有傳。本志經部尚有張沖一部著述。此書兩《唐志》皆著録《春秋左氏義略》三十卷，《宋志》無載，亡佚。

《春秋左氏義略》八卷。

不署撰者。兩《唐志》無載，亡佚。

《春秋五十凡義疏》二卷。

不署撰者。兩《唐志》無載，亡佚。

《春秋左氏傳述義》四十卷。東京太學博士劉炫撰。

《隋書》卷七五載，劉炫著《春秋攻昧》十卷、《春秋述議》四十卷。《日本國見在書目録》著録劉炫《春秋述義》三十卷，兩《唐志》著録劉炫《春秋攻昧》十二卷、《春秋規過》三卷、《春秋述議》三十七卷，《宋志》著録劉炫《春秋述議略》一卷，又《春秋義囊》二卷。《崇文總目》著録《春秋述議》一卷，並稱此書本四十篇，唐孔穎達《正義》蓋據以爲説而增損之，今三十九篇亡。此書宋以後亡。清黄奭、王謨、馬國翰有輯本。

《春秋序義疏》一卷。梁有《春秋發題》一卷，梁簡文帝撰《春秋左氏圖》十卷，漢太子太傅嚴彭祖撰《古今春秋盟會地圖》一卷，亡。

不署撰者。兩《唐志》無載，亡佚。《春秋發題》：《日本國見在書目録》有《春秋發題》二卷，亦不署撰者。兩《唐志》無載，亡佚。《春秋左氏圖》：《梁書》卷四、《南史》卷八其本紀皆不載此圖。《通志·藝文略》著録《左氏圖》十卷，梁簡文帝撰，《宋志》無載，亡佚。嚴彭祖：字公子，東海下邳（今江蘇邳州市）人。與顏安樂從眭孟學《公羊春秋》。諸生徒中，唯嚴彭祖、顏安樂爲明，質問疑義，各持己見。眭孟死，二人各自專門教授，由是《公羊春秋》有嚴、顏之學。彭祖爲漢宣帝博士，至河南、東郡太守。以高第入爲左馮翊，遷太子太傅。《漢書》卷八八有傳。本志經部尚有嚴彭祖一部著述。兩《唐志》著録嚴彭祖撰《春秋圖》七卷，《通志·藝文略》著録嚴彭祖《春秋圖》七卷、《春秋盟會地圖》一卷。《宋志》無載，亡佚。清王謨、黄奭各輯《春秋盟會圖》一卷。

《春秋公羊傳》十二卷。嚴彭祖撰。

《春秋公羊傳》是公羊家傳習《春秋》之作。《漢志》著録公羊子《公羊傳》十一卷，徐彦《公羊疏》曰，"《公羊》者，子夏口授公羊高，高五世相授，至漢景帝時，公羊壽共弟子胡毋生乃著竹帛，胡毋生題親師，故曰《公羊》"。《日本國見在書目録》有《春秋公羊傳》十二卷，嚴彭祖注。《舊唐志》著録《春秋公羊傳》

五卷，公羊高傳，嚴彭祖述。《新唐志》著録《春秋公羊傳》五卷，嚴彭祖述。《宋志》無載，亡佚。清馬國翰有輯本。

《春秋公羊解詁》十一卷。漢諫議大夫何休撰。

何休：字邵公，任城樊（今山東兗州市）人。雅有心思，精研六經，世儒無及者。作《春秋公羊解詁》，以《春秋》駁漢事六百餘條，妙得《公羊》本意。又注訓《孝經》《論語》，作《公羊墨守》《左氏膏肓》《穀梁廢疾》。黨禁解，辟司徒，拜議郎，再遷諫議大夫。光和五年卒。《後漢書》卷七九下有傳。本志經部尚有何休六部著述。《郡齋讀書志》卷三稱《公羊》傳至何休，爲經傳集詁，其書遂大傳。鄭玄曰《公羊》善於讖，休之注引讖最多。《直齋書録解題》卷三亦稱何休書多引讖緯。唐徐彥爲此書作疏二十八卷。《四庫全書總目》卷二六曰，"何休《解詁》但釋傳而不釋經，與杜（預）異例，知漢末猶自别行。……今本以傳附經，或徐彥作疏時所合併歟"。此書《日本國見在書目録》著録《春秋公羊集詁》十二卷，《經典釋文叙録》著録何休注《公羊》十二卷，《舊唐志》著録《春秋公羊經傳》十三卷，何休注，《新唐志》著録何休《公羊解詁》十三卷，《宋志》著録何休《公羊傳》十二卷。何休單注本最早爲十二卷宋刻本，通行本爲十三經注疏本、四庫本等。

《春秋公羊經傳》十三卷。晋散騎常侍王愆期注。梁有《春秋公羊傳》十二卷，晋河南太守高龍注；《春秋公羊傳》十四卷，孔衍集解；《春秋公羊音》，李軌、晋徵士江淳撰，各一卷。

王愆期：字門子，河東猗氏（今山西臨猗縣）人。流寓江南，咸和中爲右司馬，加督護，後爲散騎常侍、辰陽伯。緣父本意，更注《公羊》，又集《列女後傳》。見《晋書》卷五一、卷六六，《經典釋文叙録》。本志經、集部尚有王愆期二部著述。此書《經典釋文叙録》與兩《唐志》皆有著録，《宋志》無載，亡佚。高龍：字文，范陽（今北京周邊）人。東晉河南太守。見《經典釋文叙録》。此書《經典釋文叙録》著録高龍《公羊注》十二卷，《舊唐志》作《春秋公羊傳記》十二卷，高襲注，《新唐志》作高襲《傳記》十二卷。《宋志》無載，亡佚。《春秋公羊傳》十四卷：《經典釋文叙録》著録孔衍《公羊集解》十四卷，兩《唐志》著録《公羊集解》，然孔衍作孔氏，《宋志》無載，亡佚。《春秋公羊音》：《經典釋文叙録》亦著録李軌、江淳各一卷，兩《唐志》無載，亡佚。李軌《春秋公羊音》：兩《唐志》無載，亡佚。江淳：一作江惇，字思悛，陳留圉（今河南杞縣南）人，江統子。性好學，儒玄並綜。徵拜博士、著作郎皆不就。見《晉書》卷五六。本志集部尚有江淳一部著述。其書兩《唐志》無載，亡佚。

《春秋繁露》十七卷。漢膠西相董仲舒撰。

董仲舒：廣川（今河北景縣）人。傳《公羊春秋》，孝景帝時爲博士。武帝時爲江都相。居家著灾異之記，下獄當死，詔赦之。後爲膠西王相，恐久任獲罪，病免歸家至卒。其所著，皆明經術之意，及上疏條陳，凡百二十三篇。而説《春秋》得失，《聞舉》《玉杯》《蕃露》《清明》《竹林》之屬，十餘萬言，皆傳於後世。《史記》卷一二一、《漢書》卷五六有傳。本志經部尚有董仲舒一部著述。此書《漢志》未著録，兩《唐志》、《宋志》有著録。《崇文總目》稱《春秋繁露》十七卷八十二篇，義因宏博，非出近世。然其間篇第亡舛，無以是正。《四庫全書總目》卷三〇曰，其立名之義不可解，其書發揮《春秋》之旨多主公羊，而往往及陰陽五行。據董仲舒本傳，《蕃露》《玉杯》《竹林》皆所著書名，而今本《玉杯》《竹林》乃在此書中。觀其文雖未必全出自仲舒，然中多根極理要之言，非後人所能依託也。此書流傳多舛，錯訛、脱漏，已非原貌。《四庫全書總目》著録是書乃以《永樂大典》所存宋樓鑰本詳爲勘訂，號爲永樂大典本，是此書較好的通行本。此書現存最早的本子是宋嘉定四年刻本。通行本有四庫本、四部叢刊本、四部備要本等。

《春秋決事》十卷。董仲舒撰。

《漢書》卷五六載，董仲舒在家，朝廷如有大議，使使者及廷尉張湯就其家而問之，其對皆有明法。《漢志·六藝略》著録《董仲舒治獄》十六篇，《日本國見在書目録》有《春秋斷獄事》十卷，不署撰者。兩《唐志》子部“法家”著録《春秋決獄》十卷，董仲舒撰。《崇文總目》著録董仲舒《春秋決事比》十卷，丁氏平，黃氏正。《宋志》子部“法家”著録董仲舒《春秋決事》十卷，丁氏平，黃氏正。後亡佚。清王謨、洪頤煊、馬國翰、黃奭有輯本。

《春秋決疑論》一卷。

不署撰者，兩《唐志》無載，亡佚。

《春秋左氏膏肓》十卷。何休撰。

《後漢書》卷三五載，何休好《公羊》學，遂著《公羊墨守》《左氏膏肓》《穀梁廢疾》。（鄭）玄乃發《墨守》，鍼《膏肓》，起《廢疾》。兩《唐志》著録《左氏膏肓》十卷，何休撰，鄭玄箴。《郡齋讀書志》卷三著録此書爲九卷，並稱休答賈逵事，因記《左氏》之短，鄭康成嘗著《箴膏肓》，後人附之逐章之下。《直齋書録解題》卷三著録《左氏膏肓》十卷，稱此書並存二家之言，意亦後人所録，已非全書。後佚。清王謨有輯本。

《春秋穀梁廢疾》三卷。何休撰。

兩《唐志》著録何休《春秋穀梁廢疾》三卷，鄭玄釋，張靖箋。《宋志》無載，亡佚。

《春秋漢議》十三卷。何休撰。

　　《後漢書》卷七九下載，何休又以《春秋》駁漢事六百餘條，妙得《公羊》本意。《舊唐志》著録《何氏春秋漢議》十一卷，何休撰，鄭玄駁，糜信注。《新唐志》著録何休《春秋漢議》十卷，糜信注，鄭玄駁。《宋志》無載，亡佚。

《駁何氏漢議》二卷。鄭玄撰。梁有《漢議駁》二卷，服虔撰，亡。

　　此二書前已著録，屬重複著録。

《駁何氏漢議叙》一卷。

　　不署撰者。兩《唐志》無載，亡佚。

《春秋公羊墨守》十四卷。何休撰。

　　此書名意在“《公羊》義理深遠，不可駁難，如墨翟之守城也”。見《後漢書》卷三五注。《舊唐志》著録《春秋公羊墨守》二卷，何休撰，鄭玄發。《新唐志》著録何休《墨守》一卷，鄭玄發。《宋志》無載，亡佚。《四庫全書總目》卷二六著録《箴膏肓》《起廢疾》《發墨守》各一卷，署鄭玄撰。此三書《隋志》皆無載，兩《唐志》則在何休名下，分別署鄭釋、鄭箴、鄭發，可以認爲何撰與鄭撰合併流傳，故《四庫全書》所收此三書其間應有何撰三書的内容。

《春秋公羊例序》五卷。刁氏撰。

　　刁氏：生平事迹不詳。此書兩《唐志》無載，亡佚。

《春秋公羊謚例》一卷。何休撰。梁有《春秋公羊傳條例》一卷，何休撰；《春秋公羊傳問答》五卷，苟爽問，魏安平太守徐欽答；《春秋公羊論》二卷，晉車騎將軍庚翼問，王愆期答。亡。

　　《春秋公羊傳注疏》卷一稱故何休作《文謚例》云《春秋》五始、三科、九旨、七等、六輔、二類之義，以矯枉撥亂。所言書名與《隋志》不同。此書兩《唐志》無載，亡佚。何休《春秋公羊解詁序》曰，"往者略依胡毋生《條例》，多得其正"。兩《唐志》著録何休《公羊條傳》一卷，《宋志》無載，亡佚。《後漢書》卷六二載，苟爽"又作《公羊問》及《辯讖》，並它所論叙，題爲《新書》。凡百餘篇，今多所亡缺"。徐欽：生平事迹不詳。《三國志》卷二二《徐宣傳》載，有子欽，承其嗣。不知是否即此徐欽。兩《唐志》皆著録此書，《宋志》無載，亡佚。庚翼：字稚康，潁川鄢陵（今河南鄢陵縣）人。少有經綸大略，累遷南蠻校尉、領南郡太守，賜爵都亭侯。後授都督江荆司雍梁益六州諸軍事、安西將軍、荆州刺史鎮武昌。永和元年卒，贈車騎將軍，謚曰肅。《晉書》卷七三有傳。本志經、集部尚有庚翼二部著述。兩《唐志》著録此書，《宋志》無載，亡佚。

《春秋公羊解序》一卷。鮮于公撰。

　　鮮于公：生平事迹不詳。此書兩《唐志》無載，亡佚。

《春秋公羊疏》十二卷。

　　不署撰者。此書兩《唐志》無載，《崇文總目》始載，《郡齋讀書志》卷三、《直齋書録解題》卷三亦有載，皆作三十卷，並提及世傳此爲唐徐彦所作，然又不能確定徐彦爲何時人士。《宋志》著録《公羊疏》三十卷，無撰者，又著録徐彦《公羊疏》三十卷。阮元《〈春秋公羊傳注疏〉序》稱，王鳴盛以爲《疏》是北朝徐遵明作。可姑備一説。

《春秋穀梁傳》十三卷。吳僕射唐固注。梁有《春秋穀梁傳》十五卷，漢諫議大夫尹更始撰，亡。

　　《春秋穀梁傳》乃穀梁家傳習《春秋》之作。《漢志》著録《穀梁傳》十一卷，穀梁子，魯人。顏師古注曰："名喜。"《春秋穀梁傳序疏》曰，穀梁子名俶，字元始，魯人，一名赤。受經於子夏，爲經作傳，故曰《穀梁傳》。傳孫卿，孫卿傳魯人申公，申公傳博士江翁。漢宣帝好《穀梁》，由是《穀梁》之傳大行於世。然何人著於竹帛，則不可考矣。漢有尹更始《穀梁章句》，吳唐固、魏糜信、晉張靖、徐邈等有《春秋穀梁傳》注，晉范甯又有《春秋穀梁傳集解》，唐楊士勳以《集解》爲底本，作《春秋穀梁傳注疏》。唐固：字子正，丹陽（今江蘇境內）人。黃武四年，爲尚書僕射。著《公羊傳》《穀梁傳》注。見《三國志》卷五三。本志經部尚有唐固一部著述。《經典釋文叙録》、兩《唐志》著録此書皆爲十二卷，《宋志》無載，亡佚。尹更始：字翁君，汝南郡邵陵（今河南漯河市）人。從蔡千秋習《穀梁》又受《左氏傳》，取其變合者以爲章句。歷任諫議大夫、長樂户府。見《漢書》卷八八。《經典釋文叙録》著録《穀梁章句》十五卷。《舊唐志》著録《春秋穀梁章句》十五卷，穀梁俶解，尹更始注。《新唐志》著録《春秋穀梁傳》十五卷，尹更始注。《宋志》無載，亡佚。清馬國翰有輯本。又，《漢志》著録《穀梁章句》三十三篇，不署撰者，疑即此書。

《春秋穀梁傳》十二卷。魏樂平太守糜信注。

　　《南齊書》卷三九載，國學置鄭、王《易》，杜、服《春秋》，何氏《公羊》，糜氏《穀梁》。《經典釋文叙録》、兩《唐志》皆著録糜信注《春秋穀梁傳》，《宋志》無載，亡佚。清王謨、馬國翰、黃奭有輯本。又有羅振玉《鳴沙石室佚書初編》本《春秋穀梁傳解釋》殘一卷。

《穀梁傳》十卷。晋堂邑太守張靖注。梁有《春秋穀梁傳》十三卷，晋給事郎徐乾注；《春秋穀梁傳》十卷，胡訥集解。亡。

　　張靖：泰始末太常博士。見《全晋文》卷七八。本志經部尚有張靖一部著述。兩《唐志》著録張靖集解《穀梁傳》十一卷，《宋志》無載，亡佚。徐乾：字文祚，東莞（今山東莒縣）人。太元中博士，安帝時進給事中。見《經典釋文叙録》、《全晋文》卷一三八。本志集部尚有徐乾一部著述。兩《唐志》有著録，《宋志》無載，亡佚。清馬國翰有輯本。胡訥：永和末太學博士。見《全晋文》卷一三三。本志經部尚有二部胡訥著述。《經典釋文叙録》有載，兩《唐志》無載，亡佚。

《春秋穀梁傳》十六卷。程闡撰。

　　程闡：生平事迹不詳。兩《唐志》著録《春秋穀梁經傳》十六卷，程闡集注。《宋志》無載，亡佚。

《春秋穀梁傳》十四卷。孔衍撰。

　　《經典釋文叙録》載孔衍集解《穀梁》十四卷，兩《唐志》著録《春秋穀梁傳》十三卷，孔衍訓注。《宋志》無載，亡佚。

《春秋穀梁傳》十二卷。徐邈撰。

　　《晋書》卷七五載，徐邈復爲《穀梁》注，世亦稱之。今存范甯《春秋穀梁傳集解》多引徐邈注，可推測徐邈成書在范甯之前。《經典釋文叙録》、兩《唐志》皆著録此書，《宋志》無載，亡佚。

《春秋穀梁傳》十四卷。段肅注。疑漢人。

　　段肅：姚振宗引惠棟《九經古義》稱《後漢書》卷四〇下載

班固奏記，言及弘農功曹史殷肅達學洽聞，才能絕倫。李賢注曰
"《固集》殷作段"。認爲此書之注者即爲漢弘農功曹史段肅。《經
典釋文叙錄》著錄此書爲十二卷，《舊唐志》著錄《春秋穀梁傳》
十三卷，段氏注。《新唐志》著錄《春秋穀梁傳》段肅《注》十三
卷。《宋志》無載，亡佚。清王仁俊有輯本。

《春秋穀梁傳》五卷。孔君揩訓，殘缺。梁十四卷。

　　兩《唐志》無載，《通志·藝文略》據《隋志》著錄，然作孔
君指訓，依然缺名。孔君：不詳何人。書已亡。

《春秋穀梁傳》十二卷。范甯集解。梁有《穀梁音》一
卷，亡。

　　范甯乃商略名例，敷陳疑滯，博示諸儒同異之說，以作《集
解》。見《春秋穀梁傳集解序》。《四庫全書總目》卷二六稱《漢
志》著錄《公羊》《穀梁》二家經十一卷，傳亦各十一卷，則經傳
初亦別編。范甯《集解》乃併經注之，即甯之所合。唐楊士勛爲此
書作疏，今存。現存最早的本子爲宋刻元修本，另有古逸叢書本、
影宋紹興本，通行本有十三經注疏本、四庫本等。

《春秋穀梁傳》四卷。殘缺，張、程、孫、劉四家集解。

　　張程孫劉四家：從本志著錄可以推測，張爲張靖，程爲程闡，
劉爲劉兆，然孫則難以推測。兩《唐志》無載，亡佚。

糜信《理何氏漢議》二卷。魏人撰。

　　《舊唐志》著錄《何氏春秋漢議》十一卷，何休撰，鄭玄駁，
糜信注。《新唐志》著錄此書爲十卷，亦稱糜信注。本志有何休
《春秋漢議》十三卷和鄭玄《駁何氏漢議》二卷。疑此書爲魏人所
編糜注別本。兩《唐志》無載，亡佚。

《春秋穀梁傳義》十卷。徐邈撰。

此書《舊唐志》著錄爲十一卷，《新唐志》著錄十卷，《宋志》無載，亡佚。

《春秋議》十卷。何休撰。

《日本國見在書目錄》載，《春秋漢議》十卷，何休撰。本志前已著錄何休《春秋漢議》十三卷，疑此十卷本爲其別本。兩《唐志》無載，亡佚。

徐邈《答春秋穀梁義》三卷。

《舊唐志》有《穀梁傳義》三卷，蕭邕注。《新唐志》有蕭邕《問傳義》三卷。疑即此書，蕭邕問，徐邈答。兩《唐志》無載，亡佚。蕭邕：不詳何人。

薄叔玄《問穀梁義》二卷。梁四卷。

馬國翰以爲此書當署范甯撰，薄叔玄對范甯《穀梁傳集解》有所駁問，范甯隨問逐條答之。兩《唐志》無載，亡佚。清王謨、馬國翰有輯本。

《春秋穀梁傳例》一卷。范甯撰。

范甯在《穀梁傳集解序》中提及商略名例。兩《唐志》無載，亡佚。清王謨有輯本。

《春秋公羊、穀梁傳》十二卷。晋博士劉兆撰。

劉兆：字延世，濟南東平（今山東東平縣）人。五辟公府，三徵博士，皆不就。作《春秋調人》七萬餘言。又爲《春秋左氏》解，名曰《全綜》，《公羊》《穀梁》解詁皆納經傳中，朱書以別之。卒年六十六。《晉書》卷九一有傳。《舊唐志》著錄劉兆《春秋公羊穀梁左氏集解》十一卷，《新唐志》著錄劉兆《三家集解》十一卷，《宋志》無載，亡佚。清王謨、馬國翰有輯本。

《春秋穀梁廢疾》三卷。何休撰，鄭玄釋，張靖箋。

　　兩《唐志》有著錄，《宋志》無載，亡佚。

《春秋公羊、穀梁二傳評》三卷。

　　不署撰者。兩《唐志》著錄此書爲江熙撰。《宋志》無載，亡佚。

《春秋三家經本訓詁》十二卷。賈逵撰。宋有《三家經》二卷，亡。

　　三家經當指《漢志》所著錄之《春秋古經》十二篇，《經》十一卷。前者爲古文經，後者爲今文經，分公羊、穀梁二家。兩《唐志》著錄此書，《宋志》無載，亡佚。《三家經》：姚振宗認爲當是沿襲王儉《七志》而言。

《春秋三傳論》十卷。魏大長秋韓益撰。

　　韓益：或作韓蓋，建安末年博士。見《全三國文》卷三六。兩《唐志》有著錄，《宋志》無載，亡佚。

《春秋經合三傳》十卷。潘叔度撰。

　　《北齊書》卷四四載，河北諸儒能通《春秋》者，有潘叔度。其他事迹不詳。兩《唐志》著錄《春秋合三傳通論》十卷，潘叔度注。《宋志》無載，亡佚。

《春秋成奪》十卷。潘叔度撰。

　　兩《唐志》有著録，作《春秋成集》十卷，《宋志》無載，亡佚。

《春秋三傳評》十卷。胡訥撰。梁有《春秋集三師難》三卷、《春秋集三傳經解》十卷，胡訥撰。今亡。

　　兩《唐志》祇著録《春秋三傳評》十一卷、《春秋三傳經解》十卷。此三書《宋志》皆無載，亡佚。

《春秋土地名》三卷。晋裴秀客京相璠等撰。

　　《水經注》卷一六《穀水》注，提及京相璠與裴司空季彦修《晋輿地圖》、作《春秋土地名》。京相璠：生平事迹不詳。《舊唐志》著録《春秋土地名》三卷，不署撰者。《新唐志》著録京相璠《春秋土地名》三卷。《宋志》無載，亡佚。清王謨、洪頤炫、馬國翰、黃奭有輯本。

《春秋外傳國語》二十卷。賈逵注。

　　《漢志·六藝略》著録《國語》二十一篇，左丘明著。《漢書》卷六二《司馬遷傳贊》言及左丘明又纂異同爲《國語》。《史通六家》稱左丘明又稽其逸文纂其別説，分周、魯、齊、晋、鄭、楚、吳、越八國事，起自周穆王，終於魯悼公，別爲《春秋外傳國語》，合爲二十一篇。晋太康二年於汲郡魏襄王墓出土《國語》三篇，記楚、晋事。《國語》今存，多有韋昭注，單行本很少，現存最早的本子爲明刻本。《後漢書》卷三六載，賈逵尤明《左氏傳》《國語》，爲之《解詁》五十一篇。兩《唐志》祇著録左丘明《春秋外傳國語》二十卷，從其著録諸家注《國語》以及所載卷數，可以認爲兩《唐志》所録即賈逵所注《國語》，而漏載注者。《宋志》無載，亡佚。清王謨、馬國翰、黃奭、蔣曰豫、王仁俊有輯本。

《春秋外傳國語》二十一卷。虞翻注。

　　《三國志》卷五七載，虞翻爲《國語訓注》，傳於世。兩《唐志》有著録，《宋志》無載，亡佚。清馬國翰、黃奭、王仁俊有輯本。

《春秋外傳章句》一卷。王肅撰。梁二十二卷。

　　此著録一卷，非全本。兩《唐志》著録王肅《春秋外傳國語章句》二十二卷。《宋志》無載，亡佚。清黃奭有輯本。

《春秋外傳國語》二十二卷。韋昭注。

　　韋昭《國語注序》言及其作注，“因賈君之精實，采虞、唐之信善，亦以所覺增潤補綴。參之以五經，檢之以《内傳》；以《世本》考其流，以《爾雅》齊其訓。去非要存事實，凡所發正三百七事”。宋宋庠《國語補音序》稱，韋氏以鄭、賈、虞、唐爲主而增損之，故其注備而有體，可謂一家之名學。兩《唐志》、《宋志》皆著録此書爲二十一卷，今存。現存最早的本子爲宋刻元明遞修本，通行本爲四庫本、四部叢刊本等。

《春秋外傳國語》二十卷。晋五經博士孔晁注。

　　《舊唐志》著録《春秋外傳國語》又二十一卷，不署撰者；《新唐志》著録孔晁《國語解》二十一卷。《宋志》無載，亡佚。清馬國翰、黃奭有輯本。

《春秋外傳國語》二十一卷。唐固注。梁有《春秋古今盟會地圖》一卷，亡。

　　兩《唐志》著録此書，《宋志》無載，亡佚。清王謨、馬國翰、黃奭有輯本。《春秋古今盟會地圖》：前《春秋序義疏》條下著録嚴彭祖撰《古今春秋盟會地圖》，此《春秋古今盟會地圖》不載撰者，丁國鈞《補晉書藝文志》以爲此書爲杜預所作。

　　右九十七部，九百八十三卷。通計亡書，合一百三十部，一千一百九十二卷。

　　九十七部：實爲一百零四部。一百三十部：實爲一百四十部。

　　《春秋》者，魯史策書之名。[1]昔成周微弱，典章淪廢，魯以周公之故，遺制尚存。仲尼因其舊史，裁而正之。[2]或婉而成章，[3]以存大順；[4]或直書其事，以示首惡。故有求名而亡，[5]欲蓋而彰，亂臣賊子，於是大懼。其所褒貶，不可具書，皆口授弟子，弟子退而異説。左丘明恐失其真，乃爲之傳。遭秦滅學，口説尚存。漢初，有公羊、穀梁、鄒氏、夾氏，[6]四家並行。王莽之亂，鄒氏無師，夾氏亡。初齊人胡毋子都，[7]傳《公羊春秋》，授東海嬴公。[8]嬴公授東海孟卿，[9]孟卿授魯人眭孟，[10]眭孟授東海嚴彭祖、魯人顔安樂。[11]故後漢《公羊》有嚴氏、顔氏之學，與穀梁三家並立。漢末，何休又作《公羊解説》。[12]而《左氏》，漢初出於張蒼之家，[13]本無傳者。[14]至文帝時，[15]梁太傅賈誼爲訓詁，[16]授趙人貫公。[17]其後劉歆典校經籍，[18]考而正之，欲立於學，諸儒莫應。至建武中，[19]尚書令韓歆請立而未行。[20]時陳元最明《左傳》，[21]又上書訟之。於是乃以魏郡李封爲《左氏》博士。[22]後群儒蔽固者，[23]數廷爭之。及封卒，遂罷。然諸儒傳《左氏》者甚衆。永平中，[24]能爲《左氏》者，擢高第爲講郎。[25]其後賈逵、服虔並爲訓解。至魏，遂行於世。晉時，杜預又爲《經傳集解》。《穀梁》范甯注，《公羊》何休注，《左氏》服虔、杜預注，俱立國學。然《公羊》《穀梁》，但試讀文，[26]而不能通其義。後學三傳通講，而《左氏》唯傳服義。至隋，杜氏盛行，服義及《公羊》《穀梁》浸微，今殆無師説。

[1]策書：古代記録史事的簡策。

[2]裁而正之：裁斷而訂正。

[3]婉而成章：出自《左傳》成公十四年，其注曰"婉，曲也。謂屈曲其辭有所辟諱，以示大順而成篇章"。

[4]大順：謂順乎倫常天道。參見《禮記·禮運》。

[5]求名而亡：《左傳》昭公三十一年有"或求名而不得，或欲蓋而名章，懲不義也"。謂想追求美名却得不到。

[6]鄒氏：生平事迹不詳。《漢志》著録《鄒氏傳》十一卷。《漢書》卷七二載，王吉能治《騶氏春秋》。夾氏：生平事迹不詳。《漢志》著録《夾氏傳》十一卷，並注"有録無書"。即西京祕府無其書。

[7]胡毋子都：即胡毋生，齊（今山東境内）人。治《公羊春秋》，爲漢景帝博士。年老歸齊，齊言《春秋》者宗事之。《漢書》卷八八有傳。

[8]嬴公：東海（今山東郯城縣周邊）人。《漢書》卷八八、《經典釋文叙録》皆作東平（今山東東平縣）。嬴公從胡毋生受業，受學不失師法。授孟卿、眭孟。爲昭帝諫大夫。見《漢書》卷八八。

[9]孟卿：從嬴公學，善爲《禮》《春秋》，授后蒼、疏廣。世所傳《后氏禮》《疏氏春秋》，皆出孟卿。見《漢書》卷八八。

[10]眭孟：名弘，孟爲字，魯國蕃（今山東滕州市）人。從嬴公受《春秋》，以明經爲議郎，至符節令。後因説灾異，被誅。

《漢書》卷七五有傳。

[11]顏安樂：字公孫，魯國薛（今山東棗莊市）人。家貧，爲學精力，官至齊郡太守丞，後爲仇家所殺。授泠豐、任公，由是顏家有泠、任之學。《漢書》卷八八有傳。

[12]《公羊解説》：即《公羊解詁》十一卷。

[13]張蒼：陽武（今河南原陽縣）人。秦時爲御史，主柱下方書。後隨漢王劉邦征戰，封北平侯。高后八年爲御史大夫。《史記》卷九六、《漢書》卷四二有傳。

[14]本無傳者：《經典釋文叙録》載，左丘明作《左傳》傳曾申，曾申傳衛人吳起，吳起傳子吳期，吳期傳楚人鐸椒，鐸椒傳趙人虞卿，虞卿傳荀況，荀況傳張蒼。

[15]文帝：劉恒，漢高祖子。在位二十三年，其間主張清静無爲，與民休息，經濟得到恢復發展，政治穩定。《史記》卷一〇、《漢書》卷四有紀。

[16]賈誼：洛陽（今河南洛陽市）人。文帝召以爲博士，又遷太中大夫。上書所言爲諸臣所忌，出爲梁懷王太傅。梁王墜馬身亡，一年餘，賈誼抑鬱而死。有《新書》傳世。《史記》卷八四、《漢書》四八有傳。

[17]貫公：趙（今河北境内）人，河間獻王博士，從賈誼受《左傳》。而《經典釋文叙録》則曰其從賈誼孫賈嘉習《左傳》。

[18]劉歆：字子駿，劉向少子。成帝河平中，受詔與父劉向領校秘書。哀帝即位，復領五經，卒父前業。集六藝群書，種別爲《七略》。王莽持政，封紅休侯。建平元年改名秀，字潁叔。及王莽篡位，劉歆爲國師。地皇四年，與人欲劫王莽降漢，事泄，自殺。《漢書》卷三六有傳，參見《漢書》卷九九。本志經、史、子部著録劉歆四部著述。

[19]建武：東漢光武帝劉秀年號（25—56）。

[20]韓歆：字翁君，南陽（今河南、湖北部分地區）人。因從帝攻伐有功，封扶陽侯，官尚書令。建武十五年免官，自殺。見

《後漢書》卷二六。

[21]陳元：字長孫，蒼梧廣信（今廣西蒼梧縣）人。從父習《左傳》。建武中，上書言立《左傳》於國學。帝卒立《左傳》學，他却與博士失之交臂。《後漢書》卷三六有傳。

[22]李封：魏郡（今河南境内）人，任司隸從事。《左傳》立於學，爲《左傳》博士。

[23]蔽固：迂拙固執。

[24]永平：東漢明帝劉莊的年號（58—75）。

[25]講郎：講授經籍的官員。

[26]但試讀文：祇是考校、閱讀其文。

《古文孝經》一卷。孔安國傳。梁末亡逸，今疑非古本。

《孝經》是孔子爲弟子曾參説孝道，因明天子庶人五等之孝，事親之法。見《經典釋文叙録》。對於《孝經》的作者有多種説法：班固以爲孔子；《史記·仲尼弟子列傳》以爲曾子；《郡齋讀書志》卷三以爲孔子弟子；王應麟因馮椅説，以爲子思；毛奇齡《孝經問》以爲七十子之徒；朱熹《孝經刊誤後序》引王應辰語，以爲後人附會而成；姚際恒《古今僞書考》以爲漢儒僞作。其間作者爲七十子之徒較接近事實。此書出於孔氏壁中，《漢志》著録《孝經古孔氏》一篇。二十二章。顏師古注曰，"劉向云古文字也。《庶人章》分爲二也，《曾子敢問章》爲三，又多一章，凡二十二章"。《經典釋文叙録》稱《古文孝經》"別有《閨門》一章"。古、今文《孝經》内容基本相同。《經典釋文叙録》與本志明確記述孔安國爲《古文孝經》作傳，本志叙又言，孔安國傳亡於梁亂，隋秘書監王劭訪得《孔傳》，送給劉炫，而劉炫所傳《孔傳》，被指是其自作，非孔原本。《舊唐志》著録《古文孝經》一卷。孔子説，曾子受，孔安國傳。《新唐志》著録《古文孝經》孔安國傳一卷。宋《崇文總目》著録《古文孝經》一卷，並稱"今孔注不存"。《直齋書録解題》《宋志》亦著録《古文孝經》，然未提孔傳。《四庫全書總目》卷三二著録《古文孝經孔氏傳》一卷，附宋本《古文孝經》一卷。舊題漢孔安國傳，日本信陽太宰純音。四庫館臣從其傳淺陋冗漫，不類漢儒釋經之體，並不類唐宋元以前人語，認爲是作者搜諸書所引孔傳，影附爲之。阮元《孝經注疏校勘記序》曰，"孔注今不傳，今出於日本國者，誕妄不可據"。

《孝經》一卷。鄭氏注。梁有馬融、鄭衆注《孝經》二卷，亡。

　　《日本國見在書目録》、兩《唐志》著録此書爲《孝經》一卷，鄭玄注。然先儒多疑此注非鄭玄所作。《經典釋文叙録》曰，"鄭注相承爲鄭玄，案《鄭志》及《中經簿》無，唯中朝穆帝集解《孝經》云，以鄭玄爲主。檢《孝經注》與康成注五經不同，未詳是非"。唐劉知幾舉出十二條，以證《孝經》非鄭玄注。見《唐會要》卷七七。然嚴可均却認爲鄭氏即指鄭玄。見《鐵橋漫稿·孝經鄭氏注叙》。姚振宗亦同意其看法。《崇文總目》言此書亡於五代，咸平中，日本僧以此書來獻，藏於祕府。《直齋書録解題》亦言此書亡，乾道中，熊克從袁樞處得之，刻於京口。《四庫全書總目》卷三二言，唐開元七年，詔令群儒質定今、古文《孝經》。劉知幾主《古文孝經》，司馬貞主《今文孝經》。殆時閱三年，乃有御注太學刻石。御注既行，孔、鄭兩家遂併廢。此書今亡。清王謨、袁鈞、孔廣林、陳鱣、嚴可均，日本岡田挺之有輯本，皆稱鄭玄注。今傳《孝經正義》乃唐玄宗御注，宋邢昺疏。御注《孝經》，現存最早的本子是元相臺岳氏荊谿家塾刻本；《孝經注疏》九卷，現存最早的本子爲元泰定三年刻本。通行本爲十三經注疏本。《經典釋文叙録》載後漢馬融亦作《古文孝經傳》，而世不傳。兩《唐志》無載，亡佚。清王仁俊有輯本。《經典釋文叙録》載鄭衆注《孝經》，兩《唐志》無載，亡佚。

《孝經》一卷。王肅解。梁有魏散騎常侍蘇林、吏部尚書何晏、光禄大夫劉邵、孫氏等注《孝經》各一卷，亡。

　　兩《唐志》有著録，《宋志》無載，亡佚。清馬國翰有輯本。蘇林：字孝友，陳留外黄（今河南民權縣）人。建安中爲五官將文學。魏黄初中，爲博士給事中，封安成亭侯。見《三國志》卷二一注引《魏略》、顏師古《漢書叙例》。本志史部尚有其一部著述。此書兩《唐志》有著録，《宋志》無載，亡佚。《經典釋文叙録》載何晏注《孝經》，兩《唐志》無著録，亡佚。劉邵：又作劉劭，字孔才，廣平邯鄲（今河北邯鄲市）人。黄初中爲尚書郎，後爲陳留太守，賜爵關内侯。曾參與編《皇覽》，著《律格論》《人物志》等。《三國志》卷二一有傳。本志史、子部尚有劉邵二部著述。兩《唐志》著録《古文孝經》一卷，劉邵注。《宋志》無載，亡佚。孫氏：於《經典釋文叙録》亦缺名，而兩《唐志》著録《孝經》一卷，孫熙注。《宋志》無載，亡佚。孫熙：生平事迹不詳。

《孝經解讚》一卷。韋昭解。

　　《經典釋文叙録》載韋昭注《孝經》，兩《唐志》著録《孝經》一卷，韋昭注，未載《孝經解讚》，亡佚。清馬國翰有輯本。

《孝經默注》一卷。徐整注。

　　兩《唐志》皆有著録，《宋志》無載，亡佚。

《集解孝經》一卷。謝萬集。

　　《日本國見在書目録》載，《孝經》一卷，謝萬集解。兩《唐志》著録《孝經》一卷，謝萬注。《宋志》無載，亡佚。清馬國翰有輯本。

《集議孝經》一卷。宋中書郎荀昶撰。

　　"宋"原作"晋",據《宋書》卷六〇改。"撰"下原有"亡"字,按本志著録原則,當爲衍字,删。荀昶(chǎng):字茂祖,潁川潁陰(今河南許昌市)人。元嘉初,以文義至中書郎,見《宋書》卷六〇。本志經、子部尚有其二部著述。《經典釋文叙録》載宋中書郎荀昶注《孝經》,《日本國見在書目録》著録《孝經集議》二卷,荀茂祖撰。兩《唐志》著録《講孝經集解》一卷,荀勖撰。"勖"乃"昶"之誤。《宋志》無載,亡佚。

　　《集議孝經》一卷。晋東陽太守袁彦伯集。梁有《孝經皇義》一卷,宋均撰;又有晋給事中楊泓、處士虞槃佐、孫氏、東陽太守殷仲文、晋陵太守殷叔道、丹陽尹車胤、孔光各注《孝經》一卷;荀昶注《孝經》二卷;宋何承天、費沈,齊光禄大夫王玄載、國子博士明僧紹、梁五經博士嚴植之、尚書功論郎曹思文、羽林監江係之、江遜等注《孝經》各一卷;釋慧始注《孝經》一卷;陶弘景《集注孝經》一卷;諸葛循《孝經序》一卷。亡。

　　袁彦伯:原作袁敬仲,《經典釋文叙録》載袁宏字彦伯,陳郡(今河南境内)人,東晋東陽太守,注《孝經》。此記載與《晋書》卷九二《袁宏傳》相符,據改。袁宏自吏部郎出爲東陽郡,太元初卒,時年四十九。撰《後漢書》及《竹林名士傳》。本志史部尚有袁宏二部著述。兩《唐志》無載,亡佚。宋均:下著録稱其爲魏博士,應爲曹魏時人,《唐會要》卷七七言乃鄭玄弟子。本志經部尚有其八部著述。此書已亡。楊泓:《經典釋文叙録》載其注《孝經》,天水(今甘肅天水市)人,其他事迹不詳。兩《唐志》無載,亡佚。虞槃佐:《經典釋文叙録》載,虞槃佐字弘猶,高平(今山東鄒縣西南)人,東晋處士,注《孝經》。兩《唐志》著録虞槃佐注《孝經》一卷,《宋志》無載,亡佚。孫氏:不詳何人,若即前所著録之孫氏,此書當屬重複著録。殷仲文:陳郡(今河南境内)人,投義軍,爲鎮軍長史,又任東陽太守。義熙三年被指謀反，伏誅。《晋書》卷九九有傳。本志子部尚有其一部著述。《經典釋文叙録》、兩《唐志》皆著録此書，《宋志》無載，亡佚。清馬國翰有輯本。殷叔道：生平事迹不詳。《晋書》卷一〇載，誅晋陵太守殷道叔。疑殷道叔即殷叔道。兩《唐志》著録殷叔道注《孝經》一卷，《宋志》無載，亡佚。車胤：字武子，南平（今福建南平市）人。寧康中，爲中書侍郎、關内侯。隆安中，加輔國將軍、丹陽尹，又遷吏部尚書。《晋書》卷八三有傳。《經典釋文叙録》有載，兩《唐志》無著録，亡佚。孔光：《經典釋文叙録》載其字文泰，東莞（今山東境内）人，注《孝經》。兩《唐志》著録孔光注《孝經》一卷，《宋志》無載，亡佚。荀昶注《孝經》二卷：此二卷應包括前著録的《集議孝經》一卷。何承天注《孝經》：《宋書》卷六四載，元嘉十九年，皇太子講《孝經》，何承天爲執經。《經典釋文叙録》載何承天注《孝經》，兩《唐志》無載，亡佚。王玄載：字彦休，下邳（今江蘇邳州市）人。仕宋，封鄂縣子。入齊，爲光禄大夫、兗州刺史。《南齊書》卷二七、《南史》卷一六有傳。本志子部尚有其一部著述。《經典釋文叙録》載王玄載注《孝經》，兩《唐志》無載，亡佚。明僧紹：字承烈，平原鬲（今山東平原縣西北）人。明經有儒術。齊武帝敕召，稱疾不見。詔徵國子博士，不就。《南齊書》卷五四、《南史》五〇有傳。《經典釋文叙録》載其注《孝經》，兩《唐志》無載，亡佚。嚴植之：字孝源，建平秭歸（今湖北秭歸縣）人。善莊、老，能玄言，精解《孝經》《論語》。又治《周易》《左氏傳》等。入梁，爲五經博士，開館教授。《梁書》卷四八、《南史》卷七一有傳。本志史部尚有其一部著述。兩《唐志》無載，亡佚。清馬國翰有輯本。曹思文：齊永泰時領國子助教，梁時爲尚書論功郎。見《全梁文》卷五四。所注《孝經》亡。江係之：生平事迹不詳。所注《孝經》亡。江遜：生平事迹不詳。姚振宗稱《梁書》卷四九《何遜傳》載濟陽江避更注《論語》《孝經》。疑江遜爲江避之訛。其書亡。釋慧始：生平事迹不詳。其書亡。《集注孝經》：《南史》卷七六載陶弘景著有《孝經》《論語》集注。此書亡。諸葛循：生平事迹不詳。其《孝經序》亡。

《孝經》一卷。釋慧琳注。梁有晋穆帝時《晋孝經》一卷，武帝時送總明館《孝經講》《議》各一卷，宋大明中《東宮講》，齊永明三年《東宮講》，齊永明中《諸王講》及《賀瑒講》、議《孝經義疏》各一卷，齊臨沂令李玉之爲始興王講《孝經義疏》二卷。亡。

釋慧琳：秦郡秦縣（今江蘇南京市）人，姓劉氏。少出家，兼外内之學。注《孝經》及《莊子·逍遥篇》等，傳於世。《宋書》卷九七有傳。《經典釋文叙録》載慧琳注《孝經》，兩《唐志》無載，亡佚。晋穆帝：名聃，字彭子，康帝子。《晋書》卷八載，穆帝講《孝經》。《經典釋文叙録》亦載，穆帝集解《孝經》以鄭玄爲主。晋武帝：名曜，字昌明，簡文帝子。《晋書》卷九、《世説新語·言語》記載武帝講《孝經》。此書是送到總明館的晋武帝《孝經講》《議》。兩《唐志》無載，亡佚。東宮：此指宋前廢帝劉子業，孝武帝長子。大明二年，出居東宮。四年，講《孝經》。此書當爲其所用之書。《宋書》卷七、《南史》卷二有紀，《魏書》卷九七有傳。《舊唐志》著録《大明中皇太子講孝經義疏》一卷，何約之執經。《新唐志》著録何約之《大明中皇太子講孝經義疏》一卷。《宋志》無載，亡佚。東宮：此指齊文惠太子蕭長懋，字雲喬，齊武帝長子。永明三年，講《孝經》，令太子僕射周顒撰爲《義疏》，即爲此書。《南齊書》卷二一、《南史》卷四四有傳。其書亡佚。《諸王講》：諸王講不知何王所講，兩《唐志》無載，亡佚。清馬國翰有輯本。《賀瑒講》、議《孝經義疏》：兩《唐志》無載，亡佚。李玉之：追贈給事中。其他事迹不詳。見《南齊書》卷五一。始興王：即始興簡王蕭鑑，字宣徹，太祖第十子。好學屬文。《南齊書》卷三五、《南史》卷四三有傳。

《孝經義疏》十八卷。梁武帝撰。梁有皇太子講《孝經義》三卷，天監八年皇太子講《孝經義》一卷，梁簡文《孝經義疏》五卷，蕭子顯《孝經義疏》一卷，亡。

《梁書》卷三八載，梁武帝自講《孝經》。兩《唐志》著録梁武帝撰《孝經疏》十八卷，《宋志》無載，亡佚。清馬國翰有輯本。皇太子：指昭明太子蕭統，字德施，高祖長子。《梁書》卷八、《南史》卷五三有傳。本傳載《孝經義》三卷，當保傅所進講章。載其天監八年講《孝經》，盡通大義。此書當爲其所講大義。《孝經義疏》五卷：《梁書》卷四、《南史》卷八皆未載簡文帝有此書，《陳書》卷三三稱簡文在東宮，出士林館發《孝經》題。蕭子顯：字景陽，蘭陵（今江蘇常州市）人。中大通五年選吏部尚書。大同三年，出爲仁威將軍、吳興太守，卒。著有《後漢書》《普通北伐記》等。《梁書》卷三五、《南史》卷四二有傳。本志史部尚有其著述二部。兩《唐志》無載，亡佚。

《孝經敬愛義》一卷。梁吏部尚書蕭子顯撰。

兩《唐志》無載，亡佚。

《孝經私記》四卷。無名先生撰。

無名先生：不知何許人，生平無考。兩《唐志》無載，亡佚。

《孝經義》一卷。

不署撰者。兩《唐志》無載，亡佚。

《孝經義疏》一卷。趙景韶撰。

趙景韶：生平事迹不詳。兩《唐志》無載，亡佚。

《孝經義疏》三卷。皇侃撰。

《南史》卷七一載，皇侃尤明《孝經》《論語》。《經典釋文叙錄》、兩《唐志》有著錄，《宋志》無載，亡佚。清馬國翰有輯本。

《孝經私記》二卷。周弘正撰。

《陳書》卷二四載，周弘正侍東宮，講《孝經》，著有《孝經疏》兩卷，行於世。《日本國見在書目錄》有《孝經私記》二卷，周弘正撰。兩《唐志》無載，亡佚。

《古文孝經述義》五卷。劉炫撰。

《北史》卷八二載，劉炫著《孝經述義》五卷。《日本國見在書目錄》有《孝經述義》五卷，劉炫撰。兩《唐志》著錄劉炫《孝經述義》五卷，《宋志》無載，亡佚。清王謨、馬國翰有輯本。

《孝經講疏》六卷。徐孝克撰。

徐孝克：東海郯（今山東郯城縣）人。陳時，兼國子祭酒，至侍中。入隋，授國子博士。《陳書》卷二六、《南史》六二有傳。本志經部尚有徐孝克一部著述。兩《唐志》無載，亡佚。

《孝經義》一卷。梁揚州文學從事太史叔明撰。梁有《孝經玄》《孝經圖》各一卷，《孝經孔子圖》二卷，亡。

太史叔明：吳興烏程（今浙江湖州市）人。治《孝經》《禮記》，江外人士皆傳其學。《梁書》卷四八、《南史》卷七一有傳。本志經部尚有其一部著述。兩《唐志》著錄《孝經發題》四卷，太史叔明撰。《宋志》無載，亡佚。《孝經玄》：不署撰者。此書似以玄義解《孝經》，《日本國見在書目錄》有著錄，兩《唐志》無載，亡佚。《孝經圖》：不署撰者。兩《唐志》有《孝經瑞應圖》，不知是否即此書。《宋志》無載，亡佚。《孝經孔子圖》：不署撰者。兩《唐志》無載，亡佚。

《國語孝經》一卷。

此書應是侯伏侯可悉陵譯成鮮卑語的《孝經》，兩《唐志》無載，亡佚。

右十八部，合六十三卷。通計亡書，合五十九部，一百一十四卷。

十八部：實際有二十部。五十九部：實際有六十二部。

夫孝者，天之經，地之義，人之行。自天子達於庶人，雖尊卑有差，及乎行孝，其義一也。先王因之以治國家，化天下，故能不嚴而順，不肅而成。斯實生靈之至德，王者之要道。孔子既敘六經，題目不同，指意差別，恐斯道離散，故作《孝經》，以總會之，明其枝流雖分，本萌於孝者也。遭秦焚書，爲河間人顏芝所藏。[1]漢初，芝子貞出之，凡十八章，而長孫氏、[2]博士江翁、[3]少府后蒼、諫議大夫翼奉、[4]安昌侯張禹，[5]皆名其學。又有《古文孝經》，與《古文尚書》同出，而長孫有《閨門》一章，[6]其餘經文，大較相似，篇簡缺解，又有衍出三章，并前合爲二十二章，孔安國爲之傳。至劉向典校經籍，以顏本比古文，除其繁惑，以十八章爲定。[7]鄭衆、馬融，並爲之注。[8]又有鄭氏注，相傳或云鄭玄，其立義與玄所注餘書不同，故疑之。梁代，安國及鄭氏二家，並立國學，而安國之本，亡於梁亂。陳及周、齊，唯傳鄭氏。至隋，秘書監王劭於京師訪得《孔傳》，[9]送至河間劉炫。炫因序其得喪，述其議疏，講于人間，漸聞朝廷，後遂著令，[10]與鄭氏並立。
儒者諠諠，[11]皆云炫自作之，非孔舊本，而祕府又先無
其書。又云魏氏遷洛，未達華語，孝文帝命侯伏侯可悉
陵，[12]以夷言譯《孝經》之旨，教于國人，謂之《國語
孝經》。今取以附此篇之末。

[1]顏芝：河間（今河北境内）人，生平事迹不詳。

[2]長孫氏：缺名，生平事迹不詳。漢代傳《孝經》之人，
《漢志》著録《長孫氏説》二篇。

[3]江翁：缺名，瑕丘江公之孫，或稱江公、江氏。《漢書》
卷八八載"江公著《孝經説》"。《漢志》著録《江氏説》一篇。

[4]翼奉：字少君，東海下邳（今江蘇邳州市）人。治《齊
詩》，好律曆陰陽之占。漢元帝即位，徵待詔宦者署，後爲博士、
諫大夫，年老以壽終。《漢書》卷七五有傳。《漢志》著録其《翼
氏説》一篇。

[5]張禹：字子文，河内軹（今河南濟源市東南）人。從施讎
受《易》，從王陽、庸生問《論語》。初元中，授太子《論語》。河
平四年，爲丞相，封安昌侯。其所傳《論語》盛行，謂之《張侯
論》。《漢志》著録《安昌侯説》一篇。《漢書》卷八一有傳。

[6]長孫有《閨門》一章：這一段介紹《古文孝經》二十二章
與顏貞所獻《今文孝經》十八章相較，多出四章，就是"衍出三
章"和《閨門》一章。《經典釋文叙録》曰"又有古文出於孔氏壁
中，別有《閨門》一章"。故此稱長孫有《閨門》一章，誤。

[7]以十八章爲定：劉向用顏貞本比對《古文孝經》二十二
章，除去多而不解者，亦定爲十八章。

[8]並爲之注：前著録梁有馬融、鄭衆注《孝經》二卷，亡。
《經典釋文叙録》載，後漢馬融亦作《古文孝經傳》，而世不傳。

[9]王劭：字君懋，太原晋陽（今山西太原市）人。北魏時，

累遷太子舍人、待詔文林館。入隋，遷秘書少監，數載卒官。《隋書》卷六九、《北史》卷三五有傳。本志經、史部著録其著述四部。

〔10〕著令：書面寫定的規章制度。

〔11〕誼（xuān）誼：形容聲音大而混雜。

〔12〕侯伏侯悉可陵：北魏時人，生平事迹不可考。前著録《國語孝經》以及本志"小學類"著録之《國語物名》《國語雜物名》，皆爲其所作。

《論語》十卷。鄭玄注。梁有《古文論語》十卷，鄭玄注；又王肅、虞翻、譙周等注《論語》各十卷。亡。

《論語》是孔子應答弟子及時人所言，或弟子相與言而接聞於夫子之語也，由孔子弟子所録，與再傳弟子共同纂輯而成《論語》，時爲戰國初年。漢初，傳《論語》者有三家，魯人所傳《魯論》二十篇，即今所行篇次；齊人傳《齊論》二十二篇，多《問王》《知道》二篇；《古論語》出自孔氏壁中，二十一篇，兩《子張》。成帝師張禹本授《魯論》，晚講《齊論》，後遂合而考之，删其煩惑，除《齊論》之《問王》《知道》，從《魯論》二十篇定，號《張侯論》，當世尊之。此即今傳《論語》之祖本。漢爲《張侯論》作注者，先有包咸、周氏二家，後有鄭玄。何晏曰"漢末大司農鄭玄就《魯論》篇章考之《齊》《古》，爲之注"（《論語集解序》）。王國維亦有考證，"鄭氏所據本固爲自《魯論》出之《張侯論》，及以《古論》校之，則篇章雖仍《魯論》舊，而字句全從古文"（《觀堂集林》卷四）。魏有何晏等《論語集解》，南朝有皇侃《論語義疏》，唐賈公彦爲《論語》作疏。宋邢昺作《論語注疏》，即今十三經注疏中的《論語正義》，又有朱熹《論語集注》。清有劉寶楠《論語正義》，近代有程樹德《論語集釋》、楊樹達《論語疏證》、楊伯峻《論語譯注》。1973年河北定縣出土漢簡《論語》，一些學者認爲這是早於《張侯論》的融合《魯論》《齊論》的本子。

兩《唐志》著録鄭玄注《論語》十卷，《宋志》無載，亡佚。清王
謨、袁鈞、孔廣林、勞格、錢玫、宋翔鳳、馬國翰、黄奭、王仁
俊、俞樾以及民國時龍璋，皆有輯本。王肅注《論語》：兩《唐
志》有著録，《宋志》無載，亡佚。清馬國翰、民國龍璋有輯本。
虞翻注《論語》：兩《唐志》無載，亡佚。譙周：字允南，巴西西
充國（今屬四川）人。建興中，諸葛亮令其爲勸學從事。後主在
位，遷光禄大夫。魏攻蜀，譙周説服後主投降，魏封其爲陽城亭
侯。入晋，屢徵不起。著有《五經論》《古史考》等。《三國志》
卷四二有傳。本志經、史、子部尚有其五部著述。其書兩《唐志》
無載，亡佚。清馬國翰有輯本。

《論語》九卷。鄭玄注，晋散騎常侍虞喜讚。

兩《唐志》有載，《宋志》無載，亡佚。姚振宗疑此書即後著
録之虞喜撰《新書對張論》十卷。

《集解論語》十卷。何晏集。

《論語集解序》稱，“所見不同，互有得失。今集諸家之善，
記其姓名，有不安者頗爲改易，名曰《論語集解》”。《晋書》卷三
三載，鄭沖與孫邕、曹羲、荀顗、何晏共集《論語》諸家訓注之善
者。《經典釋文叙録》曰，《論語集解》集孔安國、包咸、周氏、
馬融、鄭玄、陳群、王肅、周生烈之説，並下己意，爲《集解》十
卷。正始上之，盛行於世，今以爲主。兩《唐志》、《宋志》皆有
著録，流傳至今，多以附宋邢昺疏之《論語注疏》流傳。單行者較
少，現存最早的本子有元岳氏荆谿家塾刻本、日本正平十九年（元
至正二十四年）刻本。今通行本爲十三經注疏本等。

《集注論語》六卷。晋八卷，晋太保衛瓘注。梁有《論語補闕》
二卷，宋明帝補衛瓘闕，亡。

　　《宋書》卷八載，宋明帝好讀書，愛文義。在藩時續衛瓘所注《論語》二卷，行於世。兩《唐志》著錄宋明帝補衛瓘《論語注》十卷，《宋志》無載，亡佚。清馬國翰有輯本。

《論語集義》八卷。晋尚書左中兵郎崔豹集。梁十卷。

　　崔豹：字正熊，燕國（今河北、北京一帶）人。晋惠帝時官至太傅（疑“太僕”之誤）丞。見《世説新語·言語》《經典釋文叙録》。本志子部尚有崔豹一部著述。兩《唐志》著錄崔豹《論語大義解》十卷，《宋志》無載，亡佚。

《論語》十卷。晋著作郎李充注。

　　《晋書》卷九二載，李充累遷著作郎、中書侍郎，卒官。注《尚書》及《周易旨》等，行於世。本志集部尚有李充二部著述。《經典釋文叙録》、兩《唐志》皆有著録，《宋志》無載，亡佚。清馬國翰有輯本。

《集解論語》十卷。晋廷尉孫綽解。梁有盈氏及孟整注《論語》各十卷，亡。

　　孫綽：字興公，太原中都（今山西平遥縣）人。少以文才垂稱，襲爵長樂侯，累遷廷尉卿，領著作，年五十八卒。《晋書》卷五六有傳。本志史、子部尚有其四部著述。兩《唐志》有著録，《宋志》無載，亡佚。清馬國翰有輯本。盈氏：不詳何人。《經典釋文叙録》載《論語》盈氏注十卷，兩《唐志》著録盈氏《論語集義》十卷，《宋志》無載，亡佚。孟整：“整”原作“釐”，據《經典釋文叙録》改。《經典釋文叙録》稱，“一云孟陋。陋字少孤，江夏（今湖北安陸市）人，東晋撫軍參軍，不就”。孟陋《晋書》卷九四有傳，稱其注《論語》，行於世。卒以壽終。兩《唐志》著録孟釐注《論語》九卷，《宋志》無載，亡佚。

《集解論語》十卷。晋兖州別駕江熙解。

皇侃《論語義疏序》稱，此書集衛瓘、繆播、欒肇、郭象、蔡謨、袁喬、江惇、蔡系、李充、孫綽、周懷、范甯、王珉十三家《論語》注。《經典釋文叙録》載此書爲十二卷，兩《唐志》著録《論語》十卷，江熙集解。《宋志》無載，亡佚。清馬國翰有輯本。

《論語》七卷。盧氏注。梁有晋國子博士梁覬、益州刺史袁喬、尹毅、司徒左長史張憑及暢惠明、宋新安太守孔澄之、齊員外郎虞遐及許容、曹思文注，釋僧智略解，梁太史叔明集解，陶弘景集注《論語》各十卷；又《論語音》二卷，徐邈等撰。亡。

盧氏：疑即盧景裕，《北史》卷三〇載其注《孝經》《論語》等。此書兩《唐志》無載，亡佚。梁覬：天水（今甘肅天水市）人，東晋國子博士。見《經典釋文叙録》。兩《唐志》有著録，然《舊唐志》作梁顗《論語注》十卷，《宋志》無載，亡佚。清馬國翰有輯本。袁喬：字彦叔，陳郡陽夏（今河南太康縣）人。爲桓温引爲建武將軍，江夏相。平蜀後，進號龍驤將軍，封湘西伯。三十六歲卒。謚曰簡。注《論語》行於世。《晋書》卷八三有傳。本志集部尚有其一部著述。兩《唐志》有著録，《宋志》無載，亡佚。清馬國翰有輯本。尹毅注《論語》：《經典釋文叙録》、兩《唐志》皆有著録，《宋志》無載，亡佚。張憑：字長宗，吳（今江蘇境內）人。舉孝廉，官至吏部郎、御史中丞。《晋書》卷七五有傳。本志子、集部尚有張憑二部著述。《經典釋文叙録》載張憑注《論語》十卷，《舊唐志》著録《論語》又十卷孫氏注，疑“孫氏”乃“張氏”之誤。《新唐志》著録《論語》十卷張氏注。《宋志》無載，亡佚。清馬國翰有輯本。暢惠明：“暢”原作“陽”，據兩《唐志》、《通志·氏族略》改。生平事迹不詳。兩《唐志》著録暢惠明《論語義注》十卷，《宋志》無載，亡佚。孔澄之：字仲淵，會稽（今浙江紹興市）人，宋新安太守。《經典釋文叙録》有載，兩《唐志》無載，亡佚。虞遲：會稽人，齊員外郎，《經典釋文叙録》有載，兩《唐志》無載，亡佚。許容：生平事迹不詳。《經典釋文叙録》、兩《唐志》皆無載，亡佚。曹思文：齊國子助教。見《南齊書》卷九。《經典釋文叙録》、兩《唐志》皆無載，亡佚。僧智：齊僧人，《高僧傳》提及，始末不詳。所作《論語略解》，兩《唐志》無載，亡佚。太史叔明集解《論語》：《南史》卷七一稱其善《論語》，有《集解論語》。兩《唐志》無載，亡佚。清馬國翰有輯本。陶弘景集注《論語》：《南史》卷七六載其著有《論語集注》。兩《唐志》無載，亡佚。《論語音》二卷：《經典釋文叙録》載《論語音》一卷，兩《唐志》著録爲二卷，《宋志》無載，亡佚。

《論語難鄭》一卷。梁有《古論語義注譜》一卷，徐氏撰；《論語隱義注》三卷，《論語義注》三卷。亡。

不署撰者。兩《唐志》無載，亡佚。徐氏：不詳何人。丁國鈞《補晋書藝文志》推測徐氏爲徐邈。兩《唐志》著録徐氏《古論語義注譜》一卷，《宋志》無載，亡佚。《論語隱義注》：不署撰者。馬國翰以爲郭象有《論語隱》一卷，此書是後人衍郭象義而注之。兩《唐志》著録《論語義注隱》三卷，《宋志》無載，亡佚。清馬國翰、王仁俊有輯本。《論語義注》：不署撰者。兩《唐志》無載，亡佚。

《論語難鄭》一卷。

就前所著録《論語難鄭》而言，應是另一部。兩《唐志》無載，亡佚。

《論語標指》一卷。司馬氏撰。

司馬氏：不詳何人。兩《唐志》無載，亡佚。

《論語雜問》一卷。

不署撰者。兩《唐志》無載，亡佚。

《論語孔子弟子目録》一卷。鄭玄撰。

此書附在《古文論語》篇目之後，鄭玄爲其作注。《日本國見在書目録》著録《弟子録名》一卷，無撰者。兩《唐志》著録《論語篇目弟子》一卷，鄭玄注。《宋志》無載，亡佚。清王謨、馬國翰、孔廣林有輯本。

《論語體略》二卷。晋太傅主簿郭象撰。

郭象：字子玄，河南（今河南洛陽市）人。好老、莊，以文自娱。辟司徒掾，又被引爲太傅主簿。著碑論十二篇。《晋書》卷五〇有傳。本志子、集部尚有其二部著述。兩《唐志》有著録，《宋志》無載，亡佚。清馬國翰有輯本。

《論語旨序》三卷。晋衛尉繆播撰。

繆播：字宣則，蘭陵（今山東蘭陵市）人。懷帝時，爲侍中，徙中書令，被東海王所害。後贈衛尉。《晋書》卷六〇有傳。兩《唐志》著録此書爲二卷，《宋志》無載，亡佚。清馬國翰有輯本。

《論語釋疑》三卷。王弼撰。

《經典釋文叙録》載此書三卷，兩《唐志》著録爲二卷，《宋志》無載，亡佚。清馬國翰有輯本。

《論語釋》一卷。張憑撰。

兩《唐志》無載，亡佚。馬國翰疑其即已亡張憑《論語注》十卷之散佚而存者。

《論語釋疑》十卷。晋尚書郎樂肇撰。梁有《論語釋駁》三卷，
王肅撰；《論語駁序》二卷，樂肇撰；《論語隱》一卷，郭象撰；
《論語藏集解》一卷，應琛撰；《論語釋》一卷，曹毗撰；《論語君
子無所爭》一卷，庾亮撰；《論語釋》一卷，李充撰；《論語釋》
一卷，庾翼撰；《論語義》一卷，王濛撰；又蔡系《論語釋》一
卷，張隱《論語釋》一卷，郊原《通鄭》一卷，王氏《修鄭錯》
一卷，姜處道《論釋》一卷。亡。

　　《經典釋文叙録》、兩《唐志》皆有著録，《宋志》無載，亡
佚。《論語釋駁》：兩《唐志》無載，亡佚。《論語駁序》：兩《唐
志》著録《論語駁》二卷，《宋志》無載，亡佚。《論語隱》：兩
《唐志》無載，亡佚。應琛：生平事迹不詳。其書兩《唐志》無
載，亡佚。曹毗：字輔佐，譙國（今安徽亳州市）人。累遷尚書
郎、下邳太守，至光禄勳卒。所著文筆十五卷，行於世。《晋書》
卷九二有傳。本志史、集部尚有其著述二部。其書兩《唐志》無
載，亡佚。《論語君子無所爭》：兩《唐志》無載，亡佚。李充
《論語釋》：兩《唐志》無載，亡佚。庾翼《論語釋》：兩《唐志》
無載，亡佚。清馬國翰有輯本。王濛：字仲祖，太原晋陽（今山西
太原市）人。哀靖皇后之父。及簡文帝輔政，益貴幸之，轉司徒左
長史。《晋書》卷九三有傳。本志集部有其一部著述。此書兩《唐
志》無載，亡佚。蔡系：字子叔，陳留考城（今河南蘭考縣）人。
有才學，位至撫軍長史。見《晋書》卷七七、《世説新語·雅量》。
本志集部尚有其一部著述。此書兩《唐志》無載，亡佚。張隱：生
平事迹不詳，所著兩《唐志》無載，亡佚。郊原：生平事迹不詳。
所著兩《唐志》無載，亡佚。王氏：不詳何人。姚振宗疑其即爲江
熙《集解論語》所集十三家之一家王瑝。其所著兩《唐志》無載，
亡佚。姜處道：生平事迹不詳。其作《論釋》，疑“論”下脱
“語”字。姚振宗從於隋祇存張憑一家，餘者十二家兩《唐志》皆

無載，而兩《唐志》著録《論語雜議》十三卷，不署撰者，此書則又不見於本志，認爲以上十三家之作合爲《論語雜議》。

《論語別義》十卷。范廙撰。梁有《論語疏》八卷，宋司空法曹張略等撰；《新書對張論》十卷，虞喜撰。

范廙（yì）：馬國翰疑爲"范甯"之誤。兩《唐志》不載此書，然有《論語剔義》十卷，疑即此書，"剔義"爲"別義"之誤。張略：生平事迹不詳。兩《唐志》無載，亡佚。《新書對張論》：《册府元龜·學校·注釋》載虞喜又注《論語》九卷、《新書討張論語》十卷。兩《唐志》無載，亡佚。

《論語義疏》十卷。褚仲都撰。

《日本國見在書目録》著録《論語疏》十卷，褚仲都撰。兩《唐志》著録《論語講疏》十卷，褚仲都撰。《宋志》無載，亡佚。清馬國翰有輯本。

《論語義疏》十卷。皇侃撰。

皇侃《論語義疏序》稱，何晏因《魯論》集馬融等七家，又采《古論》孔注，又自下己意。今日所講，即是《魯論》爲張侯所學、何晏所集者也，又有江熙所集十三家。侃今之講，先通何集，若江集中諸人有可采者亦附而申之，又別有通儒解釋於何集無妨者，亦引取爲説，以示廣聞。《論語義疏》所用底本，不論是正文，還是注文，與後來流行的邢疏本都有較大差異，對了解《論語》及其注本有研究價值。此書《經典釋文叙録》、兩《唐志》、《宋志》皆有著録，《直齋書録解題》即無著録，蓋此書在南宋亡佚。日本桃園天皇寬延三年（1750），平安服元喬《皇侃論語義疏新刻序》謂此書足利學校有藏，新刻本即據其藏本而刻。清乾隆年間開四庫館，鮑廷博得到從日本傳入的《論語義疏》，後收入《知不足齋叢書》及《四庫全書》，另有武英殿本。

《論語述義》十卷。劉炫撰。

　　《北史》卷八二載，劉炫著《論語述義》十卷。兩《唐志》著録劉炫《論語章句》二十卷，《宋志》無載，亡佚。

《論語義疏》八卷。

　　不署撰者。兩《唐志》無載，亡佚。

《論語講疏文句義》五卷。徐孝克撰，殘缺。

　　兩《唐志》無載，亡佚。

《論語義疏》二卷。張冲撰。梁有《論語義注圖》十二卷，亡。

　　《隋書》卷七五、《北史》卷八二皆載張冲撰《論語義》十卷，而此著録爲二卷。姚振宗疑前《論語義疏》八卷亦爲張冲所撰，與此二卷合，正與本傳記載相符。兩《唐志》無載，亡佚。《論語義注圖》：不署撰者。兩《唐志》無載。《崇文總目》有《論語井田義圖》一卷，並稱“其曰論語者，蓋爲《論語》學者引用”。它可能是《論語義注圖》的一部分。

《孔叢》七卷。陳勝博士孔鮒撰。梁有《孔志》十卷，梁太尉參軍劉被撰，亡。

　　孔鮒：字甲，孔子八世孫，魏相孔順之子。爲陳勝博士，死陳下。見《史記》卷四七、《漢書》卷八一。此書爲子孫雜記其先世言行之書。《漢志》無載，《舊唐志》著録《孔叢子》七卷，孔鮒撰；《新唐志》著録《孔叢》七卷，不署撰者。《宋志》著録《孔叢子》七卷，漢孔鮒撰，下有注引朱熹語“僞書也”。此書二十一篇，其間記有孔鮒身後事，並記有迄後漢延光三年孔季彦之事，第七卷名曰《連叢子》，乃爲漢武帝時太常孔臧所作賦與書。這些内容都是稱其爲託名孔鮒的僞書證據。1977 年安徽阜陽雙古堆漢墓（漢文帝年間）出土的一件有篇題的木牘，上面有兩篇名與《孔叢子》的篇名相合，加之此書内容的性質以及古代典籍流傳的特點，不便武斷地認爲《孔叢子》就是僞書，還須進一步研究。宋宋咸爲此書作注。此書現存最早的本子爲明刻本，通行本爲四庫本。劉被：生平事迹不詳。其書兩《唐志》無載，亡佚。

《孔子家語》二十一卷。王肅解。梁有《當家語》二卷，魏博士張融撰，亡。

此書内容與《論語》同源，皆爲孔門弟子各自記録的與孔子的問答，一部分輯成《論語》，其餘則集成《孔子家語》。《漢志》著録《孔子家語》二十七卷，不署撰者。顏師古注曰，“非今所有《家語》也”。王肅《孔子家語自序》稱，從孔子二十二世孫孔猛處得其先人之書。《日本國見在書目録》著録《孔子家語》廿一卷，王肅撰；兩《唐志》、《宋志》著録王肅注《孔子家語》十卷。元代王廣謀作《孔子家語注》，明代此書流傳漸稀。清陳士珂作《孔子家語疏證》十卷。《孔子家語》現存最早的本子是明嘉靖刻本，通行本爲四部叢刊本、叢書集成本。後世多指《孔子家語》爲僞書，從對安徽阜陽雙古堆（1973 年發掘）、河北定縣八角廊村（1977 年發掘）兩漢墓出土的竹簡和木牘的研究，發現其不少内容與今傳《孔子家語》相近，所以學者提出應對今本《孔子家語》重新認識。張融：生平事迹不詳。姚振宗以爲此書或爲王肅所注《孔子家語》而作，《日本國見在書目録》有《家語鈔》一卷，似即此書。姑備一説。

《孔子正言》二十卷。梁武帝撰。

《南史》卷七一載，梁武帝撰《孔子正言》。《日本國見在書目録》著録《孔子正言》廿卷，梁武帝撰。兩《唐志》亦有著録，《宋志》無載，亡佚。

《爾雅》三卷。漢中散大夫樊光注。梁有漢劉歆、犍爲文學、中黃門李巡《爾雅》各三卷，亡。

　　《爾雅》今十三經之一，三卷十九篇，無撰者。王應麟曰，"《釋詁》一篇，蓋周公所作；《釋言》以下仲尼所增，子夏所定，叔孫通所益，梁文所補"見《漢藝文志考證》卷四。鄭玄以爲《爾雅》爲孔子門人所作，以釋六藝之旨。見《駁五經異議》。"今觀其文，大抵采諸書訓詁名物之同異，以廣見聞，實自爲一書，不附經義"（《四庫全書總目》卷四〇）。《漢志》著録《爾雅》三卷二十篇，王鳴盛曰"別有《序篇》一篇"。見《蛾術編·説録》。後世多人爲《爾雅》作注，其間郭璞注爲世人所重，《爾雅》即與郭注並行流傳至今。宋邢昺作《爾雅疏》，鄭樵《爾雅注》三卷，清邵晋涵《爾雅正義》二十卷、郝懿行《爾雅義疏》二十卷等，今人有《爾雅詁林》。《爾雅》單經本罕見，有唐石經本。樊光：《經典釋文叙録》稱其爲京兆（今陝西西安市）人，後漢中散大夫。沈旋（沈約子）疑此注非樊光所作。兩《唐志》著録樊光注《爾雅》六卷，《宋志》無載，亡佚。清馬國翰、黃奭有輯本。劉歆《爾雅》：《經典釋文叙録》著録劉歆《爾雅》三卷，並稱與李巡注正同，疑非歆注。兩《唐志》無載，亡佚。清馬國翰、黃奭有輯本。犍爲文學：《經典釋文叙録》著録其注《爾雅》，稱其"卒史臣舍人，漢武帝時待詔。闕中卷"。或曰此即《漢書》卷六五所言郭舍人。錢大昕則曰"蓋其人姓舍名人"（《廿二史考異》卷三四）。此書兩《唐志》無載，亡佚。清馬國翰、黃奭、王仁俊、王謨有輯本。李巡：汝陽（今河南汝南縣）人，靈帝時宦者，被稱爲清忠，不争威權。見《後漢書》卷七八。此書《經典釋文叙録》、兩《唐志》有著録，《宋志》無載，亡佚。清馬國翰、黃奭、王仁俊有輯本，黃奭又輯樊光、李巡等注爲《爾雅古義》。

《爾雅》 七卷。孫炎注。

《經典釋文叙録》著録《爾雅》孫炎注三卷，兩《唐志》著録此書爲六卷，《宋志》無載，亡佚。清馬國翰、王仁俊有輯本，另有吳騫輯《孫氏爾雅正義拾遺》一卷。

《爾雅》 五卷。郭璞注。

《經典釋文叙録》稱，《爾雅注》唯郭景純洽聞強識，詳悉古今，作《爾雅注》，爲世所重。宋邢昺爲此書作疏。兩《唐志》、《宋志》、《四庫全書總目》卷四〇皆著録郭璞注《爾雅》。此書現存最早的本子有宋刻本，通行本爲十三經注疏本。

《集注爾雅》 十卷。梁黃門郎沈琁注。

沈琁：又作旋、璇，字士規，吳興武康（今浙江德清縣）人，沈約子。爲給事黃門侍郎，出爲招遠將軍，卒於南康内史，謚曰恭侯。集注《通言》，行於世。《梁書》卷一三、《南史》卷五七有傳。《經典釋文叙録》載，"《爾雅》梁有沈旋，沈約之子集衆家之注"。《舊唐志》載，沈璇《集注爾雅》十卷；《新唐志》載，《爾雅集注》十卷，沈琁注。《宋志》無載，亡佚。清馬國翰、黃奭有輯本。

《爾雅音》 八卷。秘書學士江灌撰。梁有《爾雅音》二卷，孫炎、郭璞撰。

江灌：濟陽考城（今河南蘭考縣）人。陳駙馬都尉、秘書郎。隋給事郎、直秘書省學士。見《陳書》卷二七。兩《唐志》著録《爾雅圖贊》二卷、《爾雅音》六卷，撰者爲江灌，疑"江灌"之誤。《宋志》無載，亡佚。孫炎《爾雅音》：《顏氏家訓·音辭》稱孫炎創《爾雅音義》，是漢末人獨知反切，至於魏世，此事大行。兩《唐志》不載此書，亡佚。清黃奭、馬國翰有輯本。郭璞《爾雅音》：《經典釋文叙録》載郭璞《爾雅音》一卷，兩《唐志》著録郭璞《爾雅音義》一卷，《宋志》無載，亡佚。清馬國翰、黃奭有輯本。

《爾雅圖》十卷。郭璞撰。梁有《爾雅圖讚》二卷，郭璞撰，亡。

　　《晋書》卷七二載，郭璞注釋《爾雅》，别爲《音義》《圖譜》傳於世。《日本國見在書目録》載《爾雅圖》十卷，郭璞撰。兩《唐志》著録此書一卷，《宋志》無載，亡佚。《爾雅圖讚》：《經典釋文叙録》有載，兩《唐志》無載，亡佚。清王謨、孫志祖、黃奭、錢熙祚、馬國翰、嚴可均有輯本。

《廣雅》三卷。魏博士張揖撰。梁有四卷。

　　張揖：字稚讓，清河（今河北清河縣）人，一曰河間（今河北河間市）人。魏太和中博士。指出《爾雅》尚有不足，而作《廣雅》。“因《爾雅》舊目，博采漢儒箋注及《三倉》《説文》諸書，以增廣之”。見《四庫全書總目》卷四〇。兩《唐志》著録張揖《廣雅》四卷，《直齋書録解題》著録張揖《廣雅》十卷，《崇文總目》著録張揖撰《博雅》十卷，《四庫全書總目》著録張揖《廣雅》十卷，並稱“隋秘書學士曹憲爲之音釋，避煬帝諱改名《博雅》，故至今二名並稱，實一書也”。清王念孫著有《廣雅疏證》十卷。國家圖書館現存《廣雅》十卷，魏張揖撰，隋曹憲音，明刻本；《博雅》十卷，魏張揖撰，隋曹憲音解，明刻本；《博雅音》十卷，隋曹憲撰。通行本有四庫本、叢書集成本等。

《廣雅音》四卷。秘書學士曹憲撰。

曹憲：揚州江都（今江蘇揚州市）人。仕隋，爲秘書學士。訓注張揖所撰《博雅》，分爲十卷。唐貞觀中，以年老不仕，歸家，拜朝散大夫。所撰《文選音義》，甚爲當時所重。《舊唐書》卷一八九上、《新唐書》卷一九八有傳。本志經部尚有曹憲一部著述。《日本國見在書目録》、兩《唐志》皆著録《博雅》十卷，曹憲撰，其中應包括張揖所撰《廣雅》。

《小爾雅》一卷。李軌略解。

《漢志》著録《小雅》一篇。謝啓昆《小學考》曰，“《小爾雅》非《漢志》之《小雅》”。《四庫全書總目》卷四三曰，“《漢書・藝文志》有《小雅》一篇，無撰人名氏。《隋》《唐志》並載李軌注《小爾雅》一卷，其書久佚。今所傳本則《孔叢子》第十一篇，鈔出別行者也”。《舊唐志》著録《小爾雅》一卷，李軌撰；《新唐志》著録李軌解《小爾雅》一卷；《宋志》著録孔鮒《小爾雅》一卷。清王煦著有《小爾雅疏》八卷、宋翔鳳著有《小爾雅訓纂》六卷等，可參考。

《方言》十三卷。漢揚雄撰，郭璞注。

揚雄：字子雲，蜀郡成都（今四川境内）人。成帝時爲待詔，後爲給事黃門。王莽篡位，爲大夫。著有《太玄》《法言》《訓纂》《州箴》，及《反離騷》《甘泉賦》等。《漢書》卷八七有傳。本志經、史、子、集部尚有其五部著述。此書是中國很早記載古代不同方域語言的書，又作《輶軒使者絶代語釋別國方言》。《漢書・揚雄傳》及《藝文志》皆無《方言》有關記載。《劉歆與揚雄書》、應劭《風俗通義序》、《華陽國志》卷一〇上提及揚雄撰《方言》。宋代有人以爲此書是僞託，然至今無明顯證據。周祖謨認爲《方言》普遍流傳於東漢和帝以後。見《方言校箋自序》。郭璞注《方言》，《晋書》卷七二其本傳有記載。《日本國見在書目録》著録

《方言》十卷，揚雄撰，郭璞注；兩《唐志》著録揚雄《別國方言》十三卷；《宋志》著録揚雄《方言》十四卷；《四庫全書總目》卷四〇著録《方言》十三卷，並稱舊題漢揚雄撰，晉郭璞注。後世研究《方言》者有清末王國維、現代周祖謨，續補《方言》者有清杭世駿、戴震等。此書最早的本子是宋慶元六年刻《輶軒使者絶代語釋別國方言解》十三卷，通行本爲四庫本、武英殿聚珍本等。

《釋名》八卷。劉熙撰。

此書從音求義，多以同聲相諧，推見古音，所釋器物亦可推見古制。見《四庫簡明目録》。兩《唐志》、《宋志》有著録，《四庫全書總目》卷四〇著録其八卷，然稱其凡二十篇。清畢沅著有《釋名疏證》八卷、《補遺》一卷。此書現存最早的本子是明嘉靖年間刻本，通行本爲四庫本、四部叢刊本。

《辯釋名》一卷。韋昭撰。

吳鳳凰二年，韋昭在獄中上辭求免，言其作《辯釋名》一卷，欲表上之。見《三國志》卷六五。《新唐志》《宋志》《崇文總目》有載，《郡齋讀書志》《直齋書録解題》無載，疑此書亡於南宋。清任大椿、顧震福有輯文，清馬國翰、黃奭及民國龍璋有輯本。

《五經音》十卷。徐邈撰。

《晉書》卷九一載，徐邈撰正五經音訓，學者宗之。本志分別著録《周易音》一卷、《古文尚書音》一卷、《毛詩音》三卷、《三禮音》三卷、《左氏音》三卷，此書爲其合併爲帙者。兩《唐志》不載，亡佚。

《五經正名》十二卷。劉炫撰。

《隋書》卷七五稱，劉炫著《五經正名》十二卷。《舊唐志》

著録《五經正名》十五卷，疑"五"爲"二"之誤；《新唐志》著録《五經正名》十二卷；《宋志》無載，亡佚。

《白虎通》六卷。

不署撰者。《後漢書》卷四〇下載，天子會諸儒講論五經，作《白虎通德論》，令（班）固撰集其事。《舊唐志》著録《白虎通》六卷，漢章帝撰；《新唐志》著録班固等《白虎通義》六卷；《宋志》著録班固《白虎通》十卷；《崇文總目》著録《白虎通德論》十卷，後漢班固等撰；《四庫全書總目》卷一一八著録《白虎通義》四卷，漢班固撰。其提要曰，"白虎觀諸儒其議奏統名曰《白虎通德論》，固撰集後乃名其書曰《通義》。《唐志》所載蓋其本名，稱《白虎通德論》失其實矣。《隋志》刪去'義'字，蓋流俗省略，有此一名"。清陳立著有《白虎通疏證》十二卷。此書現存最早的本子是《白虎通德論》十卷，元大德年間刻本。通行本爲《白虎通義》四卷，四庫本；《白虎通德論》十卷，四部叢刊本。

《五經異議》十卷。後漢太尉祭酒許慎撰。

許慎：字叔重，汝南召陵（今河南漯河市）人。舉孝廉，再遷除洨長。因五經傳說臧否不同，於是撰《五經異議》，又作《説文解字》，皆傳於世。《後漢書》卷七九下有傳。本志經、子部尚有許慎二部著述。《日本國見在書目録》有《五經異議》十卷，後漢太尉祭酒許慎撰；兩《唐志》著録《五經異議》十卷，許慎撰，鄭玄駁。《宋志》無載，亡佚。清王謨、王仁俊有《五經異議》輯本，王復、袁鈞、孔廣林、黃奭有《駁五經異議》輯本。另清陳壽祺撰《五經異議疏證》三卷。

《五經然否論》五卷。晉散騎常侍譙周撰。

《三國志》卷三八載，譙周少時曾數往秦宓處咨訪，記録其言於《春秋然否論》。疑此應爲《五經然否論》之一。兩《唐志》有著録，《宋志》無載，亡佚。清王謨、馬國翰、黃奭有輯本。

《五經拘沈》十卷。晋高涼太守楊方撰。

　　楊方：字公回，會稽（今浙江紹興市）人。先爲東安太守、司徒參軍事，後補高涼太守。在郡期間著《五經鉤沉》，更撰《吳越春秋》，皆行於世。年老歸，卒於家。《晋書》卷六八有傳。本志經、史、集部尚有楊方三部著述。兩《唐志》著録楊方《五經鉤沈》十卷，《宋志》《崇文總目》著録楊方《五經鉤沈》五卷，《郡齋讀書志》《直齋書録解題》無載，疑此書亡於南宋。清王謨、馬國翰有輯本。

《五經大義》三卷。戴逵撰。梁有《通五經》五卷，王氏撰；《五經咨疑》八卷，周楊撰；《五經異同評》一卷，賀瑒撰；《五經祕表要》三卷。亡。

　　戴逵：字安道，譙國（今安徽亳州市）人。孝武帝時，累徵，不就。義熙初，以散騎侍郎徵，不起。不久即卒。《晋書》卷九四有傳。本志史、子、集部尚有其三部著述。兩《唐志》無載，亡佚。清馬國翰有輯本。王氏：不詳何人。其作《兩唐志》無載，亡佚。周楊：生平事迹不詳。兩《唐志》著録《五經咨疑》八卷，楊思撰。《宋志》無載，亡佚。《五經異同評》：《梁書》卷四八載，賀瑒爲五經博士，撰《五經義》。《五經祕表要》：不署撰者。姚振宗據書名，疑此書爲讖緯家之説。

《五經大義》十卷。後周縣伯中大夫樊文深撰。

　　樊文深：名深，字文深，河東猗氏（今山西臨猗縣）人。北周時爲國子博士，賜姓萬鈕於氏。天和二年，遷縣伯中大夫，加開府儀同三司。建德年間卒。撰《七經異同》三卷等。《周書》卷四

五、《北史》卷八二有傳。兩《唐志》無載，亡佚。

《經典大義》十二卷。沈文阿撰。

《南史》卷七一記載，沈文阿撰《經典大義》十八卷。《日本國見在書目録》著録《經典大義》十二卷，《舊唐志》著録《經典大義》十卷，《新唐志》著録《經典玄儒大義叙録》十卷。此書與此後著録之《經典玄儒大義叙録》二卷，同是《經典大義》十八卷的一部分。《宋志》無載，亡佚。

《五經大義》五卷。何妥撰。

兩《唐志》無載，亡佚。

《五經通義》八卷。梁九卷。

不署撰者。兩《唐志》著録《五經通義》九卷，劉向撰。《宋志》無載，亡佚。元陶宗儀《説郛》中有《五經通義》一卷，清王謨、洪頤煊、宋翔鳳、劉學寵、馬國翰、黄奭、王仁俊有輯本。

《五經義》六卷。梁七卷。梁又有《五經義略》一卷，亡。

不署撰者。兩《唐志》著録《五經雜義》七卷，劉向撰。《漢志》著録《五經雜議》十八篇，似與此書有關。《宋志》無載，亡佚。《五經義略》：不署撰者。疑《五經雜義》之節略本。

《五經要義》五卷。梁十七卷，雷氏撰。

雷氏：不詳何人。清王謨等以爲雷氏即雷次宗。兩《唐志》著録《五經要義》五卷，劉向撰，不知與此書有何關聯，待考。《宋志》無載，亡佚。清王謨、馬國翰、黄奭有輯本。

《五經析疑》二十八卷。邯鄲綽撰。

邯鄲綽：生平事迹不詳。《日本國見在書目録》、兩《唐志》皆著録此書爲三十卷，《宋志》無載，亡佚。元陶宗儀《説郛》中有《五經析疑》一卷，清王謨、劉學寵有輯本。

《五經宗略》二十三卷。元延明撰。

《魏書》卷二〇載，元延明又撰《五經宗略》。兩《唐志》著録元延明《五經宗略》四十卷，《宋志》無載，亡佚。

《五經雜義》六卷。孫暢之撰。

兩《唐志》無載，亡佚。

《長春義記》一百卷。梁簡文帝撰。

《梁書》卷四載，簡文帝所著《長春義記》一百卷，行於世。兩《唐志》有著録，《宋志》無載，亡佚。

《大義》九卷。

不署撰者。兩《唐志》無載，亡佚。

《遊玄桂林》九卷。張譏撰。

《南史》卷七一載，張譏撰有《遊玄桂林》二十四卷。本志子部“道家類”著録張譏《遊玄桂林》二十一卷、《目》一卷。兩《唐志》著録此書二十卷，《宋志》無載，亡佚。

《六經通數》十卷。梁舍人鮑泉撰。

鮑泉：字潤岳，東海（今江蘇常熟市周邊）人。梁元帝時，爲郢州長史，行州府事。郢州被侯景將攻破，被殺於江夏。尤明《儀禮》，撰《新儀》四十卷，行於世。《梁書》卷三〇、《南史》卷六二有傳。本志史、集部尚有其作二部。此書兩《唐志》無載，亡佚。

《七經義綱》二十九卷。樊文深撰。

《七經論》三卷。樊文深撰。

《質疑》五卷。樊文深撰。

    《周書》卷四五載，樊文深撰《七經異同》三卷，《義綱略論》並《目錄》三十一卷，並行於世。兩《唐志》著錄樊文深《七經義綱略論》三十卷及《質疑》五卷，不著錄《七經論》《七經異同》，疑此二書爲一書。此三書《宋志》皆無載，亡佚。清王謨、馬國翰輯《七經義綱》各一卷。

《經典玄儒大義叙錄》二卷。沈文阿撰。

    此書應與前所著錄《經典大義》合爲一書，本志分別著錄有誤。

《玄義問答》二卷。

    不署撰者。以玄義釋經之書。兩《唐志》無載，亡佚。

《六藝論》一卷。鄭玄撰。

    《日本國見在書目錄》著錄《六藝論》一卷，鄭玄撰，方叔機注；《舊唐志》著錄《六藝論》一卷，鄭玄注；《新唐志》著錄鄭玄《六藝論》一卷；《宋志》無載，亡佚。清王謨、袁鈞、孔廣林、陳鱣、臧琳、洪頤煊、馬國翰、黃奭有輯本。皮錫瑞撰《六藝論疏證》一卷。

《聖證論》十二卷。王肅撰。

    《三國志》卷一三載，王肅集《聖證論》譏短鄭玄，鄭玄門人孫叔然駁而釋之。《日本國見在書目錄》"五經家"著錄《聖證論》，王肅撰；"小學家"著録《聖證論》十一卷，無撰者。《舊唐志》著録《聖證論》十一卷，無撰者；《新唐志》著録王肅《聖證論》十一卷；《宋志》無載，亡佚。清王謨、馬國翰有輯本。

《鄭志》十一卷。魏侍中鄭小同撰。

《後漢書》卷三五載，"門人相與撰玄答弟子問五經，依《論語》作《鄭志》"。兩《唐志》著録《鄭志》九卷，無撰者。然不少人仍認爲此書由鄭小同編成。《四庫全書總目》卷三三有《鄭志》三卷、《補遺》一卷，提要曰，《隋志》著録《鄭志》十一卷，已非諸弟子舊本。《崇文總目》始不著録，則全佚於北宋。此本三卷，莫考其出自誰氏。此書有王復輯《鄭志》三卷、《補遺》一卷，袁鈞、孔廣林各輯《鄭志》八卷，黃奭輯《鄭志》一卷，錢東垣等校《鄭志》三卷。又有成蓉鏡撰《鄭志考證》一卷、皮錫瑞撰《鄭志疏證》八卷。

《鄭記》六卷。鄭玄弟子撰。

《四庫全書總目》卷三三稱，《鄭記》皆其門人互相問答之詞。其書久佚，可考見者，尚有《初學記》《通典》《太平御覽》所引三條。兩《唐志》著録《鄭記》六卷，無撰者。《宋志》無載，亡佚。清袁鈞有輯本。

《謚法》三卷。劉熙撰。

本志"禮類"《大戴禮記》條下注曰，"梁有《謚法》三卷，後漢安南太守劉熙注，亡"。而在此又著録此書，而且是以見存書著録的，顯然重複。兩《唐志》著録《謚法》三卷，荀顗演，劉熙注。《宋志》無載，亡佚。清孫馮翼、王仁俊有輯本。

《謚法》十卷。特進、中軍將軍沈約撰。

沈約：字休文，吳興武康（今浙江德清縣）人。宋時爲尚書度支郎。入齊，累遷至司徒左長史、南清河太守。梁武帝受禪，封建昌縣侯，累遷侍中、左光禄大夫加特進。著有《宋書》《邇言》《諡例》等。《宋書》卷一〇〇、《梁書》卷一三、《南史》卷五七有傳。本志經、史、子、集部尚有沈約十五部著述。兩《唐志》著録沈約《諡例》十卷，《宋志》著録《諡法》十卷。《郡齋讀書志》著録《沈賀諡法》，沈約撰《諡法》，凡七百九十四條。《直齋書録解題》無載，亡佚。

《諡法》五卷。梁太府卿賀琛撰。

賀琛："琛"原作"瑒"，據其本傳改。字國寶，會稽山陰（今浙江紹興市）人。普通中，始應辟命，累遷尚書左丞，受詔撰《新諡法》。太清二年，侯景陷城，以爲金紫光禄大夫，卒。撰有《三禮講疏》《五經滯義》等，凡百餘篇。《梁書》卷三八、《南史》卷六二有傳。兩《唐志》、《宋志》著録賀琛《諡法》三卷，《崇文總目》著録此書四卷。《郡齋讀書志》卷二著録《沈賀諡法》四卷，曰"賀琛又加婦人諡二百三十八條"。《直齋書録解題》無載，亡佚。

《江都集禮》一百二十六卷。

不署撰者。《日本國見在書目録》著録《江都集禮》百廿六卷；《舊唐志》"禮類"著録《江都集禮》一百二十卷，潘徽撰；《新唐志》"儀注類"著録牛弘、潘徽《隋江都集禮》一百二十卷；《崇文總目》著録《江都集禮》一百四卷，隋諸儒撰。《宋志》有《江都集禮圖》五十卷，似此書之佚存。今亡。

右七十三部，七百八十一卷。通計亡書，合一百一十六部，一千二十七卷。

　　七十三部：實爲七十四部。一百一十六部：實爲一百二十六部。

　　《論語》者，孔子弟子所録。孔子既叙六經，講於洙、泗之上，[1]門徒三千，達者七十。其與夫子應答，及私相講肄，[2]言合於道，或書之於紳，[3]或事之無厭。仲尼既没，遂緝而論之，謂之《論語》。漢初，有齊、魯之説。其齊人傳者，二十二篇；魯人傳者，二十篇。齊則昌邑中尉王吉、少府宋畸、御史大夫貢禹、尚書令五鹿充宗、膠東庸生。[4]魯則常山都尉龔奮、長信少府夏侯勝、韋丞相節侯父子、魯扶卿、前將軍蕭望之、安昌侯張禹，[5]並名其學。張禹本授《魯論》，晚講《齊論》，後遂合而考之，删其煩惑。除去《齊論·問王》、《知道》二篇，[6]從《魯論》二十篇爲定，號《張侯論》，當世重之。周氏、包氏，[7]爲之章句，馬融又爲之訓。又有古《論語》，與《古文尚書》同出，章句煩省，與《魯論》不異，唯分《子張》爲二篇，故有二十一篇。孔安國爲之傳。漢末，鄭玄以《張侯論》爲本，參考《齊論》、古《論》而爲之注。魏司空陳群、太常王肅、博士周生烈，[8]皆爲義説。吏部尚書何晏，又爲集解。是後諸儒多爲之注，《齊論》遂亡。古《論》先無師説，梁、陳之時，唯鄭玄、何晏立於國學，而鄭氏甚微。周、齊，鄭學獨立。至隋，何、鄭並行，鄭氏盛於人間。其《孔叢》《家語》，並孔氏所傳仲尼之旨。《爾雅》諸書，解古今之意，并五經總義，附于此篇。

[1]洙泗：山東曲阜境内的兩條河，洙水在北，泗水在南。孔子居於兩水之間，教授弟子。

[2]講肄：講習。

[3]紳：一種服飾，束在腰間，一頭垂下的大帶。

[4]王吉：字子陽，故又稱王陽，琅邪皋虞（今山東即墨市）人。舉賢良，後累遷益州刺史、博士諫大夫。以《詩》《論語》教授。《漢書》卷七二有傳。　宋畸："宋"原作"宗"，據《漢書》卷八、《經典釋文叙録》改。又作宋疇，字翁壹。宣帝時由左馮翊任少府。見《漢書》卷一九下。　貢禹：字少翁，琅邪（今山東諸城市）人。以明經徵爲博士。元帝時，拜光禄大夫，爲御史大夫數月，卒。《漢書》卷七二有傳。　五鹿充宗：字君孟，代郡（今河北北部）人。宣帝時爲少府，爲《梁丘易》。石顯擅權，爲尚書令。見《漢書》卷八八、《經典釋文叙録》。　膠東：漢國名，在今山東境内。庸生，生平事迹不詳。《經典釋文叙録》言其名譚，從都朝尉習古文《尚書》，授張禹《齊論語》。見《漢書》卷八一、卷八八。

[5]龔奮：《經典釋文叙録》稱其爲常山都尉。　夏侯勝：字長公，東平（今山東東平縣）人。從夏侯始昌受《尚書》及《洪範五行傳》。宣帝時遷長信少府，賜爵關内侯。受詔撰《尚書》《論語説》。《漢書》卷七五有傳。　韋丞相節侯父子：韋賢，字長孺，魯國鄒（今山東鄒城市）人。兼通《禮》《尚書》，以《詩》教授。昭帝時，徵爲給事中，至大鴻臚。宣帝時爲丞相，扶陽侯。子韋玄成，受詔雜論五經同異於石渠閣，條奏其對。永光中，爲丞相。《漢書》卷七三有傳。　魯扶卿：《經典釋文叙録》有注曰，"鄭云扶先，或説先先生"。生平事迹不詳。　蕭望之：字長倩，東海蘭陵（今山東蘭陵縣）人。治《齊詩》，事后蒼。又從夏侯勝問《論語》。官至太傅、御史大夫。後因獲罪自殺。《漢書》卷七八有

傳。　張禹：字子文，河内軹（今河南濟源市）人。從施讎受《易》，從王陽、庸生問《論語》。成帝時，爲丞相，封安昌侯。《漢書》卷八一有傳。

[6]問王：《漢書藝文志講疏》稱，“問王者，問玉也”。其根據爲《説文解字》玉部引《逸論語》，“如玉之瑩”。

[7]周氏：不詳何人。　包氏：《經典釋文叙録》作包咸，字子良，會稽曲阿（今江蘇丹陽市）人。習《魯詩》《論語》。光武朝，除郎中，拜諫議大夫、右中郎將。永平五年，遷大鴻臚。《後漢書》卷七九下有傳。

[8]陳群：字長文，潁川許昌（今河南許昌市）人。魏初建，遷爲御史中丞。明帝即位，進封潁陰侯，不久爲司空。《後漢書》卷六二、《三國志》卷二二有傳。　周生烈：《三國志》卷一三裴注曰，“此人姓周生，名烈”。《經典釋文叙録》曰，周生烈“敦煌人。《七録》云字文逢，本姓唐，魏博士、侍中”。

《河圖》二十卷。梁《河圖洛書》二十四卷，目録一卷，亡。

桓譚《新論》有言，此書後人依託孔丘，誤之甚也。《水經·河水》注引《春秋名曆序》曰“《河圖》帝王之階，圖載江河山川州界之分野”。《日本國見在書目録》著録《河圖》一卷，兩《唐志》無載，亡佚。後人多有輯佚，如孫瑴、黃奭等。《河圖洛書》：《經義考》卷二六四引蔡邕及王充所言《河圖》《洛書》，並著録有關《河圖》《洛書》的篇目有三十餘種。明孫瑴，清黃奭、殷元正等有《河圖》輯本。

《河圖龍文》一卷。

《日本國見在書目録》有著録，兩《唐志》無載。朱彝尊稱，王應麟曰《文選注》引此書。見《經義考》卷二六四。《宋志》無載，亡佚。清喬松年、殷元正有輯本。

《易緯》八卷。鄭玄注。梁有九卷。

　　《後漢書》卷三五載，鄭玄時覩秘書緯術之奧。《後漢書》卷八二上《樊英傳》列《易緯》篇目有《稽覽圖》等六篇。《日本國見在書目録》著録《易緯》十卷，鄭玄注，兩《唐志》無載，《宋志》著録《易乾鑿度》三卷、《易緯》七卷、《易緯稽覽圖》一卷、《易通卦驗》二卷，並鄭玄注。後亡佚。清四庫館臣從《永樂大典》中輯出《乾坤鑿度》二卷、《周易乾鑿度》二卷、《易緯稽覽圖》二卷、《易緯辨終備》一卷、《易緯通卦驗》二卷、《易緯乾元序制》一卷、《易緯是類謀》一卷。見《四庫全書總目》卷六。另外，明孫瑴，清黃奭、喬松年等亦有輯本。

《尚書緯》三卷。鄭玄注。梁六卷。

　　《後漢書》卷八二上《樊英傳》注列《書緯》篇目爲《琁機鈐》等五篇。《經義考》卷二六五載，《書緯》篇目又有《帝驗期》等三篇。兩《唐志》著録鄭玄注《書緯》三卷，今亡佚。後人多以篇輯佚，如黃奭、馬國翰、喬松年等。

《尚書中候》五卷。鄭玄注。梁有八卷，今殘缺。

　　《後漢書》卷八二上《方術列傳序》有注曰“緯，《七經緯》也；候，《尚書中候》也”。朱彝尊言，“《中候》專言符命，當是新莽時所出之書”（《經義考》卷二六五）。兩《唐志》無載，亡佚。清王謨、袁鈞、孔廣林、馬國翰、王仁俊多以篇爲輯本。

《詩緯》十八卷。魏博士宋均注。梁十卷。

　　《詩緯》有《推度災》等三篇。見《後漢書》卷八二上注。《日本國見在書目録》著録《詩緯》十卷，魏博士宋均注，兩《唐志》亦有著録，《宋志》無載，亡佚。清黃奭、王仁俊、馬國翰多以篇爲輯本。

《禮緯》三卷。鄭玄注，亡。

　　《禮緯》有《含文嘉》等三篇。見《後漢書》卷八二上注。《日本國見在書目録》著録《禮緯》三卷，鄭玄注。兩《唐志》無載，亡佚。

《禮記默房》二卷。宋均注。梁有三卷，鄭玄注，亡。

　　《默房》似《禮緯》之一。兩《唐志》著録宋均注《禮緯》三卷，疑即此書。《宋志》無載，亡佚。鄭玄注《禮記默房》，疑即前所著録之《禮緯》三卷。

《樂緯》三卷。宋均注。梁有《樂五鳥圖》一卷，亡。

　　《樂緯》有《動聲儀》等三篇。見《後漢書》卷八二上注。兩《唐志》有著録，《宋志》無載，亡佚。清馬國翰、王仁俊、黃奭輯其篇。

《春秋災異》十五卷。郗萌撰。梁有《春秋緯》三十卷，宋均注；《春秋内事》四卷，《春秋包命》二卷，《春秋祕事》十一卷，《書易詩孝經春秋河洛緯祕要》一卷，《五帝鉤命決圖》一卷。亡。

　　郗萌：本書《天文志》曰"漢秘書郎郗萌記先師相傳《宣夜》之説"。本志子部著録郗萌《秦災異》一卷。兩《唐志》無載，亡佚。《春秋緯》：包括《演孔圖》等十三篇。見《後漢書》卷八二上注。《日本國見在書目録》著録《春秋緯》四十卷，宋均注；兩《唐志》著録宋均注《春秋緯》三十八卷。《宋志》無載，亡佚。清馬國翰、黃奭、王仁俊等有輯篇。《春秋内事》："其事祕密，故稱内"。而"内學謂圖讖之書也"。見《後漢書》卷八二上注。《春秋包命》：疑即《元命包》。《書易詩孝經春秋河洛緯祕要》：不知何人雜録讖緯家言成一書。《五帝鉤命決圖》：不知何經之緯。

《孝經勾命决》六卷。宋均注。

此書爲《孝經緯》之一。《古微書》卷三〇序曰，"參其奧以示人，故以决名"。《日本國見在書目録》著録《孝經勾命决》六卷，宋均注；兩《唐志》無載，亡佚。清馬國翰、黃奭、王仁俊有輯本。

《孝經援神契》七卷。宋均注。

《日本國見在書目録》著録《孝經援神契》七卷，宋均注；兩《唐志》無載，亡佚。清馬國翰、黃奭、王仁俊有輯本。

《孝經内事》一卷。梁有《孝經雜緯》十卷，宋均注；《孝經元命包》一卷，《孝經古祕援神》二卷，《孝經古祕圖》一卷，《孝經左右握》二卷，《孝經左右契圖》一卷，《孝經雌雄圖》三卷，《孝經異本雌雄圖》二卷，《孝經分野圖》一卷，《孝經内事圖》二卷，《孝經内事星宿講堂七十二弟子圖》一卷，又《口授圖》一卷；又《論語讖》八卷，宋均注；《孔老讖》十二卷，《老子河洛讖》一卷，《尹公讖》四卷，《劉向讖》一卷，《雜讖書》二十九卷，《堯戒舜禹》一卷，《孔子王明鏡》一卷，《郭文金雄記》一卷，《王子年歌》一卷，《嵩高道士歌》一卷。亡。

《經義考》卷二六七稱，"此係借經説災祥之書"。《日本國見在書目録》著録《孝經内事》一卷。姚振宗以爲此書是宋均所注《孝經雜緯》十卷的一部分。兩《唐志》無載，亡佚。清王謨有宋均注《孝經内事》輯本。《孝經雜緯》：兩《唐志》著録宋均注《孝經緯》五卷，《宋志》無載，亡佚。《孝經元命包》：兩《唐志》無載，亡佚。《孝經古祕援神》：兩《唐志》無載，亡佚。清馬國翰、黃奭有輯本。《孝經古祕圖》：兩《唐志》無載，亡佚。清黃奭、馬國翰有輯本。《孝經異本雌雄圖》：《日本國見在書目録》著録《孝經雌雄圖》三卷、《孝經雌圖》三卷上中下、《孝經雄圖》一卷。前二書當爲《孝經雌雄圖》三卷，後一書與《孝經異本雌雄圖》二卷爲一書。清馬國翰、黃奭有輯本。《孝經分野圖》：兩《唐志》無載，亡佚。《孝經内事圖》：兩《唐志》無載，亡佚。清馬國翰有輯本。《論語讖》：侯康《補三國藝文志》曰，宋注《論語讖》有《摘輔象》等五篇。兩《唐志》著録宋均注《論語緯》十卷，《宋志》無載，亡佚。《孔老讖》：《宋書》卷二七、《南史》卷四引孔子《河維讖》，兩《唐志》無載，亡佚。《老子河洛讖》：《南齊書》卷一八引《老子河洛讖》。兩《唐志》無載，亡佚。《尹公讖》：尹公，不詳何人。兩《唐志》無載，亡佚。《劉向讖》：《宋書》卷二七載，太史令駱達上奏，其間引《劉向讖》。兩《唐志》無載，亡佚。《雜讖書》：姚振宗以爲此《雜讖書》大抵爲集録諸家讖記之文。兩《唐志》無載，亡佚。《堯戒舜禹》：兩《唐志》無載，亡佚。《孔子王明鏡》：兩《唐志》無載，亡佚。郭文：字文舉，軹（今河南濟源市東南）人。王導聞其名，遣人迎至西園中。後逃歸臨安，結廬於山中，以病終。《晋書》卷九四有傳。《南齊書》卷一八、《南史》卷四皆引《金雄記》。兩《唐志》無載，亡佚。《王子年歌》：王子年名嘉，隴西安陽（今甘肅秦安縣）人。苻堅屢徵，不起。公侯以下往參未來之事，辭如讖記。後爲姚萇所殺。又著《拾遺録》十卷。《晋書》卷九五有傳。《南齊書》卷一八、《南史》卷四皆引其《王子年歌》。兩《唐志》無載，亡佚。《嵩高道士歌》：嵩高道士可能即魏嵩山道士寇謙之。其歌兩《唐志》無載，亡佚。

　　右十三部，合九十二卷。通計亡書，合三十二部，共二百三十二卷。

　　三十二部：實爲四十四部。

　　《易》曰：“河出圖，洛出書。”[1]然則聖人之受命也，必因積德累業，豐功厚利，誠著天地，澤被生人，[2]萬物之所歸往，神明之所福饗，[3]則有天命之應。蓋龜龍銜負，[4]出於河、洛，以紀易代之徵，其理幽昧，究極神道。先王恐其惑人，祕而不傳。説者又云，孔子既叙六經，以明天人之道，知後世不能稽同其意，[5]故別立緯及讖，[6]以遺來世。其書出於前漢，有《河圖》九篇，《洛書》六篇，云自黃帝至周文王所受本文。又別有三十篇，云自初起至于孔子，九聖之所增演，[7]以廣其意。又有《七經緯》三十六篇，並云孔子所作，并前合爲八十一篇。而又有《尚書中候》《洛罪級》《五行傳》《詩推度災》《汜曆樞》《含神務》《孝經勾命決》《援神契》《雜讖》等書。漢代有郄氏、袁氏説。[8]漢末，郎中郗萌，集圖緯讖雜占爲五十篇，謂之《春秋災異》。宋均、鄭玄，並爲讖律之注。然其文辭淺俗，顛倒舛謬，不類聖人之旨。相傳疑世人造爲之後，或者又加點竄，非其實録。起王莽好符命，[9]光武以圖讖興，遂盛行於世。漢時，又詔東平王蒼，[10]正五經章句，皆命從讖。俗儒趨時，益爲其學，篇卷第目，轉加增廣。言五經者，皆憑讖爲説。唯孔安國、毛公、王璜、賈逵之徒獨非之，[11]相承以爲妖妄，亂中庸之典。[12]故因漢魯恭王、河間獻王所得古文，參而考之，以成其義，謂之古學。當世之儒，又非毀之，竟不得行。魏代王肅，推引古學，以難其義。王弼、杜預，從而明之，自是古學稍立。至宋大明中，[13]始禁圖讖，梁天監已後，又重其制。及高祖受禪，禁之踰切。煬帝即位，乃發使四出，搜天下書籍與讖緯相涉者，皆焚之，爲吏所糾者至死。[14]自是無復其學，祕府之內，亦多散亡。今録其見存，列於六經之下，以備異説。

[1]河出圖洛出書：見《易·繫辭上》。據孔安國、劉歆等解説，伏羲時有龍馬出於黃河，馬背上有旋毛如星點，稱作龍圖，伏羲仿其作八卦。夏禹治水時有神龜出於洛水，背上有裂紋，如文字，禹仿其作《洪範》。

[2]澤被：澤，施恩；被，及、至。

[3]福饗：饗通享，即福享。

[4]龜龍銜負：即指《河圖》《洛書》，古代認爲其出現是帝王、聖者受命的祥瑞。

[5]稽：相合、一致。

[6]緯及讖：緯對經而言，漢人稱其亦爲孔子所作。有《易緯》《書緯》《詩緯》《禮緯》《樂緯》《春秋緯》《孝經緯》七種，與七經相對爲七緯。其書以儒家經義，附會人事吉凶禍福，預言治亂興廢，其間多有怪誕無稽之談。讖，預言吉凶得失的文字、圖記，誕妄不經。

[7]九聖：指伏羲、神農、黃帝、堯、舜、禹、文王、周公、孔子。

[8]袁氏：不詳何人。

[9]符命：古代謂天賜祥瑞與人君，作爲受命的憑證。

[10]東平王蒼：漢光武帝子，建武十七年進爵爲東平王。明帝即位，拜爲驃騎將軍，位在三公之上。《後漢書》卷四二有傳。

[11]毛公：此指傳《毛詩》作者毛萇。王璜：字平中。能傳《費氏易》《古文尚書》，又從徐敖習《毛詩》。見《漢書》卷八八。

[12]中庸：不偏爲中，不變爲庸。儒家以中庸爲最高的道德

標準。

　　[13]大明：南朝宋孝武帝劉駿年號（457—464）。

　　[14]糾：舉發、懲治。

《三蒼》三卷。郭璞注。秦相李斯作《蒼頡篇》，漢揚雄作《訓纂篇》，後漢郎中賈魴作《滂喜篇》，故曰《三蒼》。梁有《蒼頡》二卷，後漢司空杜林注，亡。

　　《漢志》著録《蒼頡》一篇，下有注曰，“上七章，秦丞相李斯作；《爰歷》六章，車府令趙高作；《博學》七章，太史令胡母敬作”。此李斯作《蒼頡篇》當是三篇總合以爲之《蒼頡篇》。據梁庾元威《論書》言，《蒼頡篇》爲《三蒼》上卷；至哀帝元壽中，揚子雲作《訓纂》記滂喜，爲中卷；和帝永元中賈升郎更續記彦均，爲下卷；故人稱《三蒼》。見《全梁文》卷六七。李斯：楚上蔡（今河南上蔡縣西南）人。從荀卿學帝王術，學成赴秦，官至丞相。秦始皇成霸業多得其助。二世時，以謀反罪名被誅，夷三族。《史記》卷八七有傳。《日本國見在書目録》著録《蒼頡篇》一卷，不署撰者。兩《唐志》無載，亡佚。清任大椿、孫星衍、黃奭、顧震福、陳其榮，民國王國維、龍璋有輯本，然皆不署李斯名。《漢志》著録揚雄《蒼頡訓纂》一篇，兩《唐志》無載，亡佚。清馬國翰、黃奭有輯本。賈魴：後漢郎中，其他事迹無考。其《滂喜篇》亡佚。《日本國見在書目録》著録《三蒼》三卷，郭璞注。兩《唐志》著録《三蒼》三卷，李斯等撰，郭璞解。《宋志》無載，亡佚。清任大椿、馬國翰、黃奭、顧震福有輯本。杜林：字伯山，扶風茂陵（今陝西興平市）人，光武帝拜其爲侍御史，問以經書故舊等事。累官少府、大司空。《漢書》卷八五、《後漢書》卷二七有傳。《漢志》著録杜林《蒼頡訓纂》一篇、《蒼頡故》一篇，兩《唐志》皆著録《蒼頡訓詁》二卷，《宋志》無載，亡佚。清馬國翰有輯本。

《埤蒼》三卷。張揖撰。梁有《廣蒼》一卷，樊恭撰，亡。

後魏江式稱，魏初，博士張揖著《埤蒼》《廣雅》《古今字訓》。見《全後魏文》卷四五。《日本國見在書目録》著録此書爲二卷。《通志·藝文略》《玉海·藝文》稱《隋志》著録二卷。兩《唐志》著録此書爲三卷。《宋志》無載，亡佚。清任大椿、馬國翰、黃奭、顧震福，民國龍璋、陶棟有輯本。樊恭：不詳何人。兩《唐志》有著録，《宋志》無載，亡佚。清任大椿、馬國翰、黃奭，民國龍璋有輯本。

《急就章》一卷。漢黃門令史游撰。

史游：漢元帝之世爲黃門令，勤心納忠，有所補益。見《後漢書》卷七八。《郡齋讀書志》卷四稱，“急就者，謂字之難知者，緩急可就而求焉”。《直齋書録解題》卷三言，“其文多古語、古字、古韻，有足觀者”。《四庫全書總目》卷四一曰，“自始至終無一複字，文詞奥雅，亦非蒙求諸書所可及。惟顏師古注一卷存，王應麟又補注之，釐爲四卷”。《漢志》著録《急就》一篇，元帝時黃門令史游作。《日本國見在書目録》著録《急就篇》一卷，史游撰。《舊唐志》著録曹壽解《急就章》一卷、顏之推《急就章注》一卷，顏師古《急就章注》一卷；《新唐志》無顏師古《急就章注》。《四庫全書總目》著録《急就章》四卷。史游《急就章》現存最早的本子爲皇象本《急就章》一卷。顏師古《急就章注》最早的本子爲明抄本，通行本爲四庫本、四部叢刊本、叢書集成本。

《急就章》二卷。崔浩撰。

《魏書》卷三五載，崔浩上《五寅元曆》，提及太宗敕臣解《急救章》。兩《唐志》無載，亡佚。

《急就章》三卷。豆盧氏撰。

豆盧氏：不詳何人。兩《唐志》無載，亡佚。

《吳章》二卷。陸機撰。

陸機：字士衡，吳郡（今江蘇境内）人。陸抗子，父卒，領義兵爲牙門將。入晉，累官太子洗馬、平原内史等。後被誣有異志，害於軍中。《晉書》卷五四有傳。本志史、子部尚有其四部著述。《日本國見在書目録》著録《吳章》一卷，陸機撰。《舊唐志》著録《吳章》一卷，《新唐志》著録《吳章篇》一卷，皆不署撰者。《宋志》無載，亡佚。

《小學篇》一卷。晉下邳内史王義撰。

王義：生平事迹不詳。本志本部尚有其著述一部。《顏氏家訓·書證》載王義之有《小學章》。《日本國見在書目録》著録《小學篇》一卷，王義之撰。兩《唐志》皆著録《小學篇》王義之撰，然考《晉書·王義之傳》，其未作過下邳内史，亦無撰《小學篇》之記載。《宋志》無載，亡佚。清任大椿、顧震福，民國龍璋有輯本。

《少學》九卷。楊方撰。

兩《唐志》著録楊方《少學集》十卷，《宋志》無載，亡佚。

《始學》一卷。

不署撰者。兩《唐志》無載，亡佚。

《勸學》一卷。蔡邕撰。有司馬相如《凡將篇》，班固《太甲篇》《在昔篇》，崔瑗《飛龍篇》，蔡邕《聖皇篇》，《黃初篇》，《吳章篇》，蔡邕《女史篇》，合八卷；又《幼學》二卷，朱育撰；《始學》十二卷，吳郎中項峻撰；又《月儀》十二卷。亡。

　　《後漢書》卷六〇下《蔡邕傳》載，其所著詩、賦、論、議、《勸學》等，凡百四篇，傳於世。兩《唐志》著録蔡邕《勸學篇》一卷，《宋志》無載，亡佚。清任大椿、馬國翰、黃奭、顧震福、王仁俊，民國龍璋有輯本。司馬相如：字長卿，蜀郡成都（今四川成都市）人。因《子虛賦》得武帝賞識。後奉使巴蜀，拜中郎將。病免，居茂陵。《史記》卷一一七、《漢書》卷五七有傳。《漢志》稱《凡將》無重字，亦《蒼頡》中正字也，而且頗有出矣。《漢書藝文志講疏》據《凡將》可考文句，認爲其與《急就》文句相似。《漢志》著録《凡將》一篇，兩《唐志》著録司馬相如《凡將篇》一卷，《宋志》無載，亡佚。清任大椿、馬國翰、黃奭、顧震福，民國龍璋有輯本。班固：字孟堅，扶風安陵（今陝西咸陽市東）人。父彪卒，欲承父修前史之業，則以私改國史入獄，幸有弟超援救，得免。後爲蘭臺令史，並獲准續成前所著書。和帝永元中，班固隨竇憲征匈奴，戰敗，班固免官，入獄，死獄中。除尚未完成的《漢書》外，還有《典引》、《賓戲》、文、賦等四十篇。《漢書》卷一〇〇上、《後漢書》卷四〇有傳。本志史、集部尚有班固兩部著述。《漢志》未著録《太甲》《在昔》。後世疑其續揚雄作即《太甲》《在昔》，仍需考證。兩《唐志》著録《太甲》《在昔》各一卷，《宋志》無載，亡佚。崔瑗：字子玉，涿郡安平（今河北安平縣）人，順帝時，舉茂才，遷汲令。漢安初，遷濟北相。著有《草書勢》，以及賦、碑、銘等，凡五十七篇。《後漢書》卷五二有傳。兩《唐志》著録崔瑗《飛龍篇篆草勢合》三卷，《宋志》無載，亡佚。《聖皇篇》：兩《唐志》皆作《聖草章》一卷。《書斷》言，"漢靈帝熹平年詔蔡邕作《聖皇篇》，成"。《宋志》無載，亡佚。《黃初篇》：不署撰者。兩《唐志》著録《黃初章》一卷，《宋志》無載，亡佚。《吴章篇》：此處不署撰者，前著録陸機《吴章》二卷，疑二者爲一書。《女史篇》：《後漢書》卷六〇下載，蔡邕著有《女訓》等，凡若干篇，傳於世。兩《唐志》無載，亡佚。《幼學》：《舊唐志》著録《初學篇》一卷，朱嗣卿撰；《新唐志》著録朱嗣卿《幼學篇》一卷。嗣卿，蓋朱育字。此書《宋志》無載，亡佚。項峻：吳郎中。《三國志》卷五三載，大皇帝末年，命太史令丁孚、郎中項峻撰《吳書》。兩《唐志》著録《始學篇》十二卷。《宋志》無載，亡佚。《月儀》：不署撰者。其内容是每月致友人的信札。兩《唐志》無載，亡佚。

《發蒙記》一卷。晋著作郎束皙撰。

　　束皙：字廣微，陽平元城（今河北大名縣）人。任著作郎，得觀太康二年盗發魏襄王墓所出竹書，隨疑分釋，皆有義證。後遷尚書郎，四十歲病卒。其著《發蒙記》、文集數十篇，行於世。《晋書》卷五一有傳。本志史、集部尚有束皙二部著述。史部“地理類”著録束皙《發蒙記》，有注曰，“載物産之異”。與此《發蒙記》有何關聯，待考。兩《唐志》無載，亡佚。元陶宗儀、清馬國翰、民國龍璋有輯本。

《啓蒙記》三卷。晋散騎常侍顧愷之撰。

　　顧愷之：字長康，晋陵無錫（今江蘇無錫市）人。義熙初，爲散騎常侍。年六十二卒於官。所著文集及《啓矇記》行於世。《晋書》卷九二有傳。本志經、集部尚有顧愷其二部著述。《日本國見在書目録》著録《啓蒙記》一卷，晋散騎常侍顧愷之撰；兩《唐志》無載，亡佚。清馬國翰有輯本。

《啓疑記》三卷。顧愷之撰。

　　兩《唐志》著録《啓疑》三卷，顧愷之撰，不著録顧愷之《啓蒙記》三卷，而《晋書》本傳載《啓蒙記》，不載《啓疑記》，疑二者爲不同名之一書。

《千字文》一卷。梁給事郎周興嗣撰。

周興嗣：字思纂，陳郡項（今河南項城市）人。梁時，除新安郡丞，遷給事中，佐撰國史。所撰《皇帝實錄》《起居注》等百餘卷、文集十卷，行於世。《梁書》卷四九、《南史》卷七二有傳。本志史部尚有其著述一部。《日本國見在書目録》著録《千字文》一卷，周興嗣次韻撰；《舊唐志》著録《千字文》一卷，周興嗣撰；《新唐志》著録周興嗣次韻《千字文》一卷；《宋志》著録《千字文》一卷，梁周興嗣次韻；《郡齋讀書志》《直齋書録解題》《文獻通考》皆無載，亡佚。

《千字文》一卷。梁國子祭酒蕭子雲注。

　　蕭子雲：字景喬，蘭陵（今江蘇常州市）人。太清元年，爲侍中、國子祭酒。著有《晋書》《東宮新記》。《梁書》卷三五、《南史》卷四二有傳。《梁書》卷三五載，南平王使其兄蕭子範制《千字文》。《日本國見在書目録》著録《千字文》一卷，梁國子祭酒蕭子雲注；兩《唐志》著録《千字文》一卷，蕭子範撰。《小學考》卷一四稱蕭子範作《千字文》，蕭子雲注《千字文》，而《隋志》遺蕭子範作《千字文》。《宋志》無載，亡佚。

《千字文》一卷。胡肅注。

　　胡肅：不詳何人。兩《唐志》無載，亡佚。

《篆書千字文》一卷。

　　不署撰者。兩《唐志》有著録，《宋志》無載，亡佚。

《演千字文》五卷。

　　不署撰者。兩《唐志》有著録，《宋志》無載，亡佚。

《草書千字文》一卷。

不署撰者。兩《唐志》無載，亡佚。

《古今字詁》三卷。張揖撰。梁有《難字》一卷，《錯誤字》一卷，並張揖撰；《異字》二卷，朱育撰；《字屬》一卷，賈魴撰。亡。

《魏書》卷九一載，張揖著《古今字詁》，方之許慎篇，古今體用，或得或失。《顏氏家訓·勉學》提及《古今字詁》。《舊唐志》著録《古文字詁》二卷，張揖撰；《新唐志》著録張揖《古文字訓》二卷；《宋志》無載，亡佚。清任大椿、馬國翰、黃奭、顧震福，民國龍璋有輯本。《難字》：《舊唐志》無載，《新唐志》著録張揖《雜字》一卷。沈濤《銅熨斗齋隨筆》卷三以爲《隋志》作《難字》爲是。馬國翰與姚振宗以爲《新唐志》題爲《雜字》是。《宋志》無載，亡佚。清任大椿、馬國翰，民國龍璋有輯本。《錯誤字》：姚振宗《考證》曰，《册府》卷六○八載張揖撰《字諟》一卷。《廣韻》引《字諟》四條，不署姓名。證以《册府》所載，蓋即張揖《字諟》。其名當作《錯誤字諟》。兩《唐志》無載，亡佚。《異字》：《三國志》卷五七《虞翻傳》注引《會稽典録》稱，山陰朱育好奇字，造作異字千名以上。奇字爲六體之一，即古文而異者。姚振宗據《玉篇》《廣韻》所引，以爲此書本名爲《異字苑》，似本志脱"苑"字。兩《唐志》無載，亡佚。清馬國翰、民國龍璋有輯本。《字屬》：兩《唐志》有著録，《宋志》無載，亡佚。

《雜字解詁》四卷。魏掖庭右丞周氏撰。梁有《解文字》七卷，周成撰；《字義訓音》六卷，《古今字苑》十卷，曹侯彦撰。亡。

周氏：姚振宗《考證》引馬國翰、沈濤、錢大昕説，以爲周氏即周成，是名宦者。兩《唐志》無載，亡佚。清任大椿、馬國翰、顧震福，民國龍璋有輯本。《解文字》：《舊唐志》著録《解字文》

七卷，周成撰；《新唐志》著録周成《解文字》七卷。姚振宗《考證》推測《解文字》七卷爲其總名，七卷中有《雜字解詁》四卷，另三卷亡佚，唐時全帙復出，故兩《唐志》著録《解文字》七卷，不著録《雜字解詁》四卷。《文選注》引《解字文》，與《舊唐志》著録相合，似其本名。《宋志》無載，亡佚。曹侯彦：沛國譙（今安徽亳州市）人。《三國志》卷九《曹真傳》載，曹真子彦亦封侯，官拜散騎常侍侍講。庾元威《論書》曰，曹産（疑"彦"之訛）開拓許侯，爰成《字苑》。見《全梁文》卷六七。曹侯彦即曹彦。《字義訓音》是否爲曹彦所作，尚無確證。兩《唐志》不載此二書，亡佚。

《雜字指》一卷。後漢太子中庶子郭顯卿撰。

郭顯卿：其他事迹不詳。本類後又著録其《古文奇字》一卷。兩《唐志》著録郭訓《字旨篇》一卷，又《古文奇字》一卷，兩書同一作者，疑顯卿爲郭訓字。《宋志》無載，亡佚。

《字指》二卷。晋朝議大夫李彤撰。梁有《單行字》四卷，李彤撰；又《字偶》五卷。亡。

李彤：其他事迹不詳。本志史部尚有其著述一部。兩《唐志》無載，亡佚。清任大椿、馬國翰、黄奭、顧震福，民國龍璋有輯本。《單行字》：兩《唐志》無載，亡佚。《字偶》：據《册府元龜》卷六〇八載，此書亦爲李彤撰，兩《唐志》無載，亡佚。

《説文》十五卷。許慎撰。梁有《演説文》一卷，庾儼默注，亡。

《後漢書》卷七九下載，許慎作《説文解字》十四篇，傳於世。其子許沖《上書進〈説文〉》稱此書天地鬼神，山川草木，鳥獸昆蟲，雜物奇怪，王制禮儀，世間人事，莫不畢載。凡十五卷，十三萬三千四百四十一字。兩《唐志》、《宋志》皆著録《説文解字》十五卷。《四庫全書總目》卷四一著録其三十卷，其提要曰，是書成於和帝永元十二年，凡十四篇，合目録一篇爲十五篇，分五百四十部，爲文九千三百五十三，重文一千一百六十三，注十三萬三千四百四十字。推究六書之義，分部類從，至爲精密。宋徐鉉爲其注，每卷各分爲二，故爲三十卷。後世研究《説文解字》者頗多，段玉裁《説文解字注》、朱駿聲《説文解字定聲》、丁福保《説文解字詁林》等爲其佼佼者。此書現存最早的本子是宋刻元修十五卷本，《書目答問補正》認爲附孫星衍、顧廣圻跋之重刻宋本較好。通行本有四庫本、四部叢刊本等。《演説文》：此書采用默注的撰述形式，前著録有徐整《孝經默注》。撰者庾儼生平事迹不詳。兩《唐志》無載，亡佚。清馬國翰有輯本。

《説文音隱》四卷。

不署撰者。《顏氏家訓·書證》談及一字讀音《音隱》與《説文》不同，沈濤認爲此《音隱》即《説文音隱》。見《銅熨斗齋隨筆》卷三。兩《唐志》有著録，《宋志》無載，亡佚。清畢沅輯有《説文解字舊音》，王利器以爲即是此書輯本。

《字林》七卷。晋弦令呂忱撰。

呂忱：字伯雍，任城（今山東濟寧市）人。晋義陽王典祠令、弦令。《魏書》卷九一載，呂忱表上《字林》六卷。《封氏聞見記》卷二載，呂忱撰《字林》七卷，亦五百四十部，凡一萬二千八百二十四字。《日本國見在書目録》著録《字林》二卷，《舊唐志》著録《字林》十卷，《新唐志》著録《字林》七卷，《宋志》著録《字林》五卷，《直齋書録解題》著録《字林》五卷，太乙山僧雲勝注，《文獻通考·經籍考》著録《字林》五卷。元陶宗儀《説郛》收其一卷，《面城樓叢刊》收曾釗校增《字林》一卷，任大椿輯本名《字林考逸》。

《字林音義》五卷。宋揚州督護吳恭撰。

　　吳恭：其他事迹不詳。兩《唐志》無載，《册府元龜》卷六○八提及吳恭撰《字林音義》五卷，亡佚。

《古今字書》十卷。
《字書》三卷。
《字書》十卷。

　　以上三字書皆不署撰者。《日本國見在書目録》著録《字書》廿卷，冷泉院（日本冷泉院本）；兩《唐志》著録《字書》十卷，不署撰者；《宋志》《直齋書録解題》無載，亡佚。清任大椿、黃奭、顧震福，民國龍璋有輯本。

《字統》二十一卷。陽承慶撰。

　　陽承慶：北平無終（今天津薊縣）人，太學博士。繼陽尼所造《字釋》數十篇，續撰爲《字統》二十卷，行於世。見《魏書》卷七二。《封氏聞見記》卷二載，《字統》凡一萬三千七百三十四字，以《説文》爲本，然其論字體，亦時有異。兩《唐志》著録楊承慶《字統》二十卷，《宋志》無載，亡佚。清馬國翰、任大椿、黃奭、顧震福，民國龍璋有輯本。

《玉篇》三十一卷。陳右衛將軍顧野王撰。

　　右衛將軍，原作“左衛將軍”，據《陳書》《南史》本傳改。顧野王：字希馮，吳郡吳（今江蘇蘇州市）人。梁世，除太學博士，遷中領軍臨賀王記室參軍。陳時，領大著作，掌國史。又遷黃門侍郎、光禄卿。卒，贈右衛將軍。著述頗豐，有《玉篇》《輿地志》等。《陳書》卷三○、《南史》卷六九有傳。本志史部尚有顧野王一部著述。《玉篇》是中國第一部以楷書爲主體的字典。《四庫全書總目》卷四一著錄《重修玉篇》三十卷，稱顧野王撰，宋大中祥符六年陳彭年、吳鋭、邱雍等重修。朱彝尊《玉篇重刊本序》稱，《玉篇》已非顧氏舊矣。《重修玉篇》又名《大廣益會玉篇》，有宋刊本、明内府刻本、曹寅刻本、張士俊刻本等。通行本爲四庫本。1987 年，中華書局影印清康熙張士俊影宋澤存堂本。清末，黎庶昌、羅振玉先後在日本發現原本卷子《玉篇》殘卷，並各自集佚成書。1985 年，中華書局將黎、羅二本彙集影印，使讀者得見《玉篇》真容。

《字類叙評》三卷。侯洪伯撰。

侯洪伯：生平始末不詳。兩《唐志》、《宋志》均無載，《通志·藝文略》有著錄，亡佚。

《要字苑》一卷。宋豫章太守謝康樂撰。梁有《常用字訓》一卷，殷仲堪撰；《要用字對誤》四卷，梁輕車參軍鄒誕生撰。亡。

謝康樂：生平事迹不詳。兩《唐志》著錄《要用字苑》一卷，葛洪撰，疑即此書。《顏氏家訓·書證》提及晋世葛洪《字苑》。《常用字訓》：《顏氏家訓·書證》有載殷仲堪《常用字訓》。兩《唐志》無載，亡佚。民國有龍璋輯本。鄒誕生：其他事迹不詳。本志史部尚有其著述一部。《日本國見在書目録》著錄《周字對語》二卷，疑“周”乃“用”字之誤，“對誤”乃“對語”之誤，疑此書當名《要用字對語》。兩《唐志》無載，亡佚。

《要用雜字》三卷。鄒里撰。梁有《文字要記》三卷，王義撰，亡。

鄒里：生平事迹不詳，或即鄒誕生。《要用雜字》與《要用字對誤》或爲一書。兩《唐志》無載，亡佚。《文字要記》：兩《唐志》著録王氏撰《文字要説》一卷，疑即此書。《宋志》無載，亡佚。

《俗語難字》一卷。秘書少監王劭撰。

　　兩《唐志》著録《俗語難字》一卷，李少通撰。或書名相同，或即此書而誤題撰人。《宋志》無載，亡佚。

《雜字要》三卷。密州行參軍李少通撰。

　　李少通：趙郡平棘（今河北趙縣）人，北魏冀州司馬李公緒子，少有學行。與房玄齡父友善。見《北史》卷三三、《隋書》卷六六。本志本類尚有其一部著述。兩《唐志》有《難字要》三卷，不署撰者，疑即此書，而誤“雜”爲“難”。《宋志》無載，亡佚。

《文字整疑》一卷。

　　不署撰者。兩《唐志》無載，亡佚。

《正名》一卷。

　　不署撰者。《日本國見在書目録》有《正名要録》二卷，司馬知羊撰，頗似此書。兩《唐志》無載，亡佚。

《文字集略》六卷。梁文貞處士阮孝緒撰。

　　《一切經音義》卷七六解釋“醒酬”，提及《文字集略》。《日本國見在書目録》著録《文字集略》六卷，阮孝緒撰。兩《唐志》著録此書爲一卷，《宋志》無載，亡佚。清任大椿、馬國翰、黃奭、顧震福、王仁俊，民國龍璋有輯本。

《今字辯疑》三卷。李少通撰。

　　《日本國見在書目録》有《今字弁疑》三卷，李少通撰，當即此書。兩《唐志》無載，亡佚。

《異字同音》一卷。梁有《釋字同音》三卷，宋散騎常侍吉文甫撰。

　　不署撰者。《日本國見在書目録》有《異體同音議字》一卷、《異形同字》一卷、《同音遺訓》一卷、《釋字》一卷，皆不署撰者。不知其間是否有與此書有關聯者。兩《唐志》無載，亡佚。吉文甫：其他事迹不詳。據《册府元龜》卷六〇八載，吉文甫撰《釋字同音》三卷，又有《異字同音》一卷。兩《唐志》無載，亡佚。

《字宗》三卷。薛立撰。

　　薛立：生平事迹不詳。兩《唐志》無載，亡佚。

《文字譜》一卷。梁有《古今文字序》一卷，劉歊撰；《文字統略》一卷，焦子明撰。亡。

　　不署撰者。兩《唐志》無載，亡佚。劉歊（xiāo）：字士光，平原（今山東平原縣附近）人。及長，隱居山林，與山水書籍相娱。《梁書》卷五一、《南史》卷四九有傳。兩《唐志》無載，亡佚。焦子明：生平事迹不詳。兩《唐志》無載，亡佚。

《文字辯嫌》一卷。彭立撰。

　　彭立：生平事迹不詳。兩《唐志》有著録，《宋志》無載，亡佚。

《辯字》一卷。戴規撰。

　　戴規：生平事迹不詳。《日本國見在書目録》有《韻林》二卷，戴規撰；又有《字樣》一卷，戴行方撰。行方似戴規之字，

《字樣》有可能是《辯字》之異名。兩《唐志》有著録，《宋志》無載，亡佚。

《雜字音》一卷。

不署撰者。兩《唐志》無載，亡佚。

《借音字》一卷。

不署撰者。《日本國見在書目録》有《借音》三卷；《借音》一卷，釋道高撰；又有《新抄借音》五卷。三者與此書有何關聯，待考。兩《唐志》無載，亡佚。

《音書考源》一卷。

不署撰者。兩《唐志》無載，亡佚。

《聲韻》四十一卷。周研撰。

周研：生平事迹不詳。《小學考》卷二九載，陸法言《切韻序》提及周思言《音韻》，思言疑即研之字。兩《唐志》無載，亡佚。

《聲類》十卷。魏左校令李登撰。

李登：其他事迹不詳。《魏書》卷九一、《隋書》卷七六皆載，李登撰《聲類》。《封氏聞見記》卷二載，《聲類》十卷，凡一萬一千五百二十字，以五聲命字，不立諸部。兩《唐志》有著録，《宋志》無載，亡佚。清任大椿、馬國翰、章宗源、黃奭、顧震福，民國龍璋有輯本。

《韻集》十卷。

不署撰者。兩《唐志》無載，亡佚。

《韻集》六卷。晋安復令吕静撰。

　　吕静：任城（今山東濟寧市）人。《日本國見在書目録》著録《韻集》五卷，吕静撰；兩《唐志》亦著録此書爲五卷；《宋志》無載，亡佚。清任大椿、馬國翰、黄奭、顧震福、陳鱣，民國龍璋有輯本。

《四聲韻林》二十八卷。張諒撰。

　　張諒：生平事迹不詳。兩《唐志》著録《四聲部》三十卷，張諒撰。《宋志》無載，亡佚。

《韻集》八卷。段弘撰。

　　段弘：生平事迹不詳。此書兩《唐志》無載，亡佚。

《群玉典韻》五卷。梁有《文章音韻》二卷，王該撰；又《五音韻》五卷。亡。

　　不署撰者。兩《唐志》無載，亡佚。王該：生平事迹不詳。《日本國見在書目録》著録《文章四聲譜》一卷，不知是否與此書有關聯。兩《唐志》無載，亡佚。《五音韻》：不署撰者。《小學考》卷二九以爲此書亦爲王該所撰。兩《唐志》無載，亡佚。

《韻略》一卷。陽休之撰。

　　陽休之：字子烈，右北平無終（今天津市）人。少勤學，魏元象初，封新泰縣開國伯。齊受禪，除散騎常侍，修起居注。後三領中書監，封燕郡王。周時，進位上開府，除和州刺史。隋開皇二年罷任。有文集、《幽州人物志》行於世。《北齊書》卷四二、《北史》卷四九有傳。兩《唐志》著録陽休之《韻略》一卷，《宋志》無載，亡佚。清任大椿、馬國翰、黄奭、顧震福、王仁俊，民國龍璋有輯本。

《修續音韻決疑》十四卷。李槩撰。

李槩：字季節，趙郡平棘（今河北趙縣）人。少好學，然性倨傲，略無少長禮。爲齊殿中侍御史，修國史，爲太子舍人。撰《戰國春秋》及《音譜》，並行於世。《北史》卷三三有傳。本志經、史部尚有其三部著述。《顏氏家訓·音辭》有載，李季節著《音韻決疑》時有錯失。王利器以爲"音韻"乃"音譜"之誤。《日本國見在書目録》著録《音譜決疑》十卷，齊太子舍人李節撰，又有《音譜決疑》二卷，李槩撰。兩《唐志》無載，亡佚。

《纂韻鈔》十卷。

不署撰者。姚振宗推測此書爲某人鈔節隋潘徽之《韻纂》而成。兩《唐志》無載，亡佚。

《四聲指歸》一卷。劉善經撰。

劉善經：河間（今河北河間市）人。先後任著作郎、太子舍人。著有《諸劉譜》及《四聲指歸》等，並行於世。《隋書》卷七六有傳。《日本國見在書目録》著録此書，兩《唐志》無載，亡佚。

《四聲》一卷。梁太子少傅沈約撰。

《梁書》卷一三載，沈約又撰《四聲譜》。兩《唐志》無載，亡佚。

《四聲韻略》十三卷。夏侯詠撰。

夏侯詠：生平事迹不詳。本志史部尚有其一部著述。陸法言《切韻序》稱，夏侯該《韻略》。疑"該"爲"詠"之誤。兩《唐志》有著録，《宋志》無載，亡佚。

《音譜》四卷。李槩撰。

　　《小學考》卷二九稱，陸法言《切韻序》所言李季節《音譜》即爲此書。兩《唐志》無載，亡佚。

《韻英》三卷。釋静洪撰。

　　釋静洪：生平事迹不詳。《新唐志》著録唐玄宗《韻英》五卷，下有注曰，"天寶十四載撰，詔集賢院寫付諸道採訪使，傳佈天下"。姚振宗疑即因此《韻英》而重修之。兩《唐志》無載，亡佚。

《通俗文》一卷。服虔撰。

　　《顏氏家訓·書證》對《通俗文》爲服虔作，提出質疑。阮孝緒稱《通俗文》謂李虔所造。《日本國見在書目録》著録《通俗章》一卷，服虔撰，又有《通俗文》一卷，不署撰者。兩《唐志》著録《續通俗文》二卷，李虔撰。故洪亮吉、馬國翰推測此書始爲服虔所作，後由李虔續爲二卷。姑備一說。《宋志》無載，亡佚。清任大椿、臧庸、馬國翰、黃奭、顧懷三、顧震福，民國龍璋有輯本。

《訓俗文字略》一卷。後齊黄門郎顏之推撰。
《證俗音字略》六卷。梁有《詁幼》二卷，顏延之撰；《廣詁幼》一卷，宋給事中荀楷撰。亡。

　　顏之推：字介，琅邪臨沂（今山東臨沂市）人。梁時，爲散騎侍郎，奏舍人事。後攜妻子投奔齊文宣帝，除黄門侍郎。齊亡入周，爲御史上士。隋開皇中，太子召爲學士，尋以疾終。有文集三十卷，《家訓》二十篇，並行於世。《梁書》卷五〇、《北齊書》卷

四五、《北史》卷八三有傳。本志史、子部尚有其著述三部。《日本國見在書目録》著録《證俗音字略》一卷，顔敏楚撰。據《北史》卷八三載，顔之推在齊有二子，長曰思魯，次曰滑楚。《舊唐志》著録《證俗音略》一卷，顔滑楚撰，《筆墨法》一卷，不署撰者。《新唐志》著録顔之推《筆墨法》一卷，張推《證俗音》三卷，顔滑楚《證俗音略》一卷。《宋志》著録顔之推《證俗音字》四卷，又《字始》三卷。《崇文總目》著録《正俗文字》四卷，齊黃門侍郎顔之推撰。史載不一，疑《筆法》《字始》皆爲篇名，“張推”爲“顔之推”之誤。姚振宗以爲《顔氏家訓》之《書證》《音辭》兩篇，可能是此書之大略。《直齋書録解題》《郡齋讀書志》不載此書，亡佚。《詁幼》：兩《唐志》著録顔延之《詁幼文》三卷，《宋志》無載，亡佚。清馬國翰、民國龍璋有輯本。苟楷：生平事迹不詳。兩《唐志》不載《廣詁幼》，載《詁幼文》三卷，疑其包括《詁幼》和《廣詁幼》。姚振宗疑“詁”“詰”皆爲“誥”之誤，即《庭誥》之異名。姑備一説。

《文字音》七卷。晋蕩昌長王延撰。梁有《纂文》三卷，亡。

　　王延：生平事迹不詳。本志本類尚有其著述一部。兩《唐志》著録王延《雜文字音》七卷，《宋志》無載，亡佚。《纂文》：不署撰者。《宋書》卷六四載，何承天之《纂文》等並傳於世。兩《唐志》著録何承天《纂文》三卷，《宋志》無載，亡佚。清任大椿、馬國翰、茆泮林、黃奭、顧震福、王仁俊，民國龍璋有輯本。

《翻真語》一卷。王延撰。

　　此書内容可能是從佛書翻譯出的。兩《唐志》無載，亡佚。

《真言鑒誡》一卷。

　　不署撰者。釋家以佛氏語爲真言，此書抑或譯其可爲鑒誡者。

《宋志》無載，亡佚。

《字書音同異》一卷。

> 不署撰者。兩《唐志》無載，亡佚。

《叙同音義》三卷。

> 不署撰者。兩《唐志》有《叙同音》三卷，亦不署撰者，不知是否即此書。《宋志》無載，亡佚。

《河洛語音》一卷。王長孫撰。

> 王長孫：生平事迹不詳。此書的撰述，可能與魏孝文帝推行漢化有關。參見《魏書》卷七下、卷二一下。兩《唐志》無載，亡佚。

《國語》十五卷。
《國語》十卷。

> 兩書皆不署撰者。其內容應相同或相近，皆述鮮卑語。兩《唐志》無載，亡佚。

《鮮卑語》五卷。

> 不署撰者。兩《唐志》無載，亡佚。

《國語物名》四卷。後魏侯伏侯可悉陵撰。

> 似以鮮卑語記物名。兩《唐志》無載，亡佚。

《國語真歌》十卷。

> 不署撰者。兩《唐志》無載，亡佚。

《國語雜物名》三卷。侯伏侯可悉陵撰。

其内容應是對《國語物名》的擴充。兩《唐志》無載，亡佚。

《國語十八傳》一卷。

不署撰者。兩《唐志》無載，亡佚。

《國語御歌》十一卷。

不署撰者。疑爲鮮卑語御用之歌。兩《唐志》無載，亡佚。

《鮮卑語》十卷。

不署撰者。與前著録《鮮卑語》應有相通處。兩《唐志》無載，亡佚。

《國語號令》四卷。

不署撰者。《北齊書》卷二四有載，孫搴能通鮮卑語，兼宣傳號令。兩《唐志》無載，亡佚。

《國語雜文》十五卷。

不署撰者。兩《唐志》無載，亡佚。

《鮮卑號令》一卷。周武帝撰。

周武帝：宇文邕，字禰羅突，周太祖第四子。《周書》卷五、六有紀。兩《唐志》無載，亡佚。

《雜號令》一卷。

不署撰者。兩《唐志》無載，亡佚。

《古文官書》一卷。後漢議郎衛敬仲撰。

　　衛敬仲名衛宏。《舊唐志》著録衛宏《詔定古文官書》一卷，《新唐志》著録衛宏《詔定古文字書》一卷。《藝文類聚》卷四九"太常"條，引衛宏《古文官書》。《宋志》無載，亡佚。清任大椿、馬國翰、顧震福、、民國龍璋、費廷璜有輯本。

《古今奇字》一卷。郭顯卿撰。

　　郭顯卿或名郭訓。兩《唐志》皆著録《古文奇字》二卷，郭訓撰。《宋志》無載，亡佚。清顧震福、民國龍璋有輯本。

《六文書》一卷。

　　不署撰者。《日本國見在書目録》著録《六文字》一卷，可能即此書。兩《唐志》無載，亡佚。

《四體書勢》一卷。晋長水校尉衛恒撰。

　　衛恒：字巨山，河東安邑（今山西運城市）人。先後任太子舍人、黄門郎。因父衛瓘爲楚王所構，遇害。後贈長水校尉，謚蘭陵世貞子。撰《四體書勢》。《晋書》卷三六有傳。兩《唐志》有著録，《宋志》無載。元陶宗儀《説郛》收《四體書勢》一卷，清馬國翰有輯本，嚴可均《全晋文》卷三〇有《四體書勢》文。

《雜體書》九卷。釋正度撰。

　　釋正度：據梁釋慧皎《高僧傳》載，正度乃僧佑弟子，其他事迹不詳。兩《唐志》著録正度《雜字書》八卷，《宋志》無載，亡佚。

《古今八體六文書法》一卷。

　　不署撰者。《漢志》注引韋昭曰，"八體，一曰大篆，二曰小篆，三曰刻符，四曰蟲書，五曰摹印，六曰署書，七曰殳書，八曰隸書”。兩《唐志》著録《古今八體六文書法》一卷，《宋志》無載，亡佚。

《古今篆隸雜字體》一卷。蕭子政撰。

《日本國見在書目録》著録《古今篆隸文體》一卷，蕭子良撰。《文選》卷四三《北山移文》“鶴書赴隴”下有注引蕭子良《古今篆隸文體》。《封氏聞見記》卷二載，南齊蕭子良撰古文之書五十二種。疑此書爲蕭子良作。兩《唐志》著録蕭子雲《五十二體書》一卷。《宋志》無載，亡佚。

《古今文等書》一卷。

不署撰者。《日本國見在書目録》有《古今字》一卷，不知是否即此書，兩《唐志》無載，亡佚。

《篆隸雜體書》二卷。

不署撰者。兩《唐志》無載，亡佚。

《文字圖》二卷。

不署撰者。姚振宗據梁庾元威《論書》（《全梁文》卷六七），認爲宋齊梁時，圖古今文字者有宗炳、王融、韋仲、謝善勛、庾元威五家，此書屬此類。兩《唐志》無載，亡佚。

《古今字圖雜録》一卷。秘書學士曹憲撰。

此書似取《文字圖》雜録成編。兩《唐志》無載，亡佚。

《婆羅門書》一卷。梁有《扶南胡書》一卷。

不署撰者。鄭樵《通志·七音略》“切韻之學起自西域，舊所傳十四字貫一切音，文省而義博，謂之婆羅門書，然猶未了，其後又得三十六字母，而音韻之道始備"。兩《唐志》無載，亡佚。

《扶南胡書》：不署撰者。扶南，南海古國，盛時擁有湄公、湄南二河下游諸地。胡書當指扶南通行文字。《日本國見在書目録》有《翻胡語》七卷。此書兩《唐志》無載，亡佚。

《外國書》四卷。

不署撰者。姚振宗據慧皎《高僧傳》載，以爲此書即法護從外國傳録的三十六種書。兩《唐志》無載，亡佚。

《秦皇東巡會稽刻石文》一卷。

不署撰者。據《史記》卷六《秦始皇本紀》載，三十七年，始皇巡行至會稽，在此刻石。此書即會稽刻石之文。《漢志·六藝》著録《奏事》二十篇，下有注曰，"秦時大臣奏事及刻石名山文也"。此書也可能是《奏事》之一部分。兩《唐志》無載，亡佚。

《一字石經周易》一卷。梁有三卷。

錢大昕《十駕齋養新餘録》卷中言，"一字"爲漢刻，由蔡邕所書，祇有隸體。此石經又稱熹平石經。詳情可參見《後漢書》卷六《靈帝本紀》、卷六〇下《蔡邕傳》。兩《唐志》有《今字石經易篆》三卷，《宋志》無載，亡佚。

《一字石經尚書》六卷。梁有《今字石經鄭氏尚書》八卷，亡。

《舊唐志》著録《今字石經尚書》五卷，《新唐志》著録《今字石經尚書本》五卷，《宋志》無載，亡佚。清馬國翰有輯本《石經尚書》一卷。《今字石經鄭氏尚書》：兩《唐志》著録《今字石經鄭玄尚書》八卷，《宋志》無載，亡佚。

《一字石經魯詩》六卷。梁有《毛詩》二卷，亡。

　　兩《唐志》無載，亡佚。清馬國翰有輯本《石經魯詩》一卷。
《毛詩》：兩《唐志》著録《今字石經毛詩》三卷，《宋志》無載，
亡佚。

《一字石經儀禮》九卷。

　　兩《唐志》著録《今字石經儀禮》四卷，《宋志》無載，亡
佚。清馬國翰有輯本《石經儀禮》一卷。

《一字石經春秋》一卷。梁有一卷。

　　兩《唐志》著録《今字石經左傳經》十卷，《宋志》無載，亡
佚。一卷：疑“一”爲“十”之誤。

《一字石經公羊傳》九卷。

　　兩《唐志》著録《今字石經公羊傳》九卷，《宋志》無載，亡
佚。清馬國翰有輯本《石經公羊傳》一卷。

《一字石經論語》一卷。梁有二卷。

　　兩《唐志》著録《今字石經論語》二卷，蔡邕注，《宋志》無
載，亡佚。清馬國翰有輯本《石經論語》一卷。

《一字石經典論》一卷。

　　《三國志》卷三載，太和四年春二月，以文帝（曹丕）《典論》
刻石，立於廟門外。《洛陽伽藍記》“魏文帝作《典論》六碑，至
太和十七年猶有四存”。本志子部著録魏文帝《典論》五卷。此書
兩《唐志》無載，亡佚。

隸書。[11]漢時以六體教學童,[12]有古文、奇字、篆書、隸書、繆篆、蟲鳥,[13]并藁書、楷書、懸針、垂露、飛白等二十餘種之勢,[14]皆出於上六書,[15]因事生變也。魏世又有八分書,[16]其字義訓讀,有《史籀篇》《蒼頡篇》《三蒼》《埤蒼》《廣蒼》等諸篇章,《訓詁》《説文》《字林》《音義》《聲韻》《體勢》等諸書。[17]自後漢佛法行於中國,又得西域胡書,能以十四字貫一切音,[18]文省而義廣,謂之婆羅門書。與八體六文之義殊別。[19]今取以附體勢之下。又後魏初定中原,軍容號令,皆以夷語。後染華俗,多不能通,故録其本言,相傳教習,謂之國語。今取以附音韻之末。又後漢鐫刻七經,[20]著於石碑,皆蔡邕所書。魏正始中,[21]又立三字石經,[22]相承以爲七經正字。後魏之末,齊神武執政,[23]自洛陽徙于鄴都,行至河陽,[24]值岸崩,遂没于水。其得至鄴者,不盈太半。至隋開皇六年,又自鄴京載入長安,置于秘書内省,議欲補緝,立于國學。尋屬隋亂,事遂寢廢,營造之司,因用爲柱礎。貞觀初,[25]秘書監臣魏徵,[26]始收聚之,十不存一。其相承傳拓之本,猶在祕府,并秦帝刻石,附於此篇,以備小學。

[1]孔子曰:見《論語·子路》。

[2]書字:文字。

[3]黄帝:傳説中的五帝之一。少典之子,據軒轅之丘,故號軒轅氏。敗炎帝於阪泉,又與蚩尤戰於逐鹿之野,斬殺之,爲諸侯尊爲天子。參見《史記·五帝本紀》。蒼頡:又作倉頡,傳説中始創文字的人。韓非《五蠹》曰,“古者蒼頡之作書也,自環者謂之

私，背私者謂之公"。

[4]象形：畫成其物，隨體詰詘，日、月是也。諧聲，又作形聲，以事爲名，取譬相成，江、河是也。會意，比類合誼，以見指撝，武、信是也。轉注，建類一首，同意相受，考、老是也。假借，本無其字依聲托事，令、長是也。處事，又作指事，視而可見，察而見意，上、下是也。六義，即指以上六種造字條例。

[5]誑：欺騙、迷惑。

[6]方名：東、西、南、北四方的名稱。

[7]書計：文字與籌算。

[8]冠：帽子。古代男子二十歲行成人禮，結髮戴冠。

[9]周宣王：周厲王之子，名靜。即位後任用賢臣，爲舊史稱之中興之主。史籀，本序中史籀爲周宣王時太史。《漢志》著録《史籀》十五篇，下有注曰，"周宣王太史作大篆十五篇，建武時亡六篇矣"。班固並未明確太史之姓名爲史籀。王國維以爲"籀"與"讀"古音義相同，史籀實非人名。見《觀堂集林》卷五《史籀篇證序》。

[10]程邈：身爲秦吏，相傳是隸書的創始者。《漢志》顏師古注稱，小篆爲秦始皇使程邈所作，又稱隸書亦程邈所獻。

[11]刻符：刻於符節上的文字。摹印，將小篆稍加變化，字形屈曲縝密，本用於璽文，後也用於一般印章。蟲書，即書幡信者。署書，凡一切封檢題字皆爲署書。殳書，古者文既記笏，武亦書殳，凡兵器之題識，爲殳書。

[12]六體：或指六種造字條例，或指六種字體。

[13]繆篆：《漢志》顏師古注曰，"繆篆謂其文屈曲纏繞，所以摹印章也"，同摹印。蟲鳥，《漢志》顏師古注曰，"蟲書謂爲蟲鳥之形，所以書幡也"，同蟲書。

[14]藁書，即草書。懸針，王愔《文字志》曰，懸針，小篆體也。字必垂畫細末，細末纖直如懸針，故謂之懸針。垂露，亦作垂落。王愔《文字志》曰，垂露書，如懸針而勢不遒勁，阿那若濃

露之垂，故謂之垂露。見《初學記》卷二一。飛白，相傳蔡邕所創。筆劃露白，似枯筆所寫。

[15]六書：亦指六種造字條例。

[16]八分書：一漢字書體。字體似隸書而體勢多波磔（左撇右捺），相傳秦王次仲所造。

[17]訓詁：此與《音義》《聲韻》《體勢》均爲書名，因其下有"等諸書"。

[18]十四字：即十四字音，是通行於東漢至六朝間的一種梵、漢字音對照方法。

[19]六文：在此指六種字體。

[20]七經：後漢熹平四年所刻《易》《詩》《書》《儀禮》《春秋》《公羊》《論語》七經。

[21]正始：三國時魏齊王曹芳年號（240—249）。

[22]三字石經：又名三體石經。《水經注·穀水》言，漢立石經於太學。魏正始中又刻古文、篆、隸三字石經。《北史·江式傳》稱，魏邯鄲淳建三字石經於漢碑西。

[23]齊神武：高歡，字賀六渾，渤海蓨（今河北景縣）人。魏孝靜帝朝執政，武定五年崩於晉陽。齊文宣帝天保初，追崇爲獻武帝，廟號太祖。後主天統元年，改謚神武帝，廟號高祖。《北齊書》卷一、《北史》卷六有紀。

[24]河陽：今河南孟州市。

[25]貞觀：唐太宗年號（627—649）。

[26]魏徵：字玄成，魏州曲城（今山東萊州市）人。唐太宗即位後，爲諫議大夫，封鉅鹿縣男。以秘書監參豫朝政，後進左光禄大夫、鄭國公。貞觀十七年卒，謚文貞。貞觀初，受詔總加撰定周、隋、梁、陳、齊史，隋史序論皆其所作。又作《類禮》二十篇。《舊唐書》卷七一、《新唐書》卷九七有傳。

凡六藝經緯六百二十七部，五千三百七十一卷。通計亡書，合九百五十部，七千二百九十卷。

六百二十七部：實爲六百四十五部。九百五十部：實爲一千七十五部。

《傳》曰：[1]“玉不琢，不成器；人不學，不知道。”[2]古之君子，多識而不窮，[3]畜疑以待問；[4]學不躐等，[5]教不陵節；[6]言約而易曉，師逸而功倍；且耕且養，三年而成一藝。自孔子没而微言絶，七十子喪而大義乖，學者離羣索居，各爲異説。至于戰國，典文遺棄，六經之儒，不能究其宗旨，多立小數，[7]一經至數百萬言。致令學者難曉，虛誦問答，[8]唇腐齒落而不知益。[9]且先王設教，以防人欲，必本於人事，折之中道。[10]上天之命，略而罕言，方外之理，固所未説。至後漢好圖讖，晋世重玄言，[11]穿鑿妄作，日以滋生。先王正典，雜之以妖妄，大雅之論，汩之以放誕。[12]陵夷至于近代，去正轉疎，無復師資之法。[13]學不心解，專以浮華相尚，豫造雜難，[14]擬爲讎對，遂有芟角、反對、互從等諸翻競之説。[15]馳騁煩言，以紊彝叙，[16]譊譊成俗，[17]而不知變，此學者之蔽也。班固列六藝爲九種，或以緯書解經，合爲十種。

[1]《傳》曰：《禮記·學記》語。
[2]道：此指儒家思想、學説。
[3]不窮：無窮盡。
[4]畜：積貯。

〔5〕踰等：超越等級。

〔6〕陵節：超出程式。

〔7〕小數：小技能。

〔8〕虛誦：無實際意義的誦讀。

〔9〕脣腐齒落：衰老的表象。

〔10〕中：符合。

〔11〕玄言：精微玄妙之言，一般指佛、道教之義理。

〔12〕汩（gǔ）：沉淪。

〔13〕師資：可以效法或引以爲戒的人或事。

〔14〕豫：同與，參與。

〔15〕芟（shān）角：割除、角逐。翻競，翻，改變狀態、反覆；競，競爭。反覆爭論。

〔16〕彝叙：日常規律。

〔17〕譊譊（náo）：喧嚷爭辯之聲。